王彬竹 著

风俗集

『浙志雅集』系列文化丛书

主　编　郑金月

副主编　袁新国　汤敏

浙江工商大学出版社｜杭州

图书在版编目（CIP）数据

风俗集 / 王彬竹著 . -- 杭州：浙江工商大学出版
社, 2025.7. --（"浙志雅集"系列文化丛书 / 郑金
月主编）. -- ISBN 978-7-5178-6446-2

Ⅰ . K892.455.5

中国国家版本馆 CIP 数据核字第 2025A0H202 号

风俗集
FENGSU JI

王彬竹 著

出 品 人	郑英龙	
策划编辑	张晶晶	
责任编辑	张晶晶	
责任校对	杨 戈	
封面设计	观止堂 _ 未氓	
插 图	叽哩呱啦	
责任印制	屈 皓	
出版发行	浙江工商大学出版社	
	（杭州市教工路 198 号 邮政编码 310012）	
	（E-mail:zjgsupress@163.com）	
	（网址:http://www.zjgsupress.com）	
	电话:0571-88904980，88831806（传真）	
排 版	南京观止堂文化发展有限公司	
印 刷	浙江海虹彩色印务有限公司	
开 本	710mm×1000mm 1/16	
印 张	18.75	
字 数	215 千	
版 印 次	2025 年 7 月第 1 版 2025 年 7 月第 1 次印刷	
书 号	ISBN 978-7-5178-6446-2	
定 价	89.00 元	

"浙志雅集"系列文化丛书编委会

主 任：郑金月

副主任：袁新国　周祝伟

成 员：段 愿　徐 鹏　汤 敏

　　　　李迎春　宫云维

"浙志雅集"系列文化丛书编辑部

主 编：郑金月

副主编：袁新国　汤 敏

成 员：王孙荣　潘玉毅　吴冶平

　　　　沈 珉　杨大东　李玲玲

　　　　徐进伟　王彬竹　戴依依

钱塘潮涌，西湖潋滟，这片被吴越烟雨浸润千年的土地，始终以独特的方式书写着中华文明的传奇。地方志作为中华文明的瑰宝，承载着地域历史的重量与人文精神的精髓。2022年7月，历时十一年编修而成的一百一十一卷皇皇巨作——新编《浙江通志》在杭州首发，在浙江文化史上留下浓墨重彩的一笔，成为浙江省"文化高地建设的一座耀眼丰碑"。时任浙江省委副书记、省长、《浙江通志》编纂委员会主任王浩在《浙江通志》首发式上要求积极做好编纂成果转化应用推广工作，提出"打造一批可听、可视、可读、可体验的方志产品，更好满足人民群众的文化需求、精神需求，全面推动地方志'用起来''立起来''活起来''热起来'"。

浙江省地方志工作办公室与浙江工商大学出版社携手，以"推进方志走进大众视野、推广浙江文化"为宗旨，策划了方志文化普及项目"浙志雅集"系列文化丛书。丛书以新编《浙江通志》为深厚根基，精选食饮、非遗、风俗、商贸、奇人、名胜、驿舍七个最具浙江地方特色的文化主题，精心打造了《食饮集》《非遗集》《风俗集》《商贸集》《奇人集》《名胜集》《驿舍集》七本佳作。今天，奠基于新编《浙江通志》而创作的"浙志雅集"系列文化丛书就要付梓面世了。翻开"浙志雅集"，我们仿佛看见历史的沉香在新时代的晨光中重新燃起，听见江南文脉

在当代语境下的生动回响，这正是推动地方志"用起来""活起来"的最好注脚。

"浙志雅集"是一次对地域文化的深情凝望。从《食饮集》中飘来的龙井茶香与绍兴酒韵，到《非遗集》里跃动的青瓷釉彩与龙泉剑光；从《风俗集》记录的蚕花水会与乌镇香市，到《商贸集》勾勒的千年商路与钱塘货殖……七卷本恰似七面棱镜，将十万多平方公里土地上的文化光谱折射得斑斓璀璨。编纂者以方志为基，却不止步于文献辑录，而是以当代视角重审传统，让沉睡的墨迹化作鲜活的叙事，使地方志真正成为"一方之全史"的立体呈现。

"浙志雅集"是一场文化表达的创新实验。编者深谙"大雅久不作"的现代困境，故以"雅集"为名，行"俗解"之实。《奇人集》中徐渭的癫狂与王冕的孤傲，在作者笔下化作性格鲜明的传奇；《驿舍集》里的官道驿站与商旅故事，借助地理信息系统焕发时空交织的意趣。那些已经泛黄的志书，与当代灵动的手绘插画相映成趣；严谨的考据文字与生动的民间掌故互为表里，恰似西泠印社的篆刻，方寸之间既有金石之坚，又见笔墨之韵。

"浙志雅集"更是一次文化基因的当代解码。当《名胜集》中的天台云海遇见文旅融合的现代诠释，当《驿舍集》里的运河

码头嵌入"诗路文化带"的建设图谱，传统文化不再是被供奉的标本，而是化作流动的智慧。丛书以"文化标识"为纲，力求构建一个可感知、可参与、可延续的文化生态系统，让古人的生存智慧与今人的精神诉求产生跨时空共鸣。

"浙志雅集"的七个主题，相互辉映，构成了一幅连景式的浙江文化地图。我们相信，每一位读者都能从中找到共鸣——无论您是土生土长的浙江人，还是远道而来的文化爱好者，这些故事都将唤起您对这片土地的深情与好奇。

"浙志雅集"作者团队主要由方志领域的专家学者组成，他们深耕浙江地方史志多年，以严谨的学术态度和深厚的专业素养，确保了内容的权威性与表达的新颖性。内容上，我们力求"简洁而有料"，每册控制在适当篇幅，避免冗长拖沓，确保涵盖核心精华；语言上，我们力求"通俗且有趣"，融入民间谚语、诗赋典故，让文化不再高冷，让历史亲切可触。一幅幅与内容相映成趣的手绘插图，配以简洁明快的文字，化作历史的明镜，照见浙江的过去与未来，使读者在轻松阅读的过程中汲取知识。

我们希望"浙志雅集"的价值不止于知识传播，更能体现其作为文化载体的多重功能。它可以是"枕边读物"，在忙碌的工作生活之余，您随手翻阅一册，便能领略浙江的千年风韵；它可以是"教科书",让学生们了解浙江、探究浙江,更热爱浙江;它可以是"旅游指南",为您畅游诗画山水、遍尝"浙"里美食指点迷津;它还可以是对外交流的"文化名片",推动浙江文化"走出去"。

作为地方志工作者,我们深知推动方志文化创造性转化、创新性发展绝非一朝一夕之功。"浙志雅集"系列文化丛书的诞生,是多方协作的结晶——感谢浙江工商大学出版社的专业支持,感谢专家团队的辛勤耕耘,更感谢社会各界对地方志事业的关注。未来,我们将继续探索方志资源活化利用的新路径,为讲好浙江故事、中国故事贡献更多方志力量。

最后,愿"浙志雅集"如春风化雨,润泽人心;愿每一位读者开卷有益,尽享阅读之美;愿方志的星光,点亮文化的星空!

郑金月

乙巳年仲夏于杭州

前言

　　浙江，这片浸润着千年文脉的吴越故地，在钱塘潮涌与瓯江帆影的交织中，孕育出斑斓多姿的民俗画卷。从杭嘉湖平原的桑蚕丝语，到浙南山地的耕樵遗韵；从东海之滨的渔盐风情，到金衢盆地的农耕礼俗，每一方水土都镌刻着独特的人文密码。作为中华文明的重要发祥地之一，浙江的民俗既承载着江南文化的精致典雅，又彰显着山海交融的开放包容，更在历史长河中不断吐故纳新，形成独具辨识度的文化基因库。

　　在这部《风俗集》中，我们以岁时节令为经，以民俗事象为纬，系统梳理了浙江大地上传承千载的节庆礼仪、生产习俗与生活智慧。春节的开门炮响彻街巷，立春的九华祭典庄重肃穆，端午的龙舟竞渡激荡江河……这些鲜活的文化记忆不仅是先民天人合一理念的生动诠释，更是中华民族精神血脉的具象呈现。

　　然而，民俗作为特定历史阶段的产物，不可避免地带有时代的烙印。我们在珍视传统的同时，更需要以科学理性的态度加以辨析：那些凝聚着劳动智慧、彰显人文关怀的良俗应当精心呵护；而那些带有封建迷信色彩、违背现代文明理念的旧俗则须舍弃转化。这种"取其精华，去其糟粕"的辩证态度，正是中华传统文化创造性转化与创新性发展的必由之路。

　　今日之浙江，既是数字经济高地，亦是文化传承热土。我们以当代视角重新观照这些民俗遗产时，愈加感受到其中蕴含的永恒价值——节气习俗中暗合的自然律动，至今启示着生态文明建设；岁时礼仪里蕴含的家国情怀，始终滋养着民族精神根系；手工技艺承载的匠心精神，正在赋能当代文创产业。让传统民俗在与现代文明的对话中焕发新生，既是对文化根脉的深情守护，更是构建新时代文化自信的应有之义。

　　这部《风俗集》的编纂，既是对浙江民俗文化的系统性梳理，更是对传统文化现代价值的深度开掘。我们期待用这份鲜活的文化档案，让古老智慧照鉴当代生活，让文明薪火永续相传，在守正创新中书写浙江民俗文化的新篇章。

目 录

001　时令之俗

003	春节	013	接春
003	开门炮	013	煨春
004	祭神	014	游春
004	拜年	014	九华立春祭
004	年初一的饮食	015	班春劝农
005	新年忌讳	015	送春牛图
005	请大年	016	作春福
006	小年朝	016	元宵节
006	接五路	017	间间亮
008	开年	018	照五角
008	人日	018	紫姑占卜
008	谷日	019	拔五更
009	长八日	020	百家宴
009	迎花树	021	二月二
010	立春	022	二月二饮食
011	迎春	022	二月二灯会

022 ｜ 百花生日

024 ｜ 春分

025 ｜ 三月三

025 ｜ 兰亭修禊

025 ｜ 辟蚁日

026 ｜ 煮天下饭

026 ｜ 清明节

026 ｜ 祭祖

027 ｜ 扫墓

027 ｜ 踏青

028 ｜ 戴柳

028 ｜ 清明馃

029 ｜ 清明夜饭

029 ｜ 竞渡

030 ｜ 牛抢青

030 ｜ 浴佛节

031 ｜ 吃乌米饭

031 ｜ 牛生日

032 ｜ 立夏节

032 ｜ 立夏尝鲜

033 ｜ 烧立夏饭

034 ｜ 称人

034 ｜ 立夏进补

035 ｜ 立夏狗

035 ｜ 立夏禁忌

035 ｜ 买红花

035 ｜ 端午节

036 ｜ 龙舟竞渡

039 ｜ 彩舫

039 ｜ 吃端午粽

040 ｜ 屋宅辟邪

040 ｜ 佩饰辟邪

041 ｜ 饮食辟邪

041 ｜ 送节

042 ｜ 采草药

042 ｜ 乞目

042 ｜ 百草汤沐浴

043 ｜ 五月初四过端午

043 ｜ 六月十五过端午

043 ｜ 小端午

043 ｜ 敬师节

043 ｜ 夏至节

044 ｜ 分龙日

045 ｜ 六月六

045 ｜ 猫狗浴

046 ｜ 回娘家

046 ｜ 解彩线

046 ｜ 大暑

046 ｜ 立秋

047 ｜ 七夕

047 ｜ 卜巧

048 ｜ 赛巧

048 ｜ 吃巧果

049 ｜ 接牛女泪

049 ｜ 助鹊桥

049 ｜ 香桥会

050 ｜ 坎山祭星乞巧

050 ｜ 洞头成人节

051 ｜ 请杼神

051 ｜ 石塘小人节

052 ｜ 乞巧入药

052 ｜ 挂七结

053 ｜ 中元节

053 ｜ 祭祖宗

054 ｜ 盂兰盆会

055 ｜ 放水灯

056 ｜ 汤和节

056 ｜ 浦阳江中元水灯会

057 ｜ 舞茄灯

057 ｜ 拜矮凳

057 ｜ 地藏王生日

058 ｜ 中秋节

059 ｜ 赏月

060 ｜ 看月华

060 ｜ 小摆设

060 ｜ 苏庄草龙

061 ｜ 八月十六过中秋

061 ｜ 中秋酒

062 ｜ 重阳节

063 ｜ 登高野游

063 ｜ 农民节

063 ｜ 增智饭

064 ｜ 迎重阳

064 ｜ 霜降

065 ｜ 立冬与冬至

065 ｜ 立冬进补

065 ｜ 冬至祭祖

066 ｜ 三门祭冬

066 ｜ 冬至饮食

067 ｜ 双庙冬至节

067 ｜ 冬舂米

067 ｜ 冬酿酒

068 ｜ 挂《消寒图》

068 ｜ 祭魁星

068 ｜ 腊八节

068 ｜ 腊八粥

070 ｜ 送灶日

070 ｜ 办年货

070 ｜ 送灶

072 ｜ 祝福

073 ｜ 谢年

074 ｜ 还冬

074 ｜ 除夕

075 ｜ 贴春联

075 | 贴年画

076 | 挂祖图

076 | 贴香火

076 | 吃年夜饭

078 | 压岁钱

078 | 守岁

079 | 隔年饭

079 | 隔年火

079 | 照岁

080 | 挂年纸

080 | 封门大吉

080 | 点火甽

081 | 烧头香

081 | 灯下节

082 | 溪滩节

082 | 祠山大帝生日

083 | 禹生日

083 | 东岳大帝生日

084 | 葛仙翁生日

085 | 关帝生日

085 | 吕祖下丹药日

085 | 尝新节

086 | 彭祖生日

086 | 火神生日

087 | 团圆节

087 | 胡公生日

088 | 观潮节

090 | 蚕生日

091 | 稻生日

093 | 开洋节

094 | 谢洋节

095　人生之俗

097 | 求子

097 | 催生

098 | 做产

098 | 产房禁忌

099 | 报生

100 | 送汤

101 | 浴儿

101 | 开口奶

101 | 放食

101 | 取名

102 | 三日

104 | 满月

106 | 剃胎发

107 | 坐月

108 | 出月

108 | 百日

108 | 四个月

109 | 伏头

109	周岁	120	写庚帖
111	开荤	120	帖盒
111	认干亲	121	合八字
112	果盘山	121	相亲
112	止夜啼	122	订婚
113	冠礼	123	下定
114	笄礼	124	定情信物
114	入学	124	请期
116	拜师	125	嫁妆
116	上头	127	助嫁
116	上头糕	128	催妆
117	做七子	128	开面
117	做十岁	129	发奁
117	做十六岁	129	十里红妆
118	小人节	130	铺床
118	说媒	130	滚喜床

131	照床	
131	送正担	
132	迎亲	
132	花轿	
133	吹奏	
133	开门红包	
134	送嫁	
135	伴姑伴郎	
135	迎亲沿途习俗	
136	拦轿门	
136	跨火盆	
136	传代	
137	拜堂	
138	入洞房	
139	合卺	
140	撒帐	
140	闹洞房	

141	唱洞房经
141	婚宴
142	唱贺喜
143	文明结婚
144	集体婚礼
144	下厨
145	回门
146	入赘婚
147	做寿年龄避讳
148	做六十六岁寿
149	贺寿礼
151	寿桃山
152	送寿匾
152	送寿屏、寿联
152	长寿面
153	祝寿
153	暖寿和正寿
154	寿宴
154	择地
155	寿衣、寿材、寿圹
156	送终
157	移尸
157	点引路灯
158	报丧
158	入殓
160	紧三朝与慢三朝

160　|　避煞

161　|　成服

162　|　守灵

163　|　开丧

163　|　吊丧

164　|　出殡用乐

165　|　启灵

165　|　送丧

167　|　埋葬

169　|　答谢亲友和助丧者

170　|　做七祭祀

171　|　土葬

171　|　火葬

173　庙集之俗

175　|　西湖香市

178　|　吴山庙会

178　|　东岳庙会

182　|　观音庙会

184　|　三官庙会

185　|　地藏庙会

186　|　火神诞会

186　|　温州瓯海坑源村盘古庙会

187　|　防风王庙会

188　|　朱天庙会

188　|　舜王庙会

189　|　大禹祭

190　|　黄帝祭

190　|　徐偃王庙会

191　|　德清舞阳侯会

192　|　包公庙会

192　|　白衣丞相出巡

193　|　横村钱王庙会

193　|　关公庙会

194　|　十月半宗泽庙会

195　|　迎春庙会

196　|　机神菩萨庙会

197　|　蚕花庙会

199　|　菇神庙会

199　|　善琏蒙公祠庙会

200　|　磐安赶茶场

201　|　径山庙会

201 | 绍兴东浦街道杨川村
　　　酒仙会
201 | 鄞州区邹溪庙稻花会
202 | 胡公庙会
204 | 杨府爷庙会
205 | 陈靖姑庙会
206 | 嘉善护国随粮王庙会
　　　（七老爷庙会）
207 | 城隍会
210 | 曹娥庙会
211 | 鄞州它山庙会
212 | 五堰庙潮神庙会
212 | 嘉兴网船会
213 | 元帅庙会
214 | 上虞五龙庙会

215 | 石淙太君庙会
　　　（太均娘娘庙会）
216 | 丽水通济堰双龙庙会
216 | 瑞安莘塍庙会
217 | 奉化萧王庙庙会
218 | 义乌洋川十八庙会
219 | 温岭市大溪宋九尚书庙会
220 | 开化大溪边乡方田村
　　　茅令公庙会
221 | 象山赵五娘纪念法会
221 | 鄞州咸祥八月半渔棉会
222 | 天医菩萨庙会
223 | 七夕庙会

225　畲风之俗

227　｜　刀耕火种

228　｜　开秧门

228　｜　播田老司

228　｜　手镯防秧疯

229　｜　播田饭习俗

229　｜　狩猎习俗

230　｜　男子便服

230　｜　女子便服

230　｜　吉服

231　｜　礼服

231　｜　寿服

232　｜　头饰

233　｜　花边衫

233　｜　拦腰

234　｜　凤凰装

234　｜　戴银饰

234　｜　木屐

235　｜　畲族主食

235　｜　畲族副食

236　｜　畲族酒俗

239　｜　畲族茶俗

240　｜　畲族草寮

241　｜　畲族土库

241　｜　畲族瓦房

243　｜　畲族炊具

244　｜　桥会、路会

245　｜　以货易币

245　｜　畲民商店

246　｜　畲族祠堂

249　｜　畲族宗谱

250　｜　畲族辈分

251　｜　畲族密语

254　｜　成丁礼

256　｜　学师

257　｜　度神水

257　｜　过九重山

258　｜　畲族古代婚礼

259　｜　畲族近代婚礼

261　｜　畲族丧葬仪礼

266 | 以歌代哭

266 | 讨位数

267 | 炊孝饭

268 | 畲族除夕

269 | 畲族新年

271 | 二月二

271 | 三月三

272 | 端午

273 | 中秋

273 | 分龙节

274 | 做福

275 | 祖先香炉

276 | 春、秋二祭

276 | 师爷崇拜

276 | 插花娘

277 | 临水夫人

277 | 道教信仰民俗

278 | 观音信仰民俗

278 | 自然神信仰

时令之俗

风俗集

春节

　　春节俗称"年节"，自汉武帝太始元年（前96）起，就形成了以农历正月初一为"岁首"的习俗。人们一般将从腊月二十三日或更早一些时候开始，直至正月十五元宵节结束的这样一个时段称为"年节"，把这段时间里的一系列民俗活动称为"过年"。

　　宋吴自牧《梦粱录》记南宋都城临安（今杭州）的年节民俗："正月朔日，谓之元旦，俗呼为新年。一岁节序，此为之首。官放公私僦屋钱三日，士夫皆交相贺，细民男女亦皆鲜衣，往来拜节。街坊以食物、动使、冠梳、领抹、缎匹、花朵、玩具等物沿门歌叫关扑。不论贫富，游玩琳宫梵宇，竟日不绝。家家饮宴，笑语喧哗。此杭城风俗，畴昔侈靡之习，至今不改也。"

开门炮

　　年初一凌晨，家家开门，并燃放爆竹，称"开门炮"，象征送旧迎新。此俗越早越好，故而从除夕子夜起，往往就会有爆竹声，比户不绝。一般放四个爆竹，称"福禄寿喜"；放三个，称"连中三元"；放六个，称"六六顺"。在衢州、永康一带，要放十个爆竹，并在大门上贴写有"开门见喜"的洒金红纸。新年放爆竹，原意为驱鬼迎神，如今则主要为了增加节日的欢乐气氛。

祭神

又称"接神"。人们在开门炮后，即设供祭天地、祭祖，以及祭祀大小神祇。在温州，年初一清晨，各家先祭祖，再祭"六神"：灶神、檐头神、白虎爷、井神、土地神、财神。然后在中庭摆一小方桌，盛米一碗，盖红纸，周围粘固，供于桌上，焚香点烛礼拜，称为接"三清"——玉清、上清、太清。直到年初四才送神撤供。在绍兴，则称为"接天地菩萨"。

拜年

年初一，人们穿戴一新，相互拜年。先从家庭内部开始，按长幼次序跪拜。然后在亲族、亲戚、师徒、朋友间拜年。在宁波、台州一带，还有年初一祭拜祖坟的习俗。在许多地方，新年里走亲戚拜年，要一直延续到元宵节，俗称"吃年酒""做客人"。

年初一的饮食

大年初一的早餐，各地都有讲究。杭州、嘉兴一带，早餐必吃甜食，如糖莲子、糖年糕、甜汤团一类，取"一年甜到底"之意。又有"吃隔年饭"习俗，除夕夜将剩饭置新淘箩中，上面置放橘子、年糕，年初一蒸而食之。绍兴一带，年初一清早先吃"烟火食"，指用柴火烧煮过的食物，然后方可开口说话。也有先吃福橘的，取吉祥有福之意。在金华，早餐吃面，面条下锅，不可折断，越长越好，俗称"长寿面"。东阳、磐安、义乌一带的长寿面中还要杂以青菜，寓"青健"之意。温岭、三门一带则吃豆面羹配馍糍、发糕。天台人吃"五味粥"，以红枣、番薯、毛芋、赤豆、豆腐五种素食加米煮成稀粥，取"祈五福"之意。

初一的午餐，各地又有不同的习惯。东阳、浦江一带，用除夕特地留剩的冷饭和各种冷菜肴杂煮而食，称"吃百杂饭"，又称"吃余存"，取"和睦有余"之意。春节期间，金华各地则有吃羹的习俗。取青菜、豆腐等各种荤素菜杂煮成汤，调以米粉或玉米粉，称为"年羹"，取年年有耕、耕作顺利之意。有的地方还吃粽子，取年年有种、有种有收之意。在台州一带，初一午餐不吃米饭，只吃些米糕、面点和杂羹汤，寓意一年平和顺利，无口角之争。

新年忌讳

新年多忌讳，尤以年初一最为讲究，不可说不吉利的话。有的人还在壁间贴一红纸条，上写"童言无忌"，唯恐小儿误言。此日不扫地，恐扫去一年财气。各地一般都不动刀剪。井圈上贴封条，三天内不可用水。不可摔破物品，不可烧生米，不可借钱、还钱，不可讨债，不可吵架，等等。习俗以为大年初一弄湿锅灶要破财。

请大年

在金华一带，年初一各家依次请族人或邻里到家喝茶，称"请大年"。东阳人在茶中放糖，又称"吃糖茶"。此日喝茶，茶点有冻米糖、炒米糕、花酥、花生、薯片、饴糖、核桃、瓜子等。

在杭嘉湖一带，年节期间客人上门，主人先要泡一碗糖汤招待，有的泡爆米花加糖，也有的烧糖水鸡蛋。客人吃了糖汤之后，主人再泡茶待客。

小年朝

年初三为小年朝。在杭州一带，早晨将香烛、素菜供于井栏，并将除夕夜在井上所封红纸条揭去，称为"开井"。民国《杭州府志》卷七十六《风俗三四时俗尚》载，小年朝"仍烧松棚于围炉中。自元旦至三日，皆用赤豆饭，并以供神，谓之'隔年饭'云。初三日后，各携酒馔、纸钱展墓拜年，其祭期不拘迟早，收灯后止"。

在嘉兴，年初二后半夜"接灶"。在灶台上点一对蜡烛和一股线香，供一块"接灶年糕"，年糕上陈设几只糯米做的元宝，挂一张新的灶神像、一块"灶牌"，表示将灶神接回家中。

在温岭，有初三"接土地"的习俗。当地有将"土地神"当作"家堂佛"的做法。习俗以为年初三黄昏是土地神下凡的日子，各家特派壮年晚辈，手持清香到屋前礼拜，希望能接到一个好土地。

接五路

杭嘉湖一带，以正月初五作为五路财神的生日，商店从初四下午起，就张灯结彩，举办隆重的祭祀仪式，以迎接五路财神。五路财神是指东路招财、西路进宝、南路利市、北路财神、中路

玄坛。店主则必须亲自带上香烛，分别到东、西、南、北、中五个方向的财神堂去把财神"接"来。茅盾在小说《林家铺子》中写道："初四那天晚上，林先生勉强筹措了三块钱，办一席酒请铺子里的相好吃照例的五路酒，商量明天开市的办法。"所述风俗即作者家乡桐乡乌镇一带的习俗。旧时，这一带商家均以此日为节日，店员伙计的去留也在此日决定。凡在祭祀过程中，店主唤其叩拜财神者，即为继续雇用；不唤其叩拜者，则为辞退。接过五路财神，商店便正式开张。

杭州北高峰灵顺寺始建于东晋，明代以来，逐渐以供奉财神而闻名遐迩。明徐渭为其题匾"天下第一财神"，清乾隆皇帝题匾"财神真君"。每年农历正月初五，各地信徒纷纷上山争烧头香，形成一大景观。

清范祖述的《杭俗遗风·祀神日期》云："正月初五烧五纸，茶酒蔬供皆五数。"

开年

在金华一带，年初五有"开年"仪式，用香烛、炮仗送神佛上天，表示年节结束。"开年"后，年节的禁忌可以"开戒"，各行各业可以开工揽活。在武义，年初五下午举行"开年"仪式，放三个炮仗，点三炷长香，烧利市钱，祭祀天地。祭品为一块熟肉，上面插三根筷子，旁边靠一把菜刀，刀口向上。筷，取"快"意；刀，取"开"意。祭毕，到井边焚香祀井神，取用井水。在衢州一带，则称为"开界"，晚上吃"开界饭"，通常是在年初四。

人日

正月初七，旧称为"人日"。汉代东方朔《占书》载："岁后八日，一日鸡、二日犬、三日豕、四日羊、五日牛、六日马、七日人、八日谷。其日晴，所主之物育；阴则灾。"杭嘉湖一带以此日晴阴雨雪占一年中病疫之有无，以晴为佳。清宣统《诸暨县志》载，当地在此日"妇女竞剪彩，或用红线缠树以催花，谓之'挂红'。人日后，少年子弟挟笙箫锣鼓沿门唱戏，妇女围听，酬以年糕、角黍或供酒食"。

谷日

正月初八称"谷日"，以占年岁丰歉。杭州一带有在此日"烧八寺香"的习俗，人们依次去城外圣因、灵隐、净慈、昭庆、凤林、虎跑、胜果、海潮八寺烧香。又说，佛教中有"八字佛"，故称"烧八字香"。

在嵊州，有"打燥"习俗。民国《嵊县志》载："谷日，天气晴朗之夜，仍装童骑，佐以灯爆、金鼓，迎于城隍庙、县堂及各街道以祈谷，谓之'打燥'。"

长八日

温州一带称正月初八为"长八日"。在瑞安，家家在庭中燃薪，街市爆竹如雷，群儿嬉戏，以示庆贺。在平阳，新嫁娘子们相约于此日到太阴圣母庙祈祷求子；已生子的妇女，则去祈保长生。

在瑞安城关一带，正月初八夜有"燎火盘"习俗。人们在庭院和一些公共场所堆叠松柴，燃起一个个火盘。青壮年一一从火上跳跃而过，祈求祛灾延寿，流年吉利。同住一院的妇女们则各人拿一把火钳，夹一块尚在燃烧的红火炭，放回自家灶膛，让其继续燃烧，谁家火炭旺燃，就预兆谁家此年有好运气。

迎花树

金华市孝顺镇让河一带，有在正月十一日"迎花树"的习俗。传说明末清初时，当地一何姓祖先，正月十一日梦见观音菩萨给他送来鲜花，并指点迷津。此人醒来后，按观音菩萨指点作为，果然娶得美妻，发家致富。此人便在当年梦见观音菩萨的菜地上建起水月庵，供奉观音菩萨，每年正月十一日送花朝拜。当地人纷纷效仿，扎制"花树"供奉，并形成在此日抢花的习俗。

按当地习俗，每年正月初七以后，各家便开始准备，男的上山砍绿树枝，女的扎制各色纸花。传统彩花有"蝶恋花""双凤求凰""蜻蜓绕花""花蕾含苞"等。人们还将鲜橘、桂圆、苹果、荔枝等挂在花树上，象征吉利、平安、富贵、丰收。十一日凌晨，各家拿所制花树到指定地方集合，请道士念经、点水。上午九时，开始"迎花树"，由"娘花"带路。娘花俗称"龙头花"，最为高大，由族人按辈分指定一家制作。众人的花树跟随在后面。队伍最前面有一人擎火斗，俗称"火种"。由四名壮汉擎举"娘花"，鼓乐齐鸣，一路放鞭炮巡游。最后是"抢花"，以放火铳为号，火铳一响，众人涌上"抢花"，以抢到纸花为幸运。浙江西部一带，有元宵节扎彩花习俗。元宵节夜，人们将彩花扎于常青树树枝上，待花灯迎毕，观者蜂拥而上，俗信"抢的越多越富足"。"迎花树"习俗还带动了当地纸花制作工艺，"花树"越做越精巧美观，几可乱真。

立春

立春是二十四节气之一，被当作春季之首，古代有皇帝率百官往东郊迎春的风俗。宋代，临安（杭州）已有"鞭春"习俗。吴自牧《梦粱录》卷一"立春"条载："临安府进春牛于禁庭。立春前一日，以镇鼓锣吹妓乐迎春牛，往府衙前迎春馆内。至日侵晨，郡守率僚佐以彩仗鞭春，如方州仪。太史局例于禁中殿陛下，奏律管吹灰，应阳春之象。街市以花装栏，坐乘小春牛，及春幡春胜，各相献遗于贵家宅舍，示丰稔之兆。"明代，田汝成《西湖游览志余》卷二十记杭城鞭春牛习俗："至（立春）日，郡守率僚属往迎，前列社伙，殿以春牛，士女纵观，阗塞市街，竞以麻、麦、米、豆，抛打春牛。""至府中，举燕，鞭牛而碎之，随以彩鞭土牛，分送上官乡达。"

迎春

迎春是各地大致相沿成习的一次大型仪礼，包括"鞭春""接春"等。有的地方又称之为"春牛会"。

在绍兴，通常以正月初八为"迎春牛"节。此日，城中百姓牵来一头耕牛，为其披红挂绿，在牛角上挂两盏彩灯，系上红绸制成的牛绳。地方官手执牛绳，将牛牵往城东五云门外。此时，众百姓在前敲锣打鼓，地方士绅在后鱼贯相送，称"迎春牛"，以示一年农事开始。

在杭州，在立春日迎请勾芒神，俗称"太岁上山"。迎勾芒神时必用纸牛、活牛各一头，或抬或牵，组成迎春队伍，敲锣打鼓，游行上城隍山，在山上太岁庙举行祭祀活动。一路上

鞭打"春牛",即"太岁上山"。人们在街道两旁观看,称为"看春"。

在宁波奉化,旧时县官要在此日选定一头耕牛,并在此牛主人的田中象征性地耕几趟田。开犁前,要在此牛头上贴一个黄纸剪成的"王"字,以示"牛王"之意。县官扶犁耕田时,众人不断呼喊:"春来了,谷满仓。春来了,田兴旺。"耕过几趟后,便停下。随去的农民纷纷下田,将耕松了的田土抓起一把,放入预先备好的布袋里,带回自家田中。习俗以为春牛耕过的土是丰年土,会保佑自家丰收。也有的人把此土放在家里,以为可以辟邪。此日,除了被选中当"春牛"的牛之外,其余的牛一概养在栏中,不可劳作。民间有在立春日用烧酒酿(糯米酿制而成)、棉籽饼汤喂牛,并在牛栏焚香祭供的习俗。

在建德梅城,立春前一日"鞭春牛"。届时将一头特制的"土牛"披红挂绿,由四人抬着从府门口出发,一乞丐扮成"春官",手拿用五色线编成的牛鞭,边走边鞭打"土牛"。春官的位置据当年节气而定:如年外立春,农事不太紧,"春官"就走在牛后;如年内立春,说明农事紧,春节一过就要投入农业生产,春官就走在牛前。"春官"的后面,是县衙官员,官员后面是仪仗队,再后面是各界人士,浩浩荡荡,一直到东门外。然后按职位依次向"春牛(土牛)"礼拜。礼毕,大家一拥而上,将"春牛"打碎,各人去抓一把打碎的土,拿回家放在牛栏里,俗言可保佑牛不会得瘟病。又去向扮"春官"的乞丐买牛鞭的丝线,用来做小孩的辟邪物。

在嘉善,又称"春牛会"。有关县官"迎春牛"的一应仪式与各地相仿。不同在于,近郊农民会把自家的健壮耕牛全身洗刷一净,披红挂绿,牵到县衙门前的广场上集中,组成一支规模颇为巨大的耕牛队伍，一起到东门外参加仪式，接受官员的祭祀朝拜。至近现代，逐渐演变成一年一度检阅、评比耕牛的群众性活动。

接春

人们以为立春是吉祥的日子。此日，各家各户要在清晨点香烛祭祀天地神灵，并在庭院里燃烧樟树枝叶，或点放鞭炮，表示迎春接福。在丽水一带，称为"接春"，又称"燂春"。

在龙游，交春前家家置方桌于大门口，桌披红纸，上写"迎春接福"四字。桌上放一甑饭，盛得极满，以示"春神万万（饭饭）年"之意。饭甑左右置放新鲜青菜、豆腐若干，豆腐上插梅花、松柏、竹枝，象征洁净、长青、富足。交春时刻一到，就鸣放炮仗，行祭祀礼迎春。

在金华、东阳、浦江一带，家家要在交春时抢先鸣放鞭炮。习俗以为谁先接春神，春神就把福赐给谁。俗谚称："年要晚谢，春要早接。"

煨春

在温州一带，立春日，家家把红豆、红枣、柑橘、桂花和红糖合煮，煨得烂熟，煮熟的食物称"春茶"。人们一面煨"春菜"，一面用春茶祭祀神灵祖先，然后家人分食之，称"煨春"。习俗以为，吃了春茶可以明目益智，取其"大吉大利、升官富贵"之意。此日，家家在门前贴红纸，写"迎春接福"四字，也有写"重春"二字的。清方子颖《温州竹枝词》云："炉烧榾拙竞煨春，梅柳先开物候新。粗粝粉餐争利市，双声爆竹闹比邻。"即指此。

游春

又称探春、采春、放春。浙江各地，人们都习惯在立春日到野外踏青，感受春光。

在杭州，南宋以降，人们在元宵之后便争先出游，称"探春"。西湖中龙舟十多艘漫游，灿如织锦，并有竞渡之举。沿西湖各园圃又罗列茶花、梅花、玉兰、迎春等花卉，并陈列古书、古玩、花篮、灯彩，任游人观赏。一时仕女云集，饮酒品茗，赏花吟诗，称"放春"。

在金华的东阳、武义、永康、磐安一带，有在立春日去郊外踏青的习俗，亦称"探春"。人们在此日采集冬青树枝、竹枝、松柏，下地拔青菜，称"采春"。衢州一带又称"接青"。届时，将香纸、肉、豆腐供在田边，祭拜天地，鸣放炮仗。礼毕，拔几棵上好的青菜回家，先供奉于中堂，然后烧煮就餐。此日诸菜肴中必有一碗炒青菜，放在中间。"采春"回家后，要插各种树枝于门上，或财神、灶神、门神的神位上，表示"四季长春，春福富足"，又称"插春"。早餐必须吃青菜，称"尝春"。有的人家将松柏竹枝编成环状，戴在小孩头上，以为可以保"四季清健"，称为"戴春"。在金华一带，还有在立春日抢早牵耕牛到野外遛腿的习俗。

九华立春祭

在衢州市柯城区九华乡外陈村，迄今保存有国内罕见的供奉春神勾芒的神庙，人称"九华梧桐祖殿"。以九华梧桐祖殿为中心，这一带始终保持着立春祭祀的传统民俗活动。立春日，人们在祖殿隆重祭祀春神勾芒，迎春接福，祈求五谷丰登，青年男女头戴鲜花，扮芒神，焚香迎春，扎"春牛"，鞭春，踏春，采春，尝青，插花戴春，贴春牛图，并组织演戏等一系列娱乐活动。九华梧桐祖殿立春祭祀已被列入第三批国家级非物质文化遗产名录。

班春劝农

在遂昌，有"班春劝农"习俗。班春，指古代地方官在立春日颁布督导农耕之政令。明代著名戏剧家汤显祖曾在遂昌任知县达五年之久。在任期间，每年立春时节他总要率领衙役，带着花酒、春鞭，走村串户，劝导农民不误农时，并举行"班春劝农"仪式。与此相关的立春节日风俗在遂昌一带世代相传。遂昌"班春劝农"已被列入第三批国家级非物质文化遗产名录。

送春牛图

春牛图，是旧时民间通用的"农事年历表"，印有十二生肖，以及一年二十四节气的日期排列。图中间必有一头牛，牛背上坐一吹笛的牧童，也有画成牧童手执柳枝，站在牛的边上的。旧时，农家必在立春日张贴此图，称"春牛图"。一般都是由当地的乞丐或是从事吹鼓手一类职业的人，在立春前几天巡行村巷间时，挨户上门分送春牛图。届时，农家必赠送钱物以示酬谢。

在舟山，乞丐头目会用泥捏一春牛，用麦秆扎一勾芒神，由一群小乞丐用露顶小轿抬着，到乡间挨户分送春牛图，而农家则酬以钱或米，称"小讨饭扮春官"。每年所印制的春牛图各有不同，农家常以此占卜一年农事之丰歉。

作春福

在金华武义一带，各家会在立春日设酒肴祭祀土神，称"作春福"。

民国《衢县志》载："小儿各以豆七粒（或六粒）系牛角以禳痘灾。富家作春饼，设夜筵，男女欢宴，谓之享春福。"

民国《嵊县志》载："二月，社日，用牲醴延巫祈于社庙，谓之'烧春福'。巨族演戏，先后不以期限。秋报亦如之。"

元宵节

正月十五，古称上元节，又称"元夜""元宵"，浙江民间俗称"灯节"。此日前后，各地有挂灯、迎灯、观灯和一系列民间文艺表演活动，称"灯会""灯市""闹元宵"。活动时间，唐太宗时张灯三夜，十四日至十六日；宋太祖时延长为五夜，十四日至十八日夜；明太祖时增至十夜，初八至十七日；清代，皇宫七夜，民间四夜。浙江各地又有种种变异，通常为三至五天。

杭州在南宋时为都城，元宵灯彩极一时之盛。周密《乾淳岁时记》载，九月赏菊花之后，杭城便开始试灯，称"预赏元宵"，一入新年正月，则"灯火日盛""竞出新意，年异而岁不同"。辛弃疾词《青玉案》写杭城元宵胜景，历来为人称道。词云："东风夜放花千树。更吹落，星如雨。宝马雕车香满路。凤箫声动，玉壶光转，一夜鱼龙舞。蛾儿雪柳黄金缕，笑语盈盈暗香去。众里寻他千百度，蓦然回首，那人却在，灯火阑珊处。"

金华、衢州一带，元宵节盛行"板灯龙"，又称"迎桥灯"。灯分"龙头"和"灯桥"两部分。"龙头"下托以木板，上建支架，以竹篾、棉纸扎制龙头形状，内点蜡烛。旧时"龙头"由族中轮值房头负责，现多以村落为单位，集体募款筹制。"灯桥"则由各农户分别制作，一户一灯，"灯桥"下托一板，犹如长板凳，故又称"板凳龙"。板的两头各有一孔，届时可以插入一木棍，以便前后连接。

板上则扎制各式花灯，花鸟虫鱼、亭台楼阁、器具人物，层出不穷。迎灯时，"龙头"先要游村一周。然后各户的"灯桥"齐出，与"龙头"连接，顷刻间成一长龙。龙的长度不限，大村落的"板灯龙"极为壮观。

台州一带，盛行正月十四闹元宵，传说与明代台州农民起义领袖方国珍有关。旧时，台州的灯彩以各家族的祠堂为最盛。正月十三日午后，各祠堂盛设肴馔，将家族中收藏的珍贵古玩一一陈列出来，相互竞比，称"摆看桌"。全家族子孙身穿盛服，去祠堂祭拜祖先。

丽水一带，除了闹花灯之外，元宵节还有"迎夫人"习俗。十四日夜迎"陈十四夫人"，又称"临水夫人陈靖姑"，为民间崇拜的生育神。十五日夜迎"十五夫人"，又称"管痘夫人""南国夫人"，传说她掌管小儿的天花麻疹。十六日夜迎"十六夫人"，又称"催生夫人""护国夫人"。上述后两位女神是浙南一带民间信仰的保护神。届时举行迎神赛会，同时迎灯，格外热闹。

间间亮

在温岭东浦一带，正月十五夜晚，家家户户要将每个房间的灯都点亮，凡是黑暗处，如谷仓、灶膛、水缸，都要置一盏小油灯。在东阳一带，这称"满堂红"，做法与温岭相似。东阳所用的红烛是一种特制的非常短小的蜡烛，俗称"三拜烛"。点燃后，只需跪拜三下即可燃尽。届时将此烛插在生萝卜片上，就可使用。一说，此习俗由古代"照虚耗"习俗演变而来。

照五角

余姚东部地区元宵节有儿童游戏习俗，届时要为小孩编扎一盏生肖灯，根据小孩属相，扎制相应的灯彩，也有以五角灯代替的，仍称生肖灯。元宵节夜晚，儿童提着生肖灯"照五角"，边照边唱儿歌："正月半，照五角，角角落落都照到，照得缸缸满，坛坛满，蛇虫百脚照出去，金银财宝照进来。"

紫姑占卜

在浙江各地，旧时妇女在正月十五请紫姑神，以占卜诸事吉凶。

在东阳，称"接七姑"。当地以"分"计年成好坏：六分以上称"天种人收"，大吉；四分以下称"人种天收"，大坏；五分则称"人种人收"，中等。"接七姑"时，用畚斗，一女端之，一人问而观之，以畚斗颤动的次数来计分。在嘉兴，称"接淘箩头姑娘"；在洞头，称"向董四娘乞巧"。凡十一岁至十六岁的少女，元宵节前必亲手做一只绣鞋。元宵夜将此鞋和几小碟切成细丝的祭品，如红的胡萝卜丝、绿的芹菜丝、白的大蒜丝等，以象征各色丝线，一起拿到村口茅坑边，祭拜董四娘。传说董四娘是一名为绣花而遇难的少女。人们一边祭拜，一边祈祷："董四娘呀董仙师，教我绣花好花样，教我上鞋好鞋跟，教我织布好制衣。董四娘呀供上头，教我提笔画花画柳画云朵，教我挑，教我绣，教我捻丝成巧手。"

在舟山，则称"请井花姑娘"。相传井中有三姐妹，三姑即所谓的"井花姑娘"，元宵节要请她到家中来，以祈祷问卜。正月十四日清晨，女孩就去井边祷告，说出自己的地址、姓名，向"井花姑娘"发出邀请。十五日傍晚，洗手净面，取一淘米的笤箕，擦干净，在其边上插一枚骨针，在针上挂一朵小红花，在笤箕上覆一块红布，再将笤箕放在一圆匾中。此圆匾表示轿子，请两名未出嫁的少女抬着圆匾，到井边祈祷，表示迎接"井花姑娘"，然后抬回家中。在家中桌上铺一层白米或面粉，点燃香烛。两名少女将笤箕从匾中抬出，左右侍立，各以一食指轻扶笤箕，以筷子抵桌，听其自便，随箕移动。此时，各人提出自己的请求，并以筷子下点的次数或在桌上所画花纹来猜测结果。仪式完毕后，再由原路将"井花姑娘"送回。有的地方则称"请屙缸姑娘"。以上均为"紫姑占卜"习俗之衍变。

拔五更

"拔五更"是温州苍南蒲城一带的重大节庆活动，从正月初四起，到正月十九日为止，长达十六天。蒲城是明初为抗倭所建的所城之一，与福建沙埕接壤，原称"蒲门"，历来是海防重要门户，因其城防建筑、民居、寺庙、民俗等保留完整，成为全国重点文物保护单位。当地信仰海神晏公，"拔五更"习俗形成并延续至今已逾二百年。届时所有晏公神像都会抬出来，穿行于大街小巷，习俗以为可驱邪辟祟。仪式大致有还杠还红、访民情、拔天申、换软轿、落人家、出巡、闹元宵、游四门、看戏讨喜彩、落公馆、吃五更饭、拔五更、抢杠、放烟花、抢红、做斛、再游四门、问收成、抢（送）灯球、安香火等三十多个环节，内容丰富，形式独特，极具地方特色。初四至初六，晏公庙内迎接头年"抢杠抢红"之人来"还杠还红"，还愿烧香；初五、初六走街串巷，"拔天申"；初七至十二日晏公坐软轿，"落人家"；十三日至十四日闹花灯，"出巡"；十五日"拔五更""抢杠"，达成活动高潮；十六日晏公"受拜""做斛""放烟花""抢红"，为活动的另一高潮；十七日至十九日吃福酒和互拜。整个活动中，贯穿了祭神、驱魔和神民同乐的主题。

百家宴

百家宴是温州泰顺于每年元宵节期间举行的大型春祭、聚餐活动。原发于泰顺县三魁镇张宅村，为当地张姓族人举办"聚宗亲，商族事，祈上苍，保平安"的祭祀求福活动。祭拜对象主要是陈十四娘娘、王乞佬和张姓先祖。后发展为泰顺一些乡镇举办的大规模活动。早先以二月二做福最为热闹，近几十年则以元宵福更具规模，近几年元宵福改名为"百家宴"，参加人员不限于原来单一的宗亲或一村一族，范围得以扩大。

每年正月十五日凌晨，张氏族人聚于祠堂进行祭祖，中午宴饮，下午祭祀陈十四娘娘和开展踩街活动。祭祀所用猪、酒、米、菜等都有讲究。猪和酒都有专人负责：猪是一年一养，猪食为蔬菜、米糠等；酒是一年一酿，用天然水稻，取纯净的井水酿成。用这些洁净食物供奉祖先和陈十四娘娘，以示虔诚和对神灵的敬重。陈十四娘娘踩街巡游过程中，村民们纷纷于街头设祭摆供，争相祈福。

泰顺各地所祭拜神祇均不一样。正月十五日将神像从庙里抬出至祭坛，置于祠堂等公共场所供人瞻仰祭拜。神像踩街，要择时择日，人们称之为"神眼日"，意指神祇在此时看百姓对他的敬重程度。此前粉饰神像、制作神轿，人们梳洗、恭候神像出宫，并争做抬神轿、香炉或抬铁锅之人，以为可以交好运。抬神轿者头一天须沐浴，祭拜神像、神轿、烧文疏，抬神轿时要表演"摆轿"动作；踩街时人们纷纷将香头投入大铁锅，香火熊熊。神轿后舞龙、舞狮、马灯等队伍浩荡，十分热闹。

正月里，泰顺举行越剧、提线木偶戏和舞龙舞狮表演，至正月十五达到高潮。泰顺"百家宴"发展至今，成为元宵节的大聚会，不管远近，来者是客，都可以参加聚餐。人们欢聚一堂，共品佳肴，互送祝福，同时可以欣赏泰顺具有浓郁乡土特色的传统文化节目。

泰顺已于2007年被确定为浙江省元宵节传统节日保护示范地。泰顺"百家宴"被列入第三批浙江省非物质文化遗产保护名录。

二月二

农历二月初二，俗称"龙抬头日"，又称"花朝节""踏青节"，唐时已形成。

民国《杭州府志》载："二日，士女皆戴蓬叶。谚云：'蓬开先百草，戴了春不老。'（《西湖游览志余》）'煎糕、炒豆'，杭谚也。二月二日，以祀土地。（《江乡节物诗题注》）"

二月二饮食

在浙北一带，有在此日吃"撑腰糕"的习惯。撑腰糕，就是年前打制的年糕，习俗以为在这一天吃，会使人腰骨结实，生力气。

在台州一带，有二月二吃糕儿头的习惯。糕儿头是做年糕时收口剩下的零星部分，人们特意留下，到下一年的二月二这天再吃。

在淳安，有在此日爆炒苞罗豆的习俗。这天，家家都要爆炒玉米、黄豆、蚕豆。玉米，俗称爆炒苞罗豆。一说，人们上山干活，容易饥饿，所以爆炒苞罗豆，以作干粮。

二月二灯会

在黄岩宁溪，有在二月初二举行灯会的习俗。一般是初二开始挂灯，初八落灯，家家贴春联，挂彩灯，还有大规模的迎神赛会和演戏酬神的活动。俗谚有"二月二，八台戏，芥菜株，剥了剩个蒂"之说，意思是这些天里十分热闹，家家都来了许多客人，把准备的菜肴全部吃光了。

百花生日

百花生日，又称"花朝节"。浙江各地的做法不尽一致，有以二月二为节的；也有以二月十二，或二月十五为节的。

绵延至近现代，"百花生日"习俗已逐渐淡化。城市里种花较多的人家，农村中从事花果生产的农民，还会按照传统过这个节日。

　　在杭州，通常以二月十五日为百花生日。人们在这一天要为庭院中所有的花木都系上一条红布条，表示庆贺百花诞辰。清代，杭城内外有两座花神庙。一为西湖苏堤北端的湖山春社，奉祀十二月花神，加以闰月花神，旁边还列有四个催花使者。庙内有俞樾题写的楹联一副，即"翠翠红红处处莺莺燕燕，风风雨雨年年暮暮朝朝"，描述杭州西湖一年四季百花盛放的盛景，颇为传神。另一在城北花园岗，原为南宋秦桧的花园，清咸丰年间建庙，主体为花皇殿，旧时有庙会，后毁于侵华日军之手。

　　在余杭超山一带，以二月十二日为百花生日。花、果农于此日把一撮黄豆放小碗中，搁到屋檐上，任其雨淋日晒。过几天后查看黄豆发芽情况，出了多少棵，以占卜这一年花果收成之好坏。此日天气晴雨，亦被用来占卜农事，谚云："有利无利，但看二月十二这天里。"

　　在嘉兴郊区，有为果树做生日的习俗，节期为二月十二日。通常由女性操持。届时，先将果园杂草锄去，在每棵果树旁松一松土。将近中午，在每棵果树的树干上贴一方红纸，中间用稻草缚住；在树枝丫杈处压一块石头。用双手扶着果树，嘴里轻轻地说："桃子今年多吗？多哦！桃子今年大吗？大哦！桃子今年蛀吗？勿蛀！桃子今年脱吗？勿脱！"说罢，举起小竹刀在树干中部不轻不重斩上一刀。据说，这一刀的轻重颇有讲究，如果果树长势过旺，果实容易脱落，斩上适当的一刀，可起到"回滋"的作用。

　　在湖州，以二月十二日为百花生日。人们在此日会在每个花盆里插上一面三角的彩色小纸旗，以示祝贺。习俗以为在这一天花木换盆或下种、扦插，成活率都很高。还有这天若下雨就要连下十二夜雨的说法，认为这不利于百花生长。而在安吉一带，则以二月二日为百花生日。

在宁波一带，称二月十二为"百花娘子生日"。此日，妇女以五彩线穿耳孔。镇海等地妇女停止缝纫、刺绣，将花绷供在桌上，焚香点烛礼拜。

春分

春分是二十四节气之一，浙江历来有做"春分酒"和做社等习俗。

习俗以为在此日酿酒为最佳，称为做"春分酒"。民国《於潜县志》载："春分，造酒贮于瓮，过三伏糟粕自化，其色赤，味经久不坏，谓之'春分酒'。"清光绪《分水县志》载："春分酿酒，端午蒸之，名'春分酒'，色黑味香，取玉华泉酿者尤佳。"

金华一带，多以春分日为社日，农家要炒豆，炒米胖，俗谚云："社日不炒豆，死人无人候；社日不炒胖，死人无人葬。"

浙江各地都有在春分前后做社的习俗，称为做"春社"，具体日期不一。吴自牧《梦粱录》卷一云："立春后五戊日为社，州县祭社稷，朝廷亦差官祭于太社、太稷坛。"

在丽水一带，有"男嬉清明女嬉社"之说，妇女多在社日出游，称"嬉社"。此日又有"拦蛇"习俗。凡属新坟，家人要在社日到坟头烧纸，并用响竹在新坟周围顺拖三圈，逆拖三圈，意在赶走新坟中的蛇。据说，"社日"谐音"蛇日"，人们以此举保佑逝者不受群蛇侵扰。

三月三

三月三，即古代"上巳节"。古时以三月第一个巳日为"上巳"，魏晋时改为三月初三。王羲之等人在兰亭修禊，吟诗饮酒，流觞曲水，对后世影响颇大。

吴自牧《梦粱录》卷二载："三月三日，上巳之辰，曲水流觞故事，起于晋时。唐朝赐宴曲江，倾都禊饮踏青，亦是此意。"宋时，杭城在此日又有"北极佑圣真君圣诞"，"士庶烧香，纷集殿庭"，设醮祈恩，酌水献花，颇为热闹。

清代范祖述《杭俗遗风》载："三月三日，采荠菜花置灶神堂下，谓可以辟除灶上蚂蚁及一切虫蚁等物。至立夏节，取此菜花，煮清明狗，与儿童食之，谓可不蛀夏。"

兰亭修禊

此俗在绍兴近郊的兰亭流播。史载：东晋永和九年（353）三月初三，王羲之偕谢安等四十二人，会于兰亭，临流泛觞，作曲水之宴。参加者赋诗三十余首，汇成一集，王羲之亲笔作序，此即被誉为天下第一行书的《兰亭集序》，又称《禊序》《禊帖》。此后，蔚然成风，每逢三月三，兰亭必有文人雅会。近年则成为一年一度各地书法名流交流书艺、切磋书论的盛会。

辟蚁日

在杭州，称三月初三为辟蚁日。家家桌上、几上放置荠菜，以为可以辟蚁。此日，男女皆戴荠菜花，穿踏青鞋，出外踏青。俗谚有"三月三，挑荠菜""三春带荠花，桃李羞繁华"之说。

煮天下饭

在宁海，人们在三月初三要结群到溪边、井边搭起临时锅灶，烧饭食用。俗谚有"三月三煮天下饭，吃了会聪明"之说。一般认为是古代修禊之衍变。有的地方在野炊后还有各种文娱活动。

清明节

清明是二十四节气之一。《月令七十二候集解》称："物至此时，皆以洁齐而清明矣。"浙江农谚："清明谷雨两相连，浸种耕种莫迟延。""种树造林，莫过清明。"清明节又与寒食节相融合，形成插柳、植树、祭祖、扫墓等一系列节日民俗。

祭祖

浙江各地，大多有在清明节祭祖的习俗。祭祖的方式有家祭、墓祭、祠祭三种。家祭，以小家庭为单位，在家中设祭桌，与除夕祭祖的格局相仿；墓祭，即扫墓；祠祭，即以家族为单位，在祠堂内举行，规模较大。

在绍兴，祠堂门平时不开，一到清明则大开祠堂门，族中晚辈依次进入，行祭祀礼。届时选出族中辈分最小的长孙为主祭人，先由主祭人手持香烛向祖宗牌位行三跪九叩礼，然后其他族人按辈分依次参拜。此日中午，由值年人置办祭祖酒，邀族人聚餐。酒后，各家还可照例分到一份实物，如猪肉、艾糕一类，带回家。按族中规定，凡族谱上有姓名者均可进祠堂入席；若因故尚未入谱或不准入谱者，则不得参与。

在宁波，祭祠时要朗读祖训，对全族人进行家教，以示报本。

在丽水，称为"吃清明"。族人在清明节齐集祠堂祭祖。祖上太公立有的祭田由各房子孙轮流收租。轮值的房分即在该年清明节设席，请族中所有子孙来"吃清明"。饭后，按照丁口多少及学历、官职等高低分发馒头肉，然后到太公坟扫墓。

扫墓

俗称"上坟"。家家户户清明要到祖坟前祭祀，为祖坟添土、植树，以示对祖先的纪念。

在绍兴，家人来到坟头，一般要先祀后土，即祭祀山神，祈求山神、土地等神灵保佑祖先灵魂得以安息。再祭拜左右邻近的坟墓，祈求阴间邻居和睦。然后才正式在祖坟上祭拜。供品一般按家境情况置办，大户人家还要朗读祝文。如今则已逐渐简化。

在温州，通常在坟头栽木，将红绿纸剪成钱形，编成长串，一尺五六寸，挂在木上，称"挂柳钱"。祭毕，给坟头加土，分清明饼给山上的牧童。祭祀的食品要带回家，宴享亲族，称"享馂"。扫墓归来，还要折几枝松树条和映山红回家，前者表示长寿，后者表示子孙满堂。

中华人民共和国成立后，各地又普遍兴起在清明节祭扫烈士陵墓的新风俗，至今不衰。

踏青

清明时节，风和日丽，景色宜人，人们相约去郊外游览，俗称"踏青"。踏青通常与"扫墓"相结合。康熙《会稽县志》称："偕少长行游郊外，曰'踏青'。厥后携男女，具时羞墓祭。亦有盛声乐，泛集名胜地为终日游者。"民间俗谚云："正月灯，二月鹞，三月上坟船里看姣姣。"时至今日，则盛行春日旅游之风俗。

戴柳

清明节，各地妇女皆在发际缀柳叶，儿童则头戴柳条圈，以为可避虫毒。俗谚："清明勿戴柳，红颜变皓首。"相传此风起于唐玄宗渭水滨祓禊，赐群臣戴柳条圈之举。绍兴一带，此日还在门、床等处插柳枝，以为可趋吉避凶。金华一带，以为小儿在此日戴葱头，可变聪明；戴豆花，可明目；戴柳叶，有好娘舅；戴黄杨，有好爹娘；戴香荠，有好兄弟；戴艾叶，能避祸害；云云。在衢州，未婚女子在此日头戴柳枝和竹箸，以为将来可以嫁个好丈夫，别有意趣。

清明馃

清明节，各地都有特定的节日食俗。

在杭嘉湖一带，有吃"青团子"的习俗。在米粉中揉入艾草的汁水，使团子呈青绿色，一般有馅。

在温州，称"清明饼"，又称"蒿饼"。在泰顺，称"蒸糍"，做法大同小异。

在金华、丽水一带，称"清明馃"。东阳的清明馃多成畚斗状，称"畚斗馃"，寓有粮可畚之意。浦江的清明馃多成犁头状，寓耕作顺利之意。各地还有将其做成羊、狗状的，称"清明羊""清明狗"。义乌乡间，妇女常抱婴儿去向邻里"乞讨"清明馃，俗称"讨清明"。"清明"与"聪明"谐音，习俗以为这是讨聪明，日后孩子容易抚养，头脑聪明。

在绍兴，有在此日吃艾饺、松花团子的习俗。人们将艾蒿与米粉糅合，做成团子、艾饺。俗谚称"清明吃艾饺，勿怕阵雨浇"。将松花粉揉入米粉做糕，娇黄香滑，也别有风味。

清明夜饭

在桐乡、德清一带，清明前一日的夜饭十分隆重丰盛，犹如"年夜饭"，称"清明夜饭"。家人在外的必于此时赶回团聚。许多人家在清明前一日祭祖，祭祖后，所有供品就给全家人聚餐用。在各种鱼肉佳肴之外，餐桌上必有一大碗螺蛳。相传此俗与养蚕生产有关。旧时有蚕病，称"青娘"，习俗以为青娘就躲在螺蛳壳里边。届时用针挑食，称"挑青"。吃螺蛳，表示青娘已经挑出，蚕就不会得病了。吃过螺蛳，要将螺蛳壳抛到屋顶上。民间对此有多种解释：一说，旧时瓦房上的瓦片会滋生瓦刺虫，掉下来要刺伤蚕。屋顶上抛了螺蛳壳，瓦刺虫闻到鲜味会爬进螺蛳壳内，就不会掉下来伤害蚕了。一说，螺蛳壳抛上屋，发出响声，可以赶走老鼠，也是为了保护蚕。

竞渡

在浙北，许多地方有清明节竞渡的习俗。在平湖，称为"摇快船"；在海盐，称"出跳船"；在桐乡濮院，称为"闹清明"。众人围观划船比赛，煞是热闹。清乾隆《湖州府志》引《西吴里语》云："棹小舟于溪上为竞渡，谓宜田蚕，始于寒食，至清明日而止，谓之'水嬉'。今之哨船即其遗风。"而在嘉兴市郊，则有"踏白船"，又称"踏板""踏筏"，亦即划船比赛。在温州，清明节有"水战"习俗，届时，孩子们饰演兵卒，腰系竹筒，浮水作战。同时有威武雄伟的营船督战，船上战旗飞扬，坐着穿戴古代将帅服饰的孩子们，俨如古代水战情景。此与嘉兴一带的"踏白船"有相似之处。踏白，原为唐宋骑兵番号，岳飞曾任踏白使。《宋史》："自北边至武兴，列五军，曰踏白、推锋、选锋、策锋、游奕。"踏白则又成为水兵番号。浙江一带在清明节多演习水战，或称水嬉，除比赛划船快慢外，还在船上表演各种武术，故称"踏白船"。也有地方在清明节举行龙舟竞渡，做法与端午节相似。

牛抢青

在东阳、义乌，各养牛户在清明日拂晓争相牵牛出栏，觅草放牧，以最早者为最吉利，称"牛抢青"。义乌牧童吹树皮号以招呼同伴，天明则停止吹号，抛号于田。习俗以为天明再吹会导致多生蚊子。

浴佛节

四月初八为"浴佛节"，又称"佛诞节"，因佛祖释迦牟尼于此日诞生而得名。此日，僧人以水盥洗佛像，称"浴佛"，又称"灌佛"。此俗汉代即已形成。宋代周密《武林旧事》卷三载："四月八为佛诞日，诸寺院各有浴佛会，僧尼辈竞以小盆贮铜像，浸以糖水，覆以花棚，铙钹交迎，遍往邸第富室，以小杓浇灌，以求施利。是日，西湖作放生会，舟楫甚盛，略如春时，小舟竞买龟鱼螺蚌放生。"

清代范祖述《杭俗遗风》载："四月八日，四大丛林均有放生之物聚集，水族尤多。"农家以四月初八风向占卜当年谷价，俗谚云："南风吹佛面，有收也不贱；北风吹佛面，无收也不贵。"

吃乌米饭

四月初八吃乌米饭的习俗遍及浙江省各地。届时，人们采摘一种嫩树叶春成糊状，使之渗出汁水，用以浸糯米，然后煮成饭，色乌黑，味香醇，别有风味。也有的地方将此做成乌饭糕或团子。习俗以为吃了乌米饭可不蛀夏，蚊子也不会叮咬。故此日又称"乌饭节"。各地有传说，当年目连入地狱救母，送去的白米饭都被饿鬼抢走，后改做乌米饭送去，其母才吃到，从此相沿成习。除了自己吃，通常还要馈赠亲友。新嫁女之家，则送乌米饭和鸡雏到婿家，意为送去佛的保佑。

牛生日

浙南农村，普遍将四月初八作为"牛生日"。此日，人们有的到牛大王庙祭祀，有的则在牛栏祭祀，以祈求牛神保佑耕牛。此日不让牛干活，还要给牛喝酒，吃滋补食品。

在宁海，传说天牛在此日下凡，故耕牛放假，农户用糯米酒、鸡蛋喂牛，做乌饭、麻糍饲牛。

在衢州，人们在此日给牛戴花，用金刚刺粉拌米粉，做成"仙桃"喂牛，家人也分食。

在义乌，家家以豆掺米做饭，用以喂牛，并给牛放假一天，为牛过生日。所做豆饭，除牛吃外，家人也分食，俗信以为吃过牛饭，可以体健如牛。

在云和，有牛大王殿，每年冬至日，养牛户皆要备三牲，到牛大王殿祭祀。

立夏节

立夏是二十四节气之一，习惯作为夏季的开始。明代田汝成《西湖游览志余》卷二十云："立夏之日，人家各烹新茶，配以诸色细果，馈送亲戚比邻，谓之'七家茶'。"

《杭俗遗风》云："杭俗在立夏日，有'三烧、五腊、九时新'之说。'三烧'者：烧饼、烧鹅、烧酒是也。烧饼即夏饼，烧酒即甜酒酿。'五腊'，即黄鱼、腊肉、盐蛋、海蛳、清明狗，购于清明日，悬庭中，至立夏日取下，用荠菜花煮与小儿食之，可免蛀夏，称之曰腊狗。'九时新'，即樱桃、梅子、鲥鱼、蚕豆、苋菜、黄豆笋、玫瑰花、乌饭糕、莴苣笋。是日也，又有'五郎八保上吴山'之谚。盖立夏节，工人均作休息。五郎，谓打米郎、剃头郎、倒马郎、皮郎、典当中之小郎；八保，即酒保、面保、茶保、饭保、地保、像像保（即阴阳生）、马保、奶保（即中人）是也。今则吴山寂寞，改为新市场矣。"民国十五年（1926）洪如嵩增补云："抖夏夏米，烧夏夏饭：在立夏前一日，各儿童向邻家乞米一钟或一碗，谓之抖夏夏米。于立夏日在露天煮饭，饭成，分送前日之化米家，每家一小碗，饭上或置青梅、樱桃、百荠不等，谓儿童食之，可免蛀夏云。时人名之曰'烧夏夏饭'。"

立夏尝鲜

时至立夏，气温骤升，百果相继成熟，时新食物大量上市，各地都有尝鲜习俗。如各地方志所载，尝鲜的具体品名则有所不同。杭嘉湖一带通常有"立夏尝三鲜"之说。"三鲜"：一说为蚕豆、黄瓜、苋菜；一说为樱桃、梅子、枇杷；一说为黄鱼、鲥鱼、海蛳。不一一列举。

浙江各地多竹，此时春笋正旺盛，各地大多在此日吃笋。笋的躯干挺拔，人们以此象征人的脚骨。此日煮笋一般不切断，取小笋整支烹煎，习俗以为吃了可以健脚骨，称之"脚骨笋"。

吃立夏蛋习俗。在舟山，吃茶叶蛋，用新茶烧煮鸡蛋，清香可口。在兰溪，又有将熟鸡蛋剥壳后放在盐水中卤成"盐水蛋"，在此日食用的习俗。在宁波一带，还有用丝线编结彩色蛋套，给孩子悬之胸前或挂在帐上的习俗。俗谚："立夏吃只蛋，力气多一万。"

浦江、义乌一带，此日吃青梅，以为可免脚酸，俗称"接脚梗"。金华一带，此日吃枣，寓"早丰收"之意。

江山一带，此日吃羹，称"立夏羹"。

嘉兴一带，此日吃清水煮肉蘸生蒜末，或吃香蛳，称为"嗦懒虫"。

温州则有送鲥鱼习俗。据传，立夏节后，鲥鱼骨硬，不好吃，故在节前送，并簪以香花。清代孙琴西《赠小石送鲥鱼诗》注云："吾乡送鲥鱼，以月季花掩映其上，姿态益妙。"

烧立夏饭

立夏日，儿童成群结队到郊外野炊。习俗规定野炊所用的米、豆、笋、肉等，均向各家乞要，孩子们还可以随意到人家竹园去挖笋，到田里去采豆，以为吃"百家米"，可使儿童强健。

一说，此法自比乞丐，有厌胜之意。此俗绵延至今。

在新昌，有吃囫囵蛋、咸鸭蛋、"蚕花饭"之俗。"蚕花饭"，系用糯米、粳米、籼米三种米煮成的混合饭。俗谚有"吃了咸肉蚕花饭，今年蚕花勿推板"之说，习俗以为可保佑蚕桑丰收。

在湖州一带，又称"野火饭"，人们在此日吃金团子、乌菱等食品。金团子，又称麻团，是一种油炸面食。乌菱是一种沉在河底休眠而成的老菱，色黑壳厚。习俗以为孩子们在立夏日吃了野火饭、金团子、乌菱之后，就不会被蚊子叮咬了。

在宁波，各家以赤豆、黄豆、黑豆、青豆、绿豆拌白粳米煮饭，称"五色饭"，又称"立夏饭"。

称人

立夏日，给孩子们一一称体重。有的地方连大人也要称一称。习俗以为立夏称人可使之不蛀夏，快快长大。称体重时，秤锤只能向外移，不可向内移。逢九斤要报作十斤，逢一百斤要报作一百零一斤，以求吉利。有的地方还鼓励孩子在口袋里放几颗石子，以增加体重。

立夏进补

进入夏天，容易患蛀夏。浙江各地都注意在立夏前后进补，以防蛀夏。俗谚有"立夏日，吃补食"之说。在建德一带，通常吃红枣烧鸡蛋、黄芪炖鸡等，也有吃"五虎丹"的，即红枣、黑枣、胡桃、桂圆、荔枝。又有"三两半"，指党参、黄芪、当归各1两，牛膝半两，煎汁服用。在湖州，此日吃豆腐，以为可以补脑子。

立夏狗

浙北一带，农家在冬春祭祀时要做各种米粉团子作为供品，届时往往会特地捏几只小狗形状的米粉团子，挂在通风处晾干，俗称"立夏狗"。也有地方因为其通常是在清明节制作，故又称之"清明狗"。等到了立夏节时，将此"狗"洗净烧煮，给小孩吃，寓意小孩吃了以后可以像狗一样强健。

立夏禁忌

为预防蛀夏，旧时各地都有禁忌。在湖州、绍兴一带，此日忌坐门槛，以为坐了以后会脚骨酸痛，容易蛀夏。或说，此日以艾火一点炙于门槛上，可免蛀夏。

在湖州，凡是蛀夏的孩子，此日不可在家吃饭，连水也不可喝一口，而是要到亲友家去吃三餐饭。在富阳，又说属龙、蛇与猴者忌秤人。

买红花

在温州，立夏日家家要购买红花、新茶等物，以备一年之用。红花，旧时妇女染衣所需的染料，产于农历四月，必在此时购买。有诗云："立夏晴和四月天，与郎商酌岁支钱。红花盐菜俱难缓，更买新茶过一年。"

端午节

农历五月初五，端午节，又称"端五""重午""端阳""天中节""龙船节"等，由来已久。

　　宋代吴自牧《梦粱录》卷三云："杭都风俗，自初一日端午日，家家买桃、柳、葵、榴、蒲叶、伏道，又并市茭、粽、五色水团、时果、五色瘟纸，当门供养。自隔宿及五更，沿门歌卖声，满街不绝，以艾与百草缚成天师，悬于门额上，或悬虎头白泽。或士宦等家以生朱于午时书'五月五日天中节，赤口白舌尽消灭'之句。此日采百草或修制药品，以为辟瘟疾等用，藏之果有灵验。杭城人不问大小家，焚烧午香一月，不知出何文典。"

　　清代，杭州西湖在端午前后有龙舟竞渡，范祖述《杭俗遗风》记载甚详："西湖有龙舟四五只，其船长约四五丈，头尾均高，彩画如龙形。中舱上下两层，首有龙头太子及秋千架，均以小孩装扮，太子立而不动，秋千上下推移，旁列十八般武艺，各式旗帜，门列各枪中央高低五色彩伞，尾有蜈蚣旗。中舱下层，敲打锣鼓，旁坐水手划船，若做胜会。大看船停泊湖中，龙舟四围圈转，鱼贯而行。如抛物件，各龙舟水手下水争抢。最难者，莫如钱、鸭二物：钱则入水即沉；鸭则下水游去。各舟争逐，大有可观。游船之中，或有打十番锣鼓者，亦有吹弹歌唱者。城里河中，亦有从艮山门水门来者，游人坐船敲打锣鼓，名曰'游短景儿'。约五月初一起，至初十为竞渡时焉。"

　　时至今日，浙江各地仍十分重视端午节，风俗各有所演变。

龙舟竞渡

　　浙江较多地方历来有在端午节举行龙舟竞渡的习俗。据闻一多《端午考》，此系古代持龙图腾崇拜民族的祭祖活动。对其由来，历来有多说，其中与浙江有关的就有三说：一说春秋战国时越王勾践于此日操练水军，宋高承《事物纪原竞渡》引楚传云

"起于越王勾践"；一说为纪念伍子胥，南朝梁宗懔《荆楚岁时记》引邯郸淳《曹娥碑》云"五月五日，时迎伍君"；一说为纪念曹娥，《会稽典录》云"女子曹娥，会稽上虞人。父能弦歌为巫。汉安帝二年五月初五于县江溯涛迎波神溺死，不得尸骸。娥年十四，乃缘江号哭，昼夜不绝声七日，遂投江而死"。浙东一带因有五月初五纪念曹娥之事。明清以降，纪念屈原一说由楚地传播至浙江，为这里民众普遍接受，则多说是为了吊唁屈原，并与吃粽子之习俗紧密结合。也有一些地方，习惯在清明前后（或在夏至）举行龙舟竞渡，端午节则无此活动。

　　在温州水乡，端午的龙舟竞渡颇为隆重，并与祭祀"殇官"的活动紧密结合。温州水乡各村，大多有龙舟。各村祠堂或庙宇又设有殇官神龛。一般设三十六个神偶，代表三十六个殇官神，其中一个神偶是木雕的，便于出迎。古人称夭折和非正常死亡为"殇"，包括天殇（雷击）、地殇（地震、塌方）、水殇（水灾、溺水）、火殇、树殇、刀殇、箭殇、跌殇、打殇，以及因虎、犬、蛇、药、酒、食、饿、瘟、痨、痘、瘤、痈、烂、喉等死亡的鬼魂。习俗以为这种"殇鬼"冤魂不散，常会惹是生非，故而平时要把"殇官"关在神龛里。端午龙舟竞渡时则把"殇官神"的木雕神偶从神龛中请出，举行一定的仪式，将其放在一香炉（又称香斗）中，由一中老年人捧着下龙舟。在整个赛龙舟过程中，此人要一直捧着香斗，不得放下。温州话"殇""香"谐音，"殇官"又称"香官"。此人便被称为"香官爷儿"。每天划完龙舟一回村，此人便要把香斗捧回殿内，放在神龛上，三拜叩谢，称"收香"。整个赛龙舟活动结束，称"散河"。届时把龙舟抬回祠堂或殿宇，松掉竹缆。全船人要拜谢"殇官神"，由头家双手捧"殇官"神偶归位。所有的人一律退出殿宇，不许喧哗，关闭大门，称"关殿门"。习俗以为借着龙舟竞渡把这些"殇鬼"的冤魂送往远方，它们就再也不会来骚扰地方了。

温州一带的龙船一般额定每船三十六人，俗称"三十六香官"。船身十三档，每档两人划船，共二十六人，加上船面管旗一、后艄二、唱神一、司鼓二、掌锣二、托香斗二，正合三十六之数。大龙船则加至四十八人。船身绘画龙鳞，头尾装置活动的龙头龙尾。每村的龙船都有不同颜色的旗帜，以示区别。

余杭的蒋村、和睦一带，端午龙舟竞渡绵延至今，又称"龙船会"。龙头有专人保管，节前装扮龙船时要举行祭祀仪式，称"请龙头"。人们十分虔诚地把龙头安装到龙船上。龙船有三种。满天幛，又称彩龙船，长八米多，前后装饰木雕龙头龙尾，龙头上停一金鸡，龙尾挂一蜈蚣，龙头后一手执令旗的木人称"太子"。船舱上插各种彩旗、凉伞、兵器，船舷上装彩色画板。半天幛，为普通农船装饰，也插旗、伞，稍简便。赤膊龙船，为一般小船，也有木雕龙头，中间插几面旗帜。

余杭区的"五常龙舟盛会"2008 年被列入国家级非物质文化遗产名录。

彩舫

前引《杭俗遗风》所述西湖龙船，即为"彩舫"。此为大船，装饰十分讲究，船中奏乐，并有人搬演戏曲故事，以观赏为主，而并非竞渡。此俗绵延至今，西湖彩舫一向受人欢迎。

在温州，又称"台阁"。大的台阁长十八米，宽四米，可容纳百来人，行动相对缓慢，前后装饰龙头龙尾，涂金饰彩，光华夺目。台阁上有亭台三座，遍插彩旗、花灯，并安排各种装扮浓艳的戏曲人物。台阁前后又有风车式秋千架，由儿童身着戏装在秋千上翻飞。船舱中有管弦乐队演奏，悦耳动听。台阁一般要在城内外河道上漫游四五天之久，任人观赏。

吃端午粽

浙江各地都有端午吃粽子的习惯，粽子古称"角黍"。在温州，有将四十只粽子扎成一捆的做法。其中一只特大，称"粽娘"，另有一把特小的粽子，称"子孙粽"。各地还有将粽子馈赠亲邻的习惯。

在丽水，有吃薄卷饼的习俗。将面粉做成薄饼在平锅里烤熟，或将面粉调成糊状，在平锅里抹成薄饼烤熟，然后把菜肴卷在薄饼内食用。

屋宅辟邪

　　各地都有端午节在门上挂艾叶和菖蒲的习俗，以此驱毒辟邪。绍兴一带，除了悬艾插蒲之外，还在门侧贴对联，上书"菖蒲作剑，斩八节之妖魔；艾叶为旗，招四时之吉庆"等内容。有的地方还要悬挂钟馗捉鬼图、姜太公像，或张贴朱砂符、八卦图等。

　　各地还有在端午节打扫卫生的习俗。金华一带以蛇、蝎、蜈蚣、蜘蛛、蛤蟆为"五毒"，习俗以为"五毒"自端午日午时开始滋生，故于此日午前要在屋角及各阴暗处撒石灰，喷洒雄黄酒，焚烧苍术、白芷、茴香一类药物使之生烟，以驱秽祛毒。同时扫集垃圾于室外，点火焚烧。

　　在金华义乌、东阳，以及衢州江山等地，端午日又有"驱蚊虫娘"之举。在义乌，老年妇女用火把遍照墙角，口念"蚊虫娘，送你到东洋；到东洋，吃得胖，回来过重阳""蚊虫娘，不要在家叮婆娘，快到田里叮稻娘"等咒语，然后送火把到野外。在江山，人们包几只拇指大小的"蚊虫粽"，挂床头以喂蚊虫；又在门口画石灰八卦符，画时念咒语，以此驱蚊。

佩饰辟邪

　　小孩在端午日要在胸前挂香包，又称香袋。香包内装香料，或装雄黄，也有的装一枚独头大蒜，外部编织成各种形制，用五色丝线挂在胸前。温州一带，还把五色丝线系在小孩手腕上，或系在背上，称"长命线"。有的地方还会给小孩戴特制的虎形肚兜。

饮食辟邪

各地有在端午节吃特定的食物以辟邪的传统。通常都要喝雄黄酒。民间传说《白蛇传》中就有这一节日习俗的描述。

又有"吃五黄"的做法，"五黄"具体指黄鱼、黄鳝、黄瓜、黄酒、雄黄。各地又有所异，诸如黄泥蛋（咸蛋）、雄黄豆（罗汉豆）、黄泥螺等，也会被置换成该地的"五黄"之一。

吃午时茶，也较为普遍。在端午日午时，将陈皮、柴胡、藿香、连翘等中药煮汤服用，称"吃午时茶"，习俗以为可以驱秽辟邪。

在温州，端午日早晨要将菖蒲、艾蒿煮汤，配以粽子、鲜鸡蛋、咸鸭蛋、大蒜，当早餐进食。此日还要喝蒲酒，将菖蒲切成碎片，浸入雄黄酒中饮用。

在金华，端午日除了吃粽子、肉、鸡蛋、麦饼、绿豆糕等，普遍还要吃大蒜。 武义青年妇女则把大蒜蕊与花布串在一起，称为"大蒜串"，以为可以辟邪。衢州一带，又有俗谚称"端午不吃蒜，要被鬼来钻"。

在桐乡石门，此日要给小孩吃煨蛋。各家备一火盆，午时一到，点燃蚕豆壳、蚊子草、蛤蟆草、菖蒲等，使之生烟，取一青壳鸭蛋，在一端敲一小孔，塞入一只小蜘蛛，再将小孔封闭，放入火盆煨烧。煨熟后，取出蜘蛛，然后把煨蛋给小孩吃。习俗以为如此可以驱毒，使小孩过夏不会生痱子和疮疖。

送节

端午节，各家常准备礼物馈赠亲友。在温州，称"送节"，也称"望节"。在金华，称"担端午"。

在绍兴新昌等地，又有发庚、送扇的习俗。某家欲在年内娶媳妇，必于端午节"发庚"，男方向女方送白糖、桂圆等礼物。女儿出嫁后第一个端午，娘家要向婿家送扇子、手巾、麦饼等礼物。

采草药

绍兴、丽水、金华、衢州等地，人们以为端午日采草药最有效验。一说，因传说中白娘子在端午节上昆仑山盗仙草，故而仿效；一说，此日是药王神农氏生日，故而此日采药大吉。端午日，人们纷纷上山采集各种草药，以备不时之需。慈溪一带称此日为"送药节"，认为此日午前捉到的蛇、蝎、蜈蚣均可作药，作为馈送长辈之礼。奉化一带以为端午日百草均可作药，争先采集之。

乞目

衢州一带，端午日取清水一碗，内放藻花，取粽箬若干剪出许多菱形小孔，放在花下，合家以指蘸水洗眼，称"乞目"。习俗以为这样可使眼睛明亮。洗罢，泼水于门外，称"送乞目"。

百草汤沐浴

金华、丽水一带，人们在端午日上山采集百草，烧汤沐浴，以为可祛秽气，使孩童皮肤光洁。在江山，人们用百草汤沐浴后，又用菖蒲缠腰，以为可解腰痛。

五月初四过端午

在温州文成的黄坦、西坑等地，俗传五月初四过端午。一说，明初刘伯温隐居在家，朱元璋派人请他去相助。家乡父老为送刘伯温登程，提前一天过端午。一说，刘伯温次子刘璟因反对燕王朱棣篡位而于五月初四被捕入京，人们为纪念这个与他饯别的日子，故而在五月初四过端午。

六月十五过端午

在缙云漕头，相传六月十五过端午。当地有传说，大巷山殿杨虎侯王之子杨回在此驱逐妖魔。人们感恩，在山上建庙祭祀，并改六月十五为端午节。

小端午

在余杭和睦一带，称五月初五为端午，又称五月十三为"小端午"。相传五月十三是春秋时文种与范蠡重归于好的日子，故而称该地为"和睦"，并在此日举行龙舟竞渡。

敬师节

在江山，以端午为敬师节，此日学生纷纷向老师送粽子、馒头，以示敬意。老师则通常回赠纸扇。

夏至节

夏至是二十四节气之一，表示炎热的夏季已经来到。民国

《东阳县志》载："夏至，凡治田者必具酒肉祭土谷之神，束草立标插诸田间就而祭之，谓'祭田婆'。"

民国《会稽县志》载："夏至，祀先以面。农人竞渡于通津，衣小儿衣，歌农歌，率数十人共一舟，以后先相驰逐，观者如堵。"

时至今日，夏至的节日特征正在淡化，在许多地方已经不大记得这个日子了。在东阳、永康、磐安、浦江一带，农家在此日要用面粉做薄饼，烤熟，卷以菜肴，称"卷麦饼"，全家分食，还要馈赠亲邻，称"醉夏"。有的地方傍晚要祭祖，供品也必有卷麦饼。在金华，此日要"拜秧田"，取麦秆或破扫帚一把，竖在田中，以为可以禳虫灾。在义乌，此日要复称体重，来与立夏日所称体重做比较。

在绍兴、嘉兴，人们于此日祭祖，家家吃面。俗谚有"冬至馄饨夏至面"之说。民间从夏至日开始下河洗澡。绍兴的龙舟竞渡一般不在端午而在夏至日。

分龙日

浙江各地多以农历五月二十为分龙日。民间相传，天上的小龙将于此日离别老龙，去自己所管辖的区域内兴云播雨，二龙因不忍分离而流泪，故而此日往往下雨。宋叶梦得《避暑录话》云："吴俗，以五月二十日为分龙日。"《月令粹编》卷五引《谈荟》云："二月二十日谓之小分龙日，晴分懒龙主旱，雨分健龙主水。"《占候书》云："两浙以四月二十日为小分龙，五月二十日为大分龙。"在此期间的雨，俗称"分龙雨"。人们以此日及下一日的气候来占卜农事，"二十分龙廿一雨，缠脚娘子下大水"，指分龙日下一天雨，则主雨水多；"二十分龙廿一雨，水车搁在弄堂里""二十分龙廿一雨，石头缝里都是米"，均指此年雨水充沛；"二十分龙廿一鲎，拔去红芒种赤豆""五月二十逢逢逢，夏旱连秋白露通"，指此日前后若无雨有虹、有空雷声而无雨，则主该年将有干旱。

时至近现代，浙江各地多在此日举行"水龙会"，即在城镇中择一空地，会集各路消防器材"水龙"，做演习表演。人们闻讯赶来围观，俨如一盛大节日。各地举行"水龙会"的日期也有所不同，金华、东阳在六月初六，浦江则在八月初一。

六月六

六月六，宋代为"天贶节"，起于宋真宗封禅一事。后演变为六月六节。传说龙王在此日晒鳞，民间则在此日晒衣、晒书、晒经卷。

清康熙《钱塘县志》载："六月六日为'清暑日'（宋真宗因天书降是日，名'天贶节'），多晒书画、裘褐衣服，或牵猫犬浴之水中（是日为始，多施茶以饮行人，暑退乃止）。"

清嘉庆《嘉兴府志》载："六月六日，曝衣，食馄饨，洗六畜（《嘉兴汤志》）是月合酱，虫不为蛀。（《石门邝志》）。"

猫狗浴

各地都有在六月初六让猫狗入河为之洗浴的习俗。只是说法有所不同。在绍兴，以为可以避虱子，今后猫狗不会到处拉屎。在常山，以为此日狗肯入水，则能逐蛇驱兽，避免咬噬稻穗。在江山，称此日是狗生日。在开化，以饭团喂狗，然后拖狗入水，有传说称狗为人类偷来稻种，过天河时尾巴翘出水面，故能留存，六月初六猫狗浴即为纪念此事。民国《建德县志》称，此浴与小儿洗浴有关，"取其贱而易育也"。

回娘家

在绍兴，有在六月初六接出嫁女儿回娘家的习俗。传说此事缘起于春秋时晋国大夫狐偃之女回娘家的典故。

解彩线

在常山，人们在六月初六将小孩手脚上的端午彩线解下，系在肉骨头上，扔到屋顶。俗信以为老鹰见此，便不会抓小鸡了。

大暑

大暑是二十四节气之一。此时一般为一年中最热的时候。

在台州湾一带，大暑节历来有"送大暑船"习俗。旧时这一带疫病流行，人们信仰"五圣"瘟神。每年从小暑到大暑期间，人们云集五圣庙烧香，并特制一艘"大暑船"，或为木船，或为纸船，皆与真船相仿。大暑节之日，举行盛大庙会，将"大暑船"送至出海口。如是木船，则让船漂流出海；如是纸船，则在出海口焚烧。此为"送瘟神"遗风，流传至今，又称"渔休节"。

立秋

立秋是二十四节气之一，习惯作为秋季的开始。宋代吴自牧《梦粱录》卷四记杭城立秋风俗："立秋日，太史局委官吏于禁廷内，以梧桐树植于殿下，俟交秋时，太史官穿秉奏曰：'秋来。'其时梧叶应声飞落一二片，以寓报秋意。都城内外，侵晨满街叫卖楸叶，妇人女子及儿童辈争买之，剪如花样，插于鬓边，以应时序。"

清乾隆《乌程县志》载："立秋日，或以井水吞赤小豆七粒，谓可免疟痢之疾。"

时至今日，"立秋"的节日特征已逐渐淡化。在宁波一带，还有些地方要在此日给孩子吃萝卜干、蓼曲（俗称"白药"）、薄脆饼、炒米粉和西瓜。镇海（今镇海区和北仑区）、奉化（今奉化区）等地还给孩子吃绿豆粥，服酒曲，称"袯秋"，俗信以为孩子吃了可以无病无灾。

七夕

七夕，又称"乞巧节"，为农历七月初七夜。相传此日牛郎织女在天河鹊桥相会。此节日由来已久，汉代已有牛郎织女故事雏形流播，晋代已有七夕风俗。

清康熙《钱塘县志》载："七夕，妇女多设瓜果为乞巧会，对月穿针乞巧，贮蜘蛛于盒内，观结网疏密为乞巧多寡。"清嘉庆《西安县志》载："七夕，女郎望月瞻斗，陈瓜果罗拜中庭，穿七孔针以'乞巧'。小儿以午日所系彩索剪之，裹以饭送至屋上，谓鹊含此布桥，使牛女相会，名曰'助鹊桥'。"

卜巧

七夕时，人们捉来一只小蜘蛛，放入盒中，次晨观其结网的形状，以圆正为"巧"。或是在前一日取雨水、井水各半，盛在碗中，放露天过一夜，再在太阳下晒半日。至中午，女孩们把绣花针放在水面上，使之浮而不沉，观看针在水底的影子：如针影或散如花，或动如云，或呈物形而巧妙者，则以为"得巧"；如针影或粗或细或直而无花样，则以为"得拙"。

赛巧

七夕时，众女孩同时穿针引线，谁穿得快，说明谁就得巧。在有的地方每个女孩都要拿一件女红作品来比赛，如鞋、帽、巾、裙、袋等，看谁做得精致。在舟山，还有一种"比聪明"，让每个女孩轮流，一口气念出七遍："天上七个七颗星，肚里会聪明，八楞登阿登。"要求口齿清楚，语句不颠倒，一字不漏。谁念对的次数越多，表示谁越聪明。在武义，这句绕口令则是："北斗七星七颗星，七月七日念得七遍好聪明。"也要念七遍。在兰溪，小女孩还会在乞巧会上当众向年长艺精的刺绣师傅拜师求艺。刺绣师傅则在乞巧会上对女孩们的女红作品进行评比，传授技艺。在义乌，先缚扎稻草人，称为"天孙"，然后由老妪、幼女各一人，协力挟住草人，倘若草人颤动，便以为是"天孙赐巧"。

吃巧果

各地都有在七夕吃巧果的习惯。巧果以面粉拌糖，在油中炸煎而成，一般做成手指形状；也有切成方条形，扭成 S 状的；也有捏制成花果鸟兽形状的。人们还以此馈赠亲友。

接牛女泪

在舟山一带，女孩们在七夕傍晚要端一盆清水，去采集七种完整的各色鲜花，放入清水盆，再把盆放在露天过夜，为的是采集牛郎织女相会时流下的眼泪。次日清晨，则用盆中的水来洗自己的眼睛。俗信以为这样做可使眼睛更漂亮、更明亮，还可以相中一个好夫君。有的地方除了用"牛女泪"洗眼之外，还用来洗头发。

助鹊桥

在宁波、金华、衢州一带，到了此日，大人会把端午节给孩子系的长命缕、五彩绳解下，粘裹上一些粽饭，抛到屋顶。俗信以为这可以让喜鹊衔去，为牛郎织女相会搭桥。

香桥会

在嘉兴油车港镇古窦泾村一担庙，七夕有"香桥会"习俗。人们将线香每十支一束，裹成"裹头香"，并用来搭成四五米长、约十八米高、五十厘米宽的桥身，再用粗官香做成桥栏杆，在栏杆上扎各色绒线做成的装饰。桥中央用檀香搭成桥亭，桥面铺满元宝纸锭。香会期间，人们陈设各种供品，并向此香桥朝拜，最后则将香桥焚烧。此时，众人齐唱仪式歌："一星桥，二星桥，三来要拜神仙桥。香头伯伯有功劳，搭香桥师傅心功巧。香桥上头好跑人，下头好过九龙船。鲁班先师合拢桥，丝网娘娘看仙桥，仙男仙女同过桥……"

坎山祭星乞巧

在萧山区坎山一带，七夕习俗与当地著名的萧山花边传统工艺密切相关。这一带妇女世代相传，以挑花边谋生，七夕乞巧与她们的劳动有着极大关系，从而使得这一习俗的传承更具特殊意义。每年七夕，当地女孩都要用木槿花叶洗头。待嫁少女每人制作精巧的小鞋子，挂在公厕展示，俗称"祭坑香姑娘"。当地传说，坑香姑娘生前是挑花能手，遭继母迫害，跌进粪坑死去。又有"乞巧"习俗，在七夕前一日取雨水、井水各半，盛在碗中，放露天过一夜，再在太阳下晒半天。至中午，各家女孩将绣花针或新竹扫帚梢放在水面上，使之浮而不沉，观看其在水底的影子以占卜。乞巧时常伴有动人的歌谣。七月初六夜晚，当地数万人齐聚古刹地藏寺，通宵宿山，诵经祈福。陪同老人来宿山的青年男女则相亲寻偶。当地有民谣："若要夫妻俩恩爱，地藏寺里坐一夜。"

洞头成人节

在洞头海岛，有一大批闽南移民，至今操闽南语，沿袭闽南传统，有"七夕成人节"风俗。有小孩的人家，过七夕节要供奉扎制精美的七星亭。七星亭用细竹篾结扎骨架，外糊以彩纸，有扁亭、圆亭等形制，最高七层，上有"摩睺罗"，为宋代遗风。又有巧人儿馃，是印有各种人物、动物形状的红色馃饼。虚岁十六的儿童，则在此日行成人礼，格外隆重。七夕傍晚，在自家庭院或门前，将桌脚用条凳或厚木板垫高，桌上摆七双筷、七盏酒盅，祭品干果、熟食、丝线、胭脂粉，均以七计，另有七朵鲜花（一般为凤仙花，人称指甲花），置七星亭、巧人儿馃，红龟、红圆各十六个，煮熟公鸡一只。大人牵孩儿祭拜，念祈祷词："七月初七天门开，七星娘妈坐莲台。有花有粉请你来，保佑姆儿快快长大免祸灾。"焚烧纸锭和七星亭，放鞭炮。祭毕，合家吃平安饭，红龟和红圆则分送亲邻，表示孩子已长大成人。相传此俗源自闽南，当地还有动人传说，讲述七仙女帮助百姓的故事。

请杼神

在桐乡濮院，人们在七夕祭祀杼神，杼神即机神、织女。清代《东畬杂记》云："七月初七祭机神，谓机神生日。"《百宝志》云："七月初七日，织染局祭杼，谓祭织女星也。"此日，妇女儿童要用香汤洗头洗澡。晚饭后，在庭院内设供桌，点香烛，放上一盘盘鲜果，祭祀杼神。人们称此日洗头为"汰巧头"。称此日请杼神的鲜果为巧果，必须在露天置放一夜，承受天上甘露，次日再吃。习俗以为，吃了巧果，汰了巧头，人会更聪明更漂亮，织起绸来既快又好。

石塘小人节

温岭沿海的箬山、石塘一带，凡是有孩子的人家，从孩子出生之年起，一直到十六岁，每年七夕节，都要为小孩扎制彩亭彩轿。通常给男孩扎彩亭，给女孩扎彩轿。有几个孩子就扎几个彩亭彩轿。用竹扎架子，外糊彩纸，成品为五十至八十厘米高，也可上街购买。有民间艺人专门以此为职业。彩亭有两层或三层，底层正中供七仙女或妈祖像，两侧配门联，两旁还有纸做的假山、花园。各层外围插有绢做或纸做的戏剧人物。

这些绢人，头部用泥土捏成，描绘眉眼脸谱，手脚用细竹丝扎成，穿各色丝绸制成的衣服。家家在家门口摆供桌，桌上摆彩亭彩轿，亭轿前放七朵鲜花和各种瓜果鱼肉供品，点燃香烛，为孩子祈祷。仪式结束时，焚烧彩亭彩轿。此日，主人还要邀亲友聚餐，共祝孩子茁壮成长。故当地称七月初七为"小人节"。孩子到了十六岁，要做"满金亭"，形制更加精美，表示孩子成年，筵席也更加丰盛。

乞巧入药

在宁波一带，有女子在七夕用荷花、莲蕊须、百合、凤仙等物向织女乞巧入药的习俗。她们下池采荷花，已婚的采盛开的荷花，未婚的采含苞欲放的荷花，将花养在水盆中，放在窗台上。晚饭后，她们手捧清香，向织女祈祷乞巧。祈祷毕，未婚女子取七瓣花瓣嚼食吞咽，以为可以增容添色保健康。已婚的则将此荷花收藏。俗信以为吃了这种荷花容易怀孕，分娩会顺利。

人们在此日把洗净的百合供在窗台上向织女乞巧，祭供之后，把百合蒸熟、捣糊，密封在瓷瓶中作药。俗信以为，头发刚开始花白的中老年人，拔去白发，糊上这种百合糊，可长出黑发。此外，据说还可治其他一些疾病。

人们还在此日采凤仙花乞巧，人们用乞巧后的凤仙花染指甲，此外也用来治疗一些疾病。

挂七结

在龙游，倘若小孩体弱多病，要在七夕用红头绳均匀地打七个结，套在小孩颈上，以求吉祥安康。此夜，蒸七层糕和桃形团子，祭拜七仙女，解旧年七结，以米粉团裹之丢于屋顶。这种"挂七结"要年年做，年年换挂，到小孩十六岁为止。

中元节

中元节又称"盂兰盆节""鬼节"，时值农历七月十五，俗称"七月半"。

宋周密《武林旧事》卷三云："七月十五日，道家谓之'中元节'，各有斋醮等会。僧寺则于此日作盂兰盆斋。而人家亦以此日祀先，例用新米、新酱、冥衣、时果、彩段、面棋，而茹素者几十八九，屠门为之罢市焉。"

祭祖宗

浙江各地均在中元节祭祀祖先。在杭州，一般是在农历七月十二夜"接祖宗"，供奉莲蓬、鲜藕等食品。凡新丧之人家，要在灵前悬白灯，结白彩，供细点，拜忏念经，称为"拜中元节"。杭嘉湖一带，七月半要用素馄饨祭祖，祭毕，家人分食，素馄饨便成为这一带的节令食品。在温州一带，此日祭祖要供奉千层糕和鲜粉。鲜粉即米经水磨，用其汁做粉条。在宁波，各家设酒馔祭祖。有祠堂的地方，房内子孙按丁口分享馂余，称为"吃七月半羹饭"。

在金华，七月半要上坟祭祖。衢州等地，祭祖时在中堂挂祖先图，设牌位，祭毕，收起祖先图。在江山，收图后还要祭于岔道，称"送太公"；沿路则插香、撒纸钱，称"插路香"；祭品中有马形面食，称"太公马"。在衢州，七月十六还要复祭，祭品有整只的茄子，称"素鸡腿"，各式祭品均为素食。在东阳，祭祖用"糖洋"，祭毕，子孙分享馂余，整日吃糖洋，俗谚有"七月半，糖洋顿"之说。

在温岭，各家要在此日备一桌丰盛的菜肴祭祖，称"做七月半"。同时还要到祖坟上点坟灯。制作坟灯时，取一支鲜竹，将上半截劈成四开或六开，再用竹篾做一圆圈，把劈开的竹丝撑开，扎成球状，外糊白纸，内装一可插油烛的小钉，将竹子下端削尖，便于插入土中。

盂兰盆会

在中元节前后，浙江各地旧时都有大规模的佛事道场，称"盂兰盆会"。这种道场大都由施主出资，请僧侣或道士，在寺院、道观或祠堂中举行，一般为时三天，或长或短。

在绍兴，每年七月十三之前，即由道士用纸糊出"五殇恶鬼"，再加上黑无常、白无常、鬼王等，悬在城隍庙前示众。自十三起，便在城隍庙、土谷祠等处上演目连戏。

在宁波，俗传七月初一起，地狱鬼门大开。居民集资请和尚、道士、巫祝诵经念咒，沿街设祭。多用米筛或门板摆设"檐下羹饭"，以蓝色碗盛之，有鱼、肉、酒，还有馒头、南瓜、豆腐、毛豆等十二碗，以祀无主孤魂野鬼。祭时，大街商店门口悬挂蜈蚣旗，街市路旁焚冥锭、纸衣。

在温州，旧时盂兰盆会以城内开元寺为最盛。其时，家家准备好用纸钱包封而成的"烧包"，送往开元寺济幽炉中，道场完毕后放火焚烧，称为"寄柬"，表示给祖先幽灵寄送钱物。府县城隍也在此日出巡迎神，到西山济幽，称"中元济幽"。在东门外行前街和上岸街一带，则有几家大商店每年按例举行盂兰盆会。届时在中堂摆一肉山，即将猪的板油拉薄如网状，绷于一木架上，然后在上面堆叠米做的糖糕和粽子，六七尺高，状如塔，并缀以纸制和米制的各式人物。制糕的米要预先浸半个月，再磨细、炊熟、揉韧，和以红糖，制成糖糕，状如半月；粽子，约一升米做四只。仅此两项，需米一担。献供后将糖糕和粽子分送亲友。献供时，在堂前排开两桌，陈列山珍海味，请道士诵经。晚间则大张筵席，请戏班演唱昆曲。

放水灯

凡有水之处，大多有中元节放水灯习俗，据说是为了超度落水孤魂。水灯通常用纸做成，形如船，或如莲花，或如碗、斗，变化甚多，外涂以蜡，内盛油，或点烛，燃火后任其在水面漂浮。也有的用稻草结成丁字样，上插小蜡烛，也可漂浮。一般在江边放水灯，也有驾船入江，在船头烧纸钱，船尾放水灯，和尚在中舱念经的。

在绍兴，人们把此日燃于树梢之灯称为"旱灯"，放入水中的则称"湖灯"。湖灯多以蚌壳盛油，截高粱秆一段，中贯一根灯芯，点燃后，罩上莲花形灯壳，放入水中漂浮。湖灯最终沉入湖底，一去不返。故绍兴人将不能收回的债和一去不复返的人称为"放湖灯"。

在建德梅城，除了用纸做水灯外，还有一种水灯用木板、篾丝制成，外糊五色纸，内燃小蜡烛，煞是好看。放水灯的事通常由船上人来操办。放水灯的方法也很巧妙，几条船一起撑向上游，把点好的水灯放在米筛中，一待放满，将米筛浸入水中，灯便浮水而去，刹那间江上便会出现无数彩灯，堪称奇观。

在台州、丽水一带，除水灯外，此夜还有山灯、路灯，因地制宜，各具特色。

汤和节

温州龙湾区宁村一带，为纪念明初汤和，自明嘉靖四十年（1561）以来，每年农历七月半当地百姓要抬着汤和神像巡游、祭祖、追悼倭难亡魂，人称"七月十五汤和节"。祭祀活动从七月十三至十七，持续五天。十三，一人背路径牌，一人敲锣，沿巡游路线走一圈，广而告之。十四，一人骑马，装扮成"符司爷"，四人敲锣打鼓再走一圈，称"扫街"。十五，人们抬着汤和神像出巡，游遍四十多个村庄，行程二十五千米，最后到达南郊倭难捐躯将士陵园，举行隆重的"祭祖"仪礼。此日，宁村户户摆酒迎客。"七月十五汤和节"体现的"汤和信俗"已列入国家级非物质文化遗产名录。

浦阳江中元水灯会

萧山区进化镇沈家渡村在浦阳江畔，当地的中元水灯会相传已有二百多年历史。村中沈氏永思堂至今保存着清嘉庆十三年（1808）《兰盆会捐田序》、清光绪十年（1884）《兰盆会碑记》等文献。此日，村民聚集在沈氏祠堂永思堂祭祖，同时祭祀当地治水英雄水神黄山西南以及钟馗。当晚，村民齐聚江边，锣鼓鞭炮喧天，江船满载各种水灯，放于浦阳江燕子湾一段江面。水灯随钱塘江潮起落，南北进退，向南可达六和塔下，向北直抵诸暨湄池一带，十分壮观。水灯会期间，村中有戏曲演出、武术表演、下棋等各种活动，热闹非凡。

舞茄灯

在衢州江山、常山、开化一带，中元夜有小孩舞茄灯习俗。入夜，江山小孩忌出门，在家中取茄子一只，插以点燃的香数根，用细竹竿挑着玩耍。衢州其他地区的小孩则举着这种茄灯到村口玩耍，称"接太公"。

拜矮凳

在温州，中元节有屠户"拜矮凳"习俗。俗信以为，屠户杀生太多，要在此日恳求赦免。届时，屠户们手持板凳从自家走出，去往道院，每七步要跪下一拜，头叩在板凳上。到道院集合后顶礼膜拜，以求赎罪。

地藏王生日

俗传地藏王生日为农历七月三十。传说地藏王管阴间，肩负着大地，他一动肩膀，大地就会震动不已；他平时总是闭着眼睛，到生日这天才睁开眼来观看大千世界。此夜，浙江各地有在地上插香的习俗。

清光绪《富阳县志》载："七月三十日，俗谓地藏生日。是夜，家家于地上燃香烛，邑城南门外江中遍燃水灯，一望如繁星灿烂。又有画船箫鼓，高唱入云，殊属生面别开。"

民国《定海县志》载："七月晦夕，各家儿童植香于地，谓之'插地香'，或丛簇瓜果上，谓之'香球'。然烛设茗于地，谓祀地藏王。"

时至今日，浙江各地的"地藏王生日"习俗已逐渐淡化，在一些地方则衍变成儿童的一种节日游戏。在绍兴上虞一带，此夜家家在门前、屋瓦等处遍插香火并点燃之，每户少则三四十支，多则一二百支，并在门前置清水两碗。人们在向地藏王礼拜后，即用新收获的棉花絮浸此水，为儿童擦眼。俗信以为，这水是地藏王用来洗眼的，用这水为儿童擦眼可使之明目。

舟山一带，儿童们在香火燃尽后，纷纷去拔香棒。以后很长一段时间他们就热衷于玩一种"挑香棒"的儿童游戏。

在温州平阳一带，此日有"插抛球"习俗。抛，闽语，即文旦、柚一类水果。此日，家家将一个抛戳在五尺高的竹竿上，安放在门口竖立着的大板凳之中。抛上插满香，正中再插一支红蜡烛。入夜，点燃抛上的香烛。过一会儿，孩子们拔起自家的抛球竹竿，扛在肩上，排成长队，四处游玩。待尽兴后回家，大人将抛上的香烛拔去，抹去烛油，割开抛皮，给全家人分尝果肉。

在嘉兴、湖州一带，儿童在此夜点"狗屎灯"。找来几张瓦片，在家门口搭一小小瓦架，里面放入用木屑拌油渣做成的"狗屎香"并点燃之。当地传说，这是为了纪念元末农民起义领袖张士诚。民众因张士诚小名叫"九四"，遂称此香为"九四香"，以示纪念。后经讹传，"九四香"成为"狗屎香"。

杭州有在此日点荷花灯习俗，这应当是中元放水灯习俗的衍变。

中秋节

中秋节在农历八月十五，又称仲秋节、秋节、团圆节、八月节等。此夜月亮又圆又亮，人们以赏月、祭月为中心，在历史上逐渐形成了一系列风俗习惯。

宋代杭城的中秋风俗，可见吴自牧《梦粱录》："八月十五日中秋节，此日三秋恰半，故谓之'中秋'。此夜月色倍明于常时，又谓之'月夕'。此际金风荐爽，玉露生凉，丹桂香飘，银蟾光满，王孙公子，富家巨室，莫不登危楼，临轩玩月，或开广榭，玳筵罗列，琴瑟铿锵，酌酒高歌，以卜竟夕之欢。至如铺席之家，亦登小小月台，安排家宴，团圞子女，以酬佳节。虽陋巷贫窭之人，解衣市酒，勉强迎欢，不肯虚度。此夜天街卖买，直至五鼓，玩月游人，婆娑于市，至晓不绝。盖金吾不禁故也。"

明代，已见"吃月饼"之记载。田汝成《西湖游览志余》卷二十云："八月十五谓之中秋，民间以月饼相遗，取团圆之义。是夕，人家有赏月之燕，或携榼湖船，沿游彻晓。苏堤之上，联袂踏歌，无异白日。"

清代，杭州又有"中秋斗香"习俗。范祖述《杭俗遗风》载："斗香系花神店所造，其式四方，上大下小，纱绢糊之，上缀月宫、楼台殿阁、走马灯景，四角桃灯。大者四围各宽二尺许。出售处以琵琶街为最多，即正月灯市所售，亦在是处也。大街店铺，多有供者。人家摆设，须于天井中搭台，佐以各式灯景，亦有唱南词等书者，明月初上，极形热闹焉。"

绵延至今，浙江各地民众仍十分重视中秋节。

赏月

浙江各地，人们均在中秋夜合家团聚，在庭院中观赏月景。通常都要吃月饼，以及菱、藕、瓜果一类时新食品。

在杭州，有平湖秋月、三潭印月、月岩望月三大赏月胜景。每逢中秋夜，人们纷纷前往此处，游夜湖，赏月色。

看月华

又称"守月华"。月华，指月亮周围的光环。《月令广义》云："月之有华……常出于中秋夜次或十四、十六，又或见于十三、十七、十八夜。月华之状，如锦云捧珠，五色鲜荧，磊落匝月，如刺绣无异，华盛之时，其月如金盆枯赤，而光彩不朗，移时始散。"在湖州，人们在中秋夜翘首眺望，直至夜深人静，有"有福气的人能看到月华"的说法。德清一带，则用白脸盆盛水，放入大圆镜子，以映照天上明月。在绍兴，祭月时的供品不可马上拿来吃，而要在月亮下多放些时间，称为"取月华"。俗信以为月中有婆娑树，中秋夜会有一枝落下人间，称"月华"，若落在供品上，则成宝物，倘若不幸落在人身上，则成奇疾。

小摆设

主要流行在温州一带。中秋节前后，一些商店及大户人家会在中堂放几张桌子，专门摆设各种小模型，有旌旗、对联、乐器、花围、楼台、舆马、灯彩、烛台、几案、盘碗等，一应俱全，十分逼真，并且一一缩小成微缩景观。物品采用玉、银、铜、锡、木、石等材料制成。此习俗推动了温州一带民间工艺行业的蓬勃发展，世代相传，出现了许多工艺大师及其传世佳作精品。

苏庄草龙

在开化县苏庄镇一带，中秋节舞草龙成为一大亮点。草龙用稻草扎制成龙骨，外面插上密密的线香。中秋夜，在田间或空旷处舞龙。届时点燃龙身上的香火，整条草龙犹如一条火龙，格外壮观。舞龙前，在村头水口设香案祭天"接龙"，又称"呼龙"，表示将龙迎来。主祭人口诵祭词，表达民众祈求五谷丰登、人口平安的愿望。呼龙完毕，点燃龙身上的香火，将草龙迎入祠堂，草龙在祠堂内绕柱旋舞，然后冲向田野。草龙由龙头、龙普灯、龙身、龙尾组成。又有"鸾驾"相伴，草龙前配有滚地绣球，草龙后有桂花树、宝扇、人物像、吉字牌、蝴蝶、飞马及各种水族等，也都插有香火，在夜空构成仙境一般的景象。舞龙结束后，必将草龙引入村尾的河床之中，让水冲走，俗信认为这是"送龙归海"。

八月十六过中秋

温州、宁波、丽水、台州的一些地方，有在八月十六过中秋的习俗。此习俗的由来，又有不同说法。

舟山人也在八月十六过中秋，并在此日吃"芋艿鸭"。将整只鸭拔毛、洗净，用文火烧煮，再加入洗净去皮的芋艿焖烧，便做成这道风味菜肴。当地传说，明嘉靖年间，俞大猷率部到舟山围歼倭寇，一度遭袭击，在一小岛避难，一时粮草接济不上，在岛上找到野生的芋艿，靠它渡过难关。当时不知此物名称，俞大猷称其为"遇难"。当日为八月十六。后来舟山人为了纪念俞大猷，遂在八月十六吃芋艿，并相沿成习。

中秋酒

在兰溪一带，旧时农民在中秋节投售莲子，不论多少，油蜡商行老板必定邀其吃中秋酒。习俗以为此日吃酒者越多，表示这家商行生意越兴隆。

在永康、东阳、义乌一带，旧时店家要在中秋节吃团圆饭，并请伙计、学徒上桌。席间，老板以各种方式暗示，告诉对方是"留用"还是"辞退"。伙计、学徒在席间忧心忡忡，俗称"吃担心酒"。

重阳节

重阳节在农历九月初九，又称登高节、重九节、九月九等。《易经》云："以阳爻为九。"九为阳数，两九相重，故为"重九"，日月并阳，两阳相重，故名"重阳"。

宋吴自牧《梦粱录》卷五记杭城重阳节风俗："今世人以菊花、茱萸，浮于酒饮之，盖茱萸名'辟邪翁'，菊花为'延寿客'，故假此两物服之，以消阳九之厄。年例，禁中与贵家皆此日赏菊，士庶之家，亦市一二株玩赏。""兼之此日都人店肆以糖面蒸糕，上以猪羊肉、鸭子为丝簇钉，插小彩旗，名曰'重阳糕'。禁中閤分及贵家为馈送。"

清代，范祖述《杭俗遗风》云："是日至城隍山、紫阳山登高，吃糖炒栗子、鸡豆，顺道游斗坛，第见人山人海而已。文昌、关帝、火德等庙，均摆设灯谜，亦一雅集也。"民国洪如嵩记："重阳登高，至今不废，第不及从前之盛，灯谜亦间而有之。火德庙已毁，文昌庙亦冷落异常，惟关帝庙前稍显热闹也。"

明万历《绍兴府志》载："重阳登高，蒸米作五色糕，亦裹角黍，佩萸泛菊。府城剪彩旗供小儿嬉戏。诸暨饮茱萸酒，必配以豆荚。《嘉泰志》云：'是日俗忌不相过，必有丧者乃往哭其灵几，且致祭焉，不知其所始也。’”

清光绪《永嘉县志》载：“重阳，登高览胜。揉粉糕为人物、花卉之玩，以遗小儿，名‘登糕’。”

登高野游

重阳登高，一般认为出自"桓景避难"，见南朝梁吴均《续齐谐记》所载故事，后相沿成习。浙江各地，往往在此日相约登山、登塔，或作野游。此俗原有解毒避灾之意，今则演变成一项群众性体育休闲活动。

近年，又普遍将此日作为"老人节"。人们在此日开展敬老爱老活动。

农民节

在新昌一带，有"九月九日农民节"之说。此日，农家多舂麻糍，买肉杀猪，痛饮一番。俗谚有"重阳不吃饱，亏煞种田佬"之说。农村又有在此日祭祀田公地母的习俗。预备猪头、肋条、豆腐、春饼等，在田头举行仪式，祈求来年五谷丰登。

增智饭

在桐乡濮院，家家在重阳日煮赤豆糯米饭，除祭祀外，也馈赠亲友，俗称"增智饭"。当地传说，古时有一织绸匠，为试制丝绸新品种，连续三天三夜不下织机，饿了就靠赤豆糯米饭充饥，终于在重阳节这天织出新绸。从此相沿成习。

迎重阳

在义乌，有在此日到德胜岩朝拜胡公的庙会活动。人们列队而行，前置旌旗幡铭，奏仙乐梵呗，罗汉班引路，鸣放爆竹，送斋于庙。苏溪斋礼有"宫程祭"，由能工巧匠用五谷、彩纸粘制成"状元游桥"等工艺品，令人叹为观止。各都斋礼汇总后，在庙前搭台演戏，摊贩群聚，百技咸集，人山人海，热闹无比，称"迎重阳"。

霜降

霜降是二十四节气之一。旧有"迎霜降"习俗。明代田汝成《西湖游览志余》卷二十云："霜降之日，帅府致祭旗纛之神，因而张列军器，以金鼓导之，绕街迎赛，谓之'扬兵'。旗帜、刀戟、弓矢、斧钺、盔甲之属，种种精明，有飙骑数十，飞辔往来，逞弄解数，如双燕绰水、二鬼争环、隔肚穿针、枯松倒挂、魁星踢斗、夜叉探海、八蛮进宝、四女呈妖、六臂哪吒、二仙传道、圯桥进履、玉女穿梭、担水救火、踏梯望月之属，穷态极变，难以殚名。腾跃上下，不离鞍镫之间，犹猿猱之寄木也。"

此俗绵延至清末。范祖述《杭俗遗风》记有"霜降行兵"，云："霜降节前一日，抚院四营兵丁各归各伍，顶盔马甲，先马兵，后步兵，背上均插尖角小旗，一队一队，有领队压队之官，如鸟枪、藤牌、抬炮、长矛等项。每起一队，先有行号一队，兵丁摆对而行，并无上前落后。兵过毕，然后抚标中军、参将、左右二营、守备、杭协、副将、城守二营、都司，先小后大，全副执事，迎官鼓吹，各备盔甲一副，置彩亭中。末然抚台亦然。武官各骑马随同而行。至候潮门外罗木营安放，次日一早行进。"

洪如嵩按："此典自民国纪元后，即废而不行。"

东阳山区，至今仍有"赶霜"旧俗。每当霜降来临，山区玉米正待成熟，害怕霜冻侵袭，农家在田边祭神，燃烧用干稻草扎成的火把，并用火把在玉米株距间来回熏路驱寒，意为将霜神赶走。赶霜人赶霜时还要高呼"呜嘘"，颇为壮观。一说，此时秋玉米尚未成熟，有霜会造成歉收，人们用烟雾驱霜，有一定效果。

立冬与冬至

立冬与冬至都是二十四节气中的节气。立冬在习惯上被认为是冬季的开始。冬至是一年中黑夜最长、白昼最短的日子，又称"冬节""亚岁""小年""冬至夜"等。民间有"冬至大如年"的说法，相比立冬人们更为看重冬至。绵延至近现代，立冬与冬至的节日特征逐渐淡化。在一些地方还残存着一些相关习俗。

立冬进补

浙江各地有在立冬日吃些营养品进补的习惯，称为"养冬"。在洞头，这天要杀鸭或鸡给家人补身体，而且还以为要按规定的时辰吃才好。又有在这一天吃猪蹄进补的说法，以为吃前蹄补手，吃后蹄补脚。

冬至祭祖

浙江各地大多有在冬至日祭祖的习俗。浙南一些地方，还在祠堂内举行祭祖仪式，并在祭祖之后聚餐。杭州、绍兴、金华一带，还要在此日扫墓。磐安等地则还要在此日祭饿鬼，设"路头羹饭"和"施兰盆"。

三门祭冬

在三门县亭旁镇以及周边一些乡镇，至今仍保存着冬至日"祭冬"习俗。当地聚族而居，冬至日之前，宗族内要甄选当年担任主祭的合适人选，祭冬仪礼遂由其主持。冬至前一天辰时，主祭率众到大龙岭龙潭取长流水。冬至日丑时，主祭以及陪祭众人沐浴斋戒。寅时初，主祭率众祈天申报，感恩叩拜，在宗祠祭拜祖先。卯时起，邀戏班在宗祠演戏祝寿，献蟠桃。兴盛时要连演六天六夜。巳时，在宗祠前分敬老肉。午时，六十岁以上老人参加老人宴，品尝冬至圆。祭冬礼仪十分隆重。

冬至饮食

由于冬至祭祖，各地逐渐形成了有特色的冬至节日饮食。在绍兴、嘉兴、杭州一带，祭祖用馄饨，俗谚有"冬至馄饨夏至面"之说。东阳、武义一带，冬至吃麻糍。浙南山区，冬至一般吃汤圆、麻糍，称"冬节汤圆""冬节麻糍"。温州一带有"吃了冬至丸，就算长一岁"之说。在建德一带，冬至日家家做荞麦面、荞麦馃吃，俗信以为冬至吃荞麦，可以刷去肠胃中的猪毛、鸡毛。在杭州，冬至日早晨吃年糕，佐以开缸的冬咸菜。杭州人还在此日"供年饭"，又称供"聚宝盆"，用淘箩盛米，上铺年糕、橘子、黄菱肉等，再以红绿丝扎成扇形的花朵插在上面，以求吉利。

双庙冬至节

在仙居县双庙乡，民间称冬至为"冬节""过小年""贺冬"，节日民俗活动延续一周左右。主要内容有：吃冬至圆，冬至圆即汤圆，馅由猪肉、豆腐、葱掺和而成；家家到祖坟祭拜；有庙会，主要是拜梁皇忏、水忏、七佛胜、布仙桥、施放焰口等。又有人会，舞狮迎灯，持续三天三夜。在冬至节临近结束的这天夜间，又有"抢私下堂"活动。届时，人们汇集到双庙溪边，请道士举行祭仪，写情旨，把冬至节捐助经卷等情由一一写清，祭拜后焚烧，并准备好一箩形似十二生肖的小馒头，让在场的人哄抢。俗信以为，若能抢到自己所属生肖的馒头，就预兆健康长寿。

冬舂米

旧时，稻米要用石臼碓舂后方可食用。民间认为一过冬至，春气萌动，米芽浮起，舂米时易碎而多粞。故而人家都在冬至前就把一年中要吃的米全部舂好，称为"冬舂米"。

冬酿酒

绍兴一带，民间家家都会酿酒。一般都安排在冬至前下缸酿酒，称"冬酿酒"。这种酒酿成后呈乳白色，香气扑鼻。还有用特种技法做成的"酒窝酒""蜜殷勤"，可作为礼品送人，尤其适合老人饮用。

挂《消寒图》

绍兴一带，人家在冬至日悬挂《消寒图》于堂前。此图内绘一老人，在柳下假寐，图上题有"庭前垂柳珍重待春风"九个字，每个字笔画都是九画。人们每过一天数一笔，全部数完为九九八十一天。民间还有描述冬天气候的《九九歌》，也从冬至日开始算起，过完"九九"，则寒尽春到。

祭魁星

在舟山，旧时有冬至祭魁星的习俗。以前舟山定海城东鳌山上有奎星阁，侍奉奎星。奎星为古代二十八宿之一，民间以为奎星神主宰文章兴衰，奎星神因造型像个"魁"字，俗称魁星。冬至日，读书人将由家人陪伴，到奎星阁祭拜。上供的酒菜物品中必有一碗汤圆。民国时期已废除科举，但当时的读书人也依旧在冬至日祭魁星。奎星阁在"文化大革命"时被焚毁，现除砚池尚存之外，鳌山和山上的建筑均已不复存在，此习俗也随之消失。

腊八节

腊八节在农历十二月初八。古代人们在冬月将尽时用猎获的禽兽举行大祭，称"腊祭"。南北朝时固定在十二月初八日。后佛教传入，遂有佛祖成道节，也在此日。

腊八粥

腊八粥是专门在腊八节这天吃的一种粥。除了米之外，往往杂以各种杂粮、配料。有的以八种配料为限，寓意吉利，也有的并不局限于八种，因地制宜，各地皆有约定俗成的做法。

宋代，杭城已有煮"腊八粥"习俗。吴自牧《梦粱录》卷六云，十二月，"此月八日，寺院谓之'腊八'。大刹等寺，俱设五味粥，名曰'腊八粥'；亦设红糟，以麸孔诸果笋芋为之，供僧，或馈送檀施、贵宅等家"。清代，腊八粥已走向民间，吴存楷《江乡节物诗题注》云："腊八粥，亦名七宝粥，本僧家斋供，今则居室者亦为之矣。"

清嘉庆《西安县志》载："腊日煮赤小豆，沃以米汤分啖之，亦名腊八粥。丐者扮钟馗，手执木简，鸣锣跳舞，沿门乞钱，谓之'打夜狐'。"

清同治《南浔镇志》载："十二月初八日，僧尼以白米和诸果作粥，名曰'腊八粥'，以饷檀越。腊中多丧葬、修筑之事（以岁官交承，凶神方位未定，故有可不忌者）。酿秫作酒，煮而藏之，曰'腊酒'。储腊雪水。"

清光绪《嘉兴县志》载："十二月八日为'腊八'，啜'腊八粥'。大寒后逢戌日立腊，凡伐木、动土俱无禁。用白面作曲，并白米、白水为之，曰'三白酒'。春粮藏之仓廪或藁囤中，经岁不坏，曰'冬春'。"

时至今日，浙江各地仍有吃"腊八粥"习俗。在杭州，人们把胡桃、松子、莲子、枣儿、芡实、桂圆、荔枝等物和米放在一起煮成粥，并馈赠亲友。旧时，杭州名刹天宁寺有"栈饭楼"，寺僧每日将剩饭晒干，藏在此楼上，积一年余粮，到腊八节回锅煮成腊八粥，分赠善男信女，称"福德粥""福寿粥"，以为吃了可以增福增寿。

在湖州，腊八粥又称"邋遢粥"，将粳米、糯米，杂以赤豆、黄豆、山薯、芋艿、风菱、青菜，煮成粥。

送灶日

腊月二十三，或二十四，民间俗称"送灶日"，又称"小年夜"。有提前过年冀免灾祸的说法，以此日与"大年"（春节）相对而言。主要民俗活动是掸尘、送灶。在此前后一段时间里，家家办年货、送年礼，做着一系列过年的准备工作，举行有关的驱傩和祭祀活动。

办年货

一般从农历十二月初开始，各地民众便忙于准备、置办各种年货，裹粽子，打年糕，制作腊货。十二月二十以后，到城镇或集市购置年货便形成高潮。街头人如潮涌，拥挤不堪。各地置办年货的内容不尽相同。丽水一带，把炊糖糕、包粽子、做豆腐、炸豆腐、捣年糕、炸番薯片、炒花生、揉糖糕和杀鸡烧肉当作每户必办年货的内容，乡谚称"糖糕粽，鸡肉冻"。温州人则有晒鳗鲞、晒酱油肉、揉桃糕、做水晶糕、炊松糕、做箸糕的习惯。在金华一带，又有年前切冻米糖的习俗。进入腊月，家家煮谷、舂米、炒米花，二十五以后，陆续开切，多者一家切制几百斤，少者也总要切上几斤。米花有米、麦、豆、粟、高粱、花生、芝麻、粉丝等多种原料，形成不同的花色品种。

送灶

又称祭灶，一般在十二月二十三夜间举行，也有在二十四送灶的。届时，在灶头供设麦芽糖一类供品，点香烛，向灶君神像叩拜，求其"上天言好事，下地保平安"。然后揭下灶君神像，点火焚烧，意思是"送灶君上天"。《海盐图经》云："送灶用糖粉团，以灶神朝天言人过失，用糖取胶牙意。"鲁迅在《华盖集续编·送灶日漫笔》中记述绍兴的送灶风俗："灶君升天的那日，街上还卖着一种糖，有柑子那么大小，在我们那里也有这东西，然而扁的，像一个厚厚的小烙饼。那就是所谓'胶芽饧'了。本意是在请灶君吃了，粘住他的牙，使他不能调嘴学舌，对玉帝说坏话。"

在丽水，送灶时还要在边上放置一盆剪成寸余长的稻草，间杂着黄豆和米，意思是给灶君上天时所骑的马作饲料。送灶时，由小孩撒马料，从灶膛前一直撒到屋外瓦背上。所供糕点则由小孩分食。送灶这天忌讲粗言恶语，意思是不让灶君将坏话传到天庭去。

在金华东阳一带，有在二十七、二十八两日送灶的习俗。传说这跟唐代罗隐有关。

送灶之后，还必定要"接灶"，有的地方称"迎灶"，就是将一张新的灶君神像贴在灶上的神龛里，象征灶君又从天庭回来了。绍兴一带通常在除夕夜迎灶。海盐一带在正月初二夜接灶，届时将新的灶君神像放入神龛，同时放入一叠黄表纸。在神龛下方的灶洞内放上事先用竹爿和彩色纸糊成的"蚕花"，再挂上红布灶幔。供年糕，加些红糖。主人点燃线香，到天井或场院内，对天拜谒，说："灶公公回来哩。"然后将香插入香炉。全家人轮流向灶神礼拜，算是已将灶神接来。

祝福

主要流行于绍兴一带，又称"作福""作年福""作冬福"。范寅《越谚》称："祝福，岁暮谢年，谢神祖，名此。"祝福的日子，旧时有所选择，一般在腊月二十至三十夜之间，较多的人家安排在年三十夜。但不得越过立春，以示与"作春福"有别。祝福是一种祭祀仪式，过程大抵如周作人在《鲁迅的故家》一文所述：祝福日子选定后，即在此日凌晨起床，煮烧福礼供品。拂晓前，搬出两张八仙桌（或四张），视桌面木纹横于堂屋前，与祭祖相反，绍俗称"横神直祖"。到夜里祭祀时，端上五牲福礼，鸡、鹅、元宝肉、猪头和鱼。福礼装在红漆的木桶内，福礼上插着许多筷子，旁边放一把厨刀、一碗熟牲血，表示全鸡、全鹅之意。此外，还有一盘豆腐、一碟盐、几块年糕、一串粽子、三盅茶、六盅酒。福礼的摆法：鸡、鹅都要跪着放，头朝神位；一尾活鲤鱼，用红绳穿过鱼脊，挂在"龙门架"上，用红纸贴住眼睛，取"鲤鱼跳龙门"之意。祝福所祀神像，俗称"祝福菩萨""大菩萨"，有两种，一称"黄山西南"，像上印有二人，传说是宋代的当地人，为兄弟二人，不知姓名，因金兵南侵，滥杀无辜，此二人设计将金兵引至黄山西南的海涂上，半夜海潮袭来，将金兵吞没，此二人亦壮烈牺牲，故称"黄山西南"。另一种神像称"南朝圣宗"，印有帝王，据传是明末福王，旁边印有将领多人，据说为杨继盛、左光斗、史可法、张苍水等人。祭神时，家中男人依辈分大小为序，逐个向外行跪拜礼，习俗规定女人不拜神。拜毕，焚烧神马、纸锭，鸣放爆竹。

祭神的时间不长，仪式完成后，立即将桌子改成直摆，调转福礼，拔下筷子，人们则由外向里叩拜，称为"祭祖"，俗称

"做回盘羹饭"。祭祖完毕，用煮福礼的汤汁烧年糕吃，称"散福"，表示神赐之福散给了全家人。接下去还要用福礼去祭祀猪栏菩萨、牛栏菩萨、井栏土地等诸多守护神，甚至在家中的风车、石磨、石臼上也要放一些年糕之类的供品，称为"分岁"。

谢年

在浙江各地，普遍有"谢年"习俗，与绍兴的"祝福"大致相仿。在杭州，俗称"烧年纸"。通常都要置办供品，设祭坛供桌，焚香点烛，先祭祀天地和大小神祇，然后祭祀祖先。具体做法，各地均有所不同。在东阳一带，祭神称"谢佛"，除猪头三牲外，另备生豆腐和半生半熟的米饭供奉，称神佛"不食人间烟火"。上过供礼，家中男人要焚稻草熏手脚，以除秽气，俗称"沐火浴"。然后点香烛三跪九叩，焚纸钱，放炮仗，急送神佛，急收供礼，俗称"谢佛要快"。习俗以为此夜家家谢佛，若谢得不快，神佛会生气的。又说，放炮仗后若不急收供礼，门外游荡的孤魂野鬼便会闯入抢食，引起麻烦。谢过神佛，再谢门神、猪栏土地，接回灶君，最后设礼祭祖。在杭州一带，称为"还年福"，除了在家中设供，依次祭拜天、地、门神、灶神、五谷神、栏神和祖宗之外，还要到本村庙宇去祭奠一番。

还冬

还冬也是"谢年"的一种形式，主要流传于温州一带。将近年关，大户人家在中堂摆开桌子，挂桌帏，点红烛，陈设生鲜的猪头、鸡、鹅、鸭、鱼和南北干货、海货，还将一条鲜鲤鱼养在水盆之中。以上均为供品，上贴大红纸，插香，祭祀天地百神。习俗要求在涨潮时设祭，以为可以使家中福气上升，财源滚滚而来。天井里设火盆，称"燎火盆"。祭毕，放鞭炮。

除夕

农历十二月最后一天，俗称除夕，所谓"月穷岁尽之日"。这天晚上称除夕夜。白天要贴春联、贴年画、挂祖图、贴香火等。当晚全家团聚，吃年夜饭。饭后守夜，长辈给小辈分发压岁钱。又有隔年饭、隔年火、照岁、挂年纸、老鼠娶亲、打响卜、封门大吉、点火射、烧头香等民俗活动。

《梦粱录》卷六《除夜》云："十二月尽，俗云'月穷岁尽之日'，谓之'除夜'。士庶家不以大小家，俱洒扫门闾，去尘秽，净庭户，换门神，挂钟馗，钉桃符，贴春牌，祭祀祖宗。遇夜，则备迎神香花供物，以祈新岁之安。"人们"围炉团坐，酌酒唱歌"，称之为"守岁"。

贴春联

除夕日，浙江各地人家都要在家门户上贴春联。春联是对联的一种，内容与新春有关，故称"春联"。分上联、下联，构成对偶句。金华一带称"年对"；温州称"门对"。春联主要贴在大门门框两侧；门楣上贴横额，又称"横批"。此外，有的人家会在正屋、厅堂、书斋，以及猪栏、羊栏、牛栏、井栏、水缸等处也贴上不同内容的春联，祈求吉祥平安。另有一种"斗方"，是一正方形红纸，斜角张贴，每张纸中间选"福""萬""喜"等字之一写上，贴在门上、墙壁上或箱柜物件上。也有在斗方上写四字一句吉祥语的。有的人家又有用红纸剪成各种图案，贴在窗门上的习惯，称"贴窗花"。或将此类剪纸放在物品、供品上，以增加节日气氛。在金华一带，称为"贴红"。

贴年画

旧时，浙江各地的集镇和集市上，将近年关时都会大量供应各种木刻年画，或为单幅，或为条屏，内容颇为广泛。其中有反映吉祥喜庆的，如"年年有余""五子登科""瑞雪兆丰年"；有驱凶避邪的，如门神、财神、观音送子、钟馗捉鬼；有反映风俗民情的，如西湖十景、闹花灯、狮子滚绣球；有反映神话传说、历史故事的，如白蛇传、梁祝、花木兰、武松打虎、杨家将。把花鸟鱼虫、各地风光的年画张贴在室内，增添了节日气氛。

挂祖图

除了祭祖的礼仪之外，在许多地方都有"挂祖图"习俗。临近年关，把家藏祖先的画像取出，在正厅悬挂，像前陈列几碗果品糕点，以及祖先遗留的手迹和喜爱的古玩，称为"摆珍"。凡亲戚子弟来家，必须在祖像前瞻拜。有的地方，则在年初一清晨，集合全家人，向祖先画像参拜。通常要悬挂到正月初五日，才收拢珍藏，称"收珍"。在温州，又称"栅龙盘"。在绍兴，祖宗像要从大年夜挂起，挂十八夜，每天都要在画像前设祭供。

贴香火

主要流传在金华一带，也是年终"祭祖"的一种形式。香火，又称"万年香火"，用整张红纸书写。上端写"万年春火"或"光前裕后"四个大字，横书；中间直写"某某氏堂上历代远近昭穆宗亲之位"字样，以代替祖先画像；左右两侧，直书一副对联，如"香炉不断千年火，玉盏长明万载灯"。将其贴于中堂墙上，并设祭供。

吃年夜饭

除夕夜，全家团聚，共进丰盛的晚宴，称为"吃年夜饭"。年夜饭又称"团圆饭"，外出者多于年夜饭前赶回团聚；如有人无法赶回，或卧病在床，其家人通常会在席间多放一副盅筷，以示"团圆"。各地年夜饭的做法有所不同，但都力求丰盛，通常都要有十碗菜肴，以寓"十全大福"之意。温州人称年夜饭为"分岁酒"，饭桌中央必放一碗芋头，芋音近"余"，又近"裕"，寓意吃了芋头，可以使家中收支有余，逐步富裕。在绍兴，年夜饭的菜肴碗数必须逢双，其中必有一碗鲞冻肉，面上盖一个白鲞头，称为"有想头"，只看不吃。还有一碗煎鱼，必须是整尾的，也只看不吃，寓意"吃过有余"。还有把绿笋油煎加酱醋煮烧，又有把藕切块，加白果、红枣、红糖煮熟，称为"藕脯"。藕，读作"油"，取其"偶偶凑凑"之意。还有年糕一盘、粽子一盘，读书人取其"高中"之意；一般人家则取其"年年高""代代子"之意。在嘉兴，有"元宝鱼"习俗，通常是把一条整鱼油煎，盛放时，使头尾高翘在碗外，使鱼身呈元宝形，在鱼身上撒葱段和熟蛋皮丝，使之黄绿交辉。农民用"元宝鱼"谢年祭祖，又作为年夜饭主菜，以后一直到正月半，都要在客人上门时将"元宝鱼"端出来招待，但是谁也不可以去吃。只看不吃，图的是"年年有余"的吉祥。在嘉善农村，年夜饭要吃"塌棵菜"，"塌棵"与"脱苦"谐音，表达了新年人们要摆脱贫苦的愿望。在浦江，家畜也吃年夜饭，尤其是狗，要喂酒喂饭，让其醉饱入睡，以免狂吠乱叫，吓坏来家送福之神。浦江人吃过年夜饭还要喝糖茶，据说是为了嘴甜，多说些吉利话。杭州人吃年夜饭时要给家中猫狗备一份丰盛的晚餐，称为"猫狗分岁"。这天夜里，他们禁忌吃豆腐，认为其不吉利。除夕夜，他们要把剪刀、扫帚藏起来，在菜刀上嵌个红萝卜，在秤钩上扎个红萝卜，表示不动刀秤；所有的门户都倚一对红皮甘蔗，上扎红绳，系金银元宝锭。吃过年夜饭，主妇要为全家人炒罗汉豆吃。在淳安郭村一带，年夜饭的桌子中间必定要放一大碗老南瓜，先由长辈带头吃南瓜，然后大家吃，吃完南瓜再吃其他菜肴。

在桐乡崇福一带，一年要吃两次年夜饭。年三十夜吃大年夜的年夜饭，十二月廿七夜吃小年夜的年夜饭。小年夜的菜肴以谢年礼仪上的供品为主，通常会邀请至亲好友共饮。大年夜则是自家人团聚。

在开化一带，年夜饭却是在年三十的清晨吃的。每年腊月二十九的后半夜，家中男主人就要起床烧"年夜饭"。这顿饭菜通常由女主人准备，但必须由男主人动手烧。烧好饭菜，叫起全家人，一起吃"年夜饭"。吃过饭，天刚发白，每家派出一人上山伐新年柴，担柴回家，在鞭炮声中把柴背进，意味着"接财神"。砍新年柴称"伐柴"，因其与"发财"谐音，有吉利之意。

压岁钱

除夕夜，长辈用红纸包钱，分发给小孩。通常要在纸上写受者姓名、年龄生辰，以及吉利话。也有放在小孩枕头下的做法。有的地方，还有子女给父母送红包的习俗。在衢州，其时还要给适龄妇女也送一个红包，称为"添丁包"。

守岁

吃过年夜饭，全家人围坐一起，边吃边聊天，迎接新年的来临，称为"守岁"。清嘉庆《嘉兴府志》载："除夕更桃符、门神、春帖，插芝麻梗于檐端。束炭立户右，曰：将军炭。炒白豆分食之，曰：漏凑（一作凑投。且食且祝，彼此交纳，曰：漏凑漏凑）。井硙俱封，入夜声爆竹。设岁宴，长幼聚饮，坐以待旦，曰：守岁。"

隔年饭

在许多地方，年夜饭不可吃完，要留一些到下一年再吃，取"年年有余"之意，称"隔年饭"。在嘉兴，隔年饭上要插冬青、柏枝、芝麻梗，取"长春节节高"之意。吃年夜饭时要剩一些饭粒在碗底，称"留米囤"。在湖州，旧时会在每一个房间里都供一碗年夜饭于桌上，饭上覆一红色剪纸，呈鲤鱼、花果等图案，上插一朵红花，一直放到元宵节才收去。

隔年火

浙江各地都有除夕夜留"隔年火"的习俗。此夜，选老桑柴、树根烧红，放在灶膛（或脚炉）内，一直焖到第二年，作为火种，当是古代"留火种"习俗之残存。畲族称为"焐年猪"。除夕夜烧红一个很大的树根脑，放在火炉膛或灶膛内，用灶灰盖上，让其焖烧到大年初一。习俗以为可以象征今年兴旺、来年吉祥、家暖似火，必能养出大肥猪。

照岁

温州一带，除夕夜要在居室内点燃通宵大蜡烛，称"照岁"，又称"分岁烛"。灶间点通宵油灯，称"灶心灯"。此外，屋柱下、床下、桌下、灶下，也都要点灯，通常用红萝卜切段作为底盘，插以小蜡烛；也有用陶器盛油点灯的。

挂年纸

在温州，除夕夜要将各色纸钱连接在一起，悬挂在门楣、联柱上，并将纸马放在井、灶、栏、圈各处，称"挂年纸"。到年初五才取下焚烧。

封门大吉

在衢州一带，人们在除夕夜子时前，于大门口插大门香两支，点烛，鸣炮，在门上贴写有"封门大吉"四字的红纸，焚纸马、纸锭，关上大门，称为"封门"。在永康，封门之前要请"兵头"，用猪爪作祭礼，鸣炮，然后封门，又称"封年"。封门后，家人不可外出，任何人叫门均不得开。在龙游，守岁到半夜，要打起灯笼外出，悄悄担回一担清水，称为"天地水"，然后"封门"。人们用此天地水煮饭，称"天地饭"，并用此饭祭祀天地。杭州一带也有"封门"习俗，吴存楷《江乡节物诗》题注称："杭俗度岁，门之启闭，以爆竹除夕封门，必至元旦始开。索债人来，无敢叩户者。""除夕封门，束甘蔗树之门侧，盖取'渐入佳境'之意耳。"

点火射

在武义，旧时有除夕夜"点火射"习俗。家家在天井里或大门口，把一根长竹竿插入地中，竹竿上头劈成四开，嵌入两根木棒，开成"十"字，置沟水瓦一片。然后将劈成长约一尺的细条松明（老松多油脂的部位），按"井"字形叠成高架置放在瓦片上点燃，烈火熊熊，火亮烛天。此即为"火射"。孩子们成群结队串户穿家，品评谁家的火势最旺。

烧头香

旧时，各地有在除夕夜去往附近庙宇，等待新年伊始（子时）"烧头香"的习俗。杭州人通常到灵隐、天竺等寺庙"烧头香"。在海宁硖石，有"烧十庙香"习俗。半夜子时，各人从家中出发，放一个爆竹迎新，然后依次去十个庙宇烧香，不可重复，最后一个是土地庙（禹秦二王庙）。届时，地方士绅在该庙会集，由道士主持仪式，占卜当地一年米市、丝市以及天时、雨水、人口等的吉凶。仪式毕，各自回家。在绍兴，有年初一到开元寺数罗汉的习俗，以卜来年吉凶。须记住自己哪只脚先跨入山门，若左脚先跨入，则自左至右数罗汉，反之同理。再按数者年龄顺序数去，看数到第几尊罗汉，视罗汉特征，预测自己命运。

灯下节

在嵊州，称正月十四为灯下节，有喝亮眼汤、夜里不点灯和打喜等习俗。

正月十五为灯节，嵊州人称此节的前一天为灯下节。此日下午三时左右，太阳尚未下山，家家烧"亮眼汤"，赶在天黑前喝下去。亮眼汤的做法：将青菜切细，加年糕，用清水煮成，不可用油炒，也不加油。青菜要求碧绿，象征清爽。年糕切成条状，象征眼睛。年糕在水中煮而不起糊，寓意眼睛不糊。当地有"喝过亮眼汤，眼睛亮堂堂"之说。

此日，民间早早关门睡觉，忌点灯。《清稗类钞》"月忌"条称："十四为月忌，有'初五、十四、二十三，太上老君不炼丹'之谚。术家谓为廉贞独火，故为月忌。"人们为趋吉避凶，尤其注意在正月十四夜不点灯。

溪滩节

在嵊州开元一带，称正月二十三为溪滩节。开元地处剡溪之滨，历史上常遭洪涝灾害，民间自发组织力量兴修水利，截江改流，重建新堤。其中一次大型水利建设于民国三十二年（1943）农历正月二十三竣工。当地民众为纪念这个日子，从此每年此日要在溪滩空旷处演戏三天，以示庆贺，人称"溪滩节"。

祠山大帝生日

农历二月初八，湖州一带民间称"祠山大帝生日"。祠山大帝，相传名张渤，宋马端临《文献通考郊社考》卷二三有载，元《三教源流搜神大全》卷三有传，记其神话传说颇详。原系安徽广德一带地方神，宋以降，影响逐渐扩大。太湖流域普遍有祠山大帝信仰流传。湖州民间旧有祠山庙多所，塑祠山大帝全身立像，其双手持开山大斧，匾额赞其为"禹后一人"。当地俗信，在二月初八的前三日后四日，常会气温骤变，刮风下雨，或雨夹雪，或大雪纷飞，俗称"祠山暴"。传说祠山大帝生前爱吃冻鱼冻肉，他有四个女儿，分别为风、雨、雪、火，她们争着给父亲上寿。倘若火姑娘上门，与三个姐姐争吵，气温骤升，祠山大帝便吃不成冻鱼冻肉。故而他不准火姑娘上门。风、雨、雪三姑娘先后上门，便相应形成"祠山暴"。"祠山暴"使气温骤变，易得病，又有俗谚云："瘦人瘦马，难过二月初八。"旧时，此日有盛大庙会，家家烧鱼肉，祭祀祠山大帝。

禹生日

在绍兴，相传农历三月初五为大禹诞辰。历史上，历代帝王多在此日祭大禹。或为帝王亲临御祭，或为帝王派大臣诣祭。据传此礼始于秦始皇，《史记秦始皇本纪》云："上会稽，祭大禹。"明清两代，尤为重视此礼。康熙、乾隆都曾借南巡之机亲临绍兴祭禹。

禹庙在会稽山下。会稽山以禹会诸侯于此，后崩而葬得名，后被封为南镇。隋开皇十四年（594）下诏立祠，称南镇祠。

绍兴民间习俗，一不拜禹，二不祭禹，而以戏禹庙、祭南镇代之。俗谚有"平民不拜禹，拜禹要肚痛"之说。旧时，民间设有南镇会，购置田产，以其产业收入作为祭南镇活动费用。每年入春，游人接踵而来，商贾前往设市，生意兴隆，到三月初五这天，戏禹庙进入高潮。

东岳大帝生日

东岳大帝信仰由古代泰山崇拜演化而来，在全国各地都颇有势力。浙江各地，以农历三月二十八为东岳大帝生日，历来有盛大庙会活动。

绵延至近现代，浙江各地的东岳信仰已逐渐淡化，"东岳大帝生日"习俗亦随之淡化。

在温州，东岳王称"忠靖王"，明宋濂《忠靖王碑位》载："忠靖王姓温名琼，温州平阳人。唐长安二年生，至二十六岁，因举士不第，幻化为神，为民除灾害。"当地民间传说称：秀才温琼赴浙江省城应乡试，寓中夜闻鬼语，下瘟药于街井中。温琼为救百姓，以身投井而死。人们为纪念温琼，祀奉为神。每年三月上巳，有庙会，抬神像出巡，以为可驱除瘟疫。

在宁波余姚东郊东岳王庙前，此日有神灯张挂。是日，东岳庙前三江口有龙舟竞渡。龙舟由八人挥桨，六人打击锣鼓，一人掌舵。俗信以为划船者全家都要吃素，否则会翻船；万一有人翻船落水，可背到东岳神前求救。

在金华，各县城皆有东岳宫，善男信女于此日到东岳宫焚香化钱，许愿要"做好人，行好事"，俗谚有"嬉过东岳宫，做得三日好依（人）"之说。

在舟山，东岳会通常安排在三月半前后，俗称"三月半会"。三月初十为预赛，称"迎袍"，十三、十四、十五三日为正赛，如遇雨天，延至十八日。在此三日，全城百姓可到东岳宫免费吃三天素食。赛会费用由各乡社祭祀田和城镇各行业公会承担。届时有大规模迎神赛会活动。

葛仙翁生日

宁波一带，称农历四月初十为葛仙翁生日。葛仙翁即葛洪，为东晋道士，以丹术、医术闻名于世。民国《镇海县志》云："（四月）十日，相传为葛仙翁生日。灵峰香市最盛，闰月及壬申日尤盛。"镇海有灵峰寺，此日，宁波一带信众纷纷前往烧香，问卜求签，山上草木被折殆尽，俗信以为取之可延年益寿、祛瘟驱邪。

关帝生日

浙江各地，多以农历五月十三为关帝生日。清康熙《钱塘县志》云："（五月）十三日，祀汉汉寿亭侯（汉寿亭，名亭；侯，爵之小者也），家祝户祷，庙宇以数百计，演戏不绝。祀神之盛，于斯为最。"《蜻蛉杂志》：万历以前，天下皆祀朱虚侯刘章，武林香火犹盛。十八年后，渐移于侯，而朱虚歇绝。按：是日为公受命之辰，传为岳降期，讹矣。

关帝，即三国时蜀国名将关羽，字云长。明清以降，列入国家祭祀要典，又有通俗小说《三国演义》广为流布，遂成为民间崇拜之神灵。旧时，浙江各地在此日大多有盛大庙会，酬神演戏，热闹非凡。此日若雨，民间称之为"关公磨刀雨"，以为有丰年之兆。湖州一带则以农历九月十三日为关帝生日。

吕祖下丹药日

在宁波，各家于农历六月初一五更或黎明争着挑水贮藏。俗信以为吕祖在此日下丹药于水中。此水又称"伏前水"，民间备作三伏晒酱之用。清光绪《鄞县志》引《敬止录》云："六月初一日，各家争于五更或黎明挑水贮之，谓之六月初一水，盖择其泉之佳者。"俗信又以此日下雨兆丰收，若无雨，则兆夏旱连秋。

尝新节

浙江各地，旧时在水稻收割季节有"尝新"习俗，并形成节日。

在江山，通常选当年农历六月的第一个卯日为尝新节。如届时稻禾未熟，可移到下一个卯日。人们到大田挑选一些已成熟的稻穗，加工成米，做成新米饭。也可向稻穗先成熟的农家商借新米。待做成新米饭，先祭拜天地，饭碗里要插一株稻穗，然后全家尝新。

在宁波，届时将新稻米磨成粉，拌以早稻灰汁，加糖，捏成团状蒸熟，称"灰汁团"。用以祀灶君、祭祖，称"尝新"。

在青田，各家将新米饭盛一碗放在墙头或天井里，焚香祭拜，敬天敬地敬农官。祭毕，盛一碗先请老人尝新，然后合家用饭。

彭祖生日

在宁波，民间称农历六月十二为彭祖生日。彭祖系传说人物，人称其寿高八百岁。宁波民间订婚、做寿材，多选择在此日，俗信以为可长命百岁。

火神生日

浙江各地，旧时以农历六月二十三为火神生日。清代，范祖述《杭俗遗风》有"火神诞会"条，文云："火神诞在六月廿三，佑圣观中敬演神戏一月有余。此外各里各段，有当乡老或称道兄者为首纠纷，日则祀神，用歌司打唱，夜则花调等书，通宵热闹，夜夜不绝。"

团圆节

在开化何田一带，称农历八月初一为团圆节。每到此日，家家户户贴门联，张灯结彩，杀鸡做酒，发米糕，包粽子，人人穿新衣，上坟祭祖，晚上迎灯演戏，如同过年一般。

相传，明代，当地廖姓人家一太公在京为官多年，这一年要回家祭祖。他原定七月半到家，因路途阻隔，一直到八月初一才到家。拖延时间越久，地方上知道的人越多，等他到家这天，家家户户都张灯结彩，设宴迎接。此后，廖姓后代子孙为纪念此事，遂将八月初一定为团圆节。

胡公生日

在金华东阳、义乌、磐安、武义、永康一带民间，称农历八月十三为胡公生日。

胡公名则，永康人，宋仁宗时任兵部侍郎，为官正直清廉，曾奏免衢、婺二州人丁税，受百姓爱戴。胡则死后，人们在永康方岩建寺塑像，尊称为"胡公"。

民国《汤溪县志》载："是月（八月）俗有进香方岩之例。方岩者，在永康县东二十里，宋胡侍郎则读书处。侍郎殁，永人立像其中以祀之，而吾乡以侍郎尝奏免衢婺二州身丁钱，不忘其德，岁必进香以为报，数百年来相沿成习。每届秋收告藏，各庄村内或十余人，或数十人相与涓吉洽装，群往顶礼。其欲往而未暇者，则进香于邑之九峰岩或龙邑之三迭岩，借将敬意，以两处均有侍郎神位也。"

清康熙《永康县志》载："八月十三日，佑顺侯胡公则生辰，各分村落为会。挂大帛为旗，长二三丈，导以鼓乐，从以伞盖，或以纸为马，登方岩，赛神而还。盖一郡香火之盛，未有若此比者。"

绵延至今，胡公庙会久传不衰。每年农历八月十一、十二、十三三，附近各县善男信女纷纷前往永康方岩朝拜，俗称"方岩客"。届时有盛大迎神赛会活动。每年八月十三，金华东乡神堂殿、西乡九峰庙等地也有祭祀仪式，并演戏、斗牛。东阳南乡则在此日有罗汉班会师，戏班演对台戏，盛况空前。"方岩庙会"2011年被列入国家级非物质文化遗产名录。

观潮节

在钱塘江出海口的杭州、嘉兴海宁一带，每年农历八月十八日的潮水特别壮观，素有"天下第一奇观"之誉。民间将此日称为潮神生日，历来有祭潮神、观海潮等一系列风俗。

晋代，顾恺之有钱塘江《观潮赋》传世。唐代，杭州附近数百里地之人，都在八月十八赶往江边观潮。白居易《咏潮》诗云："早潮才落晚潮来，一月周流六十回。不独光阴朝复暮，杭州老去被潮催。"

北宋，苏东坡《咏中秋观夜潮》诗云："万人鼓噪慑吴侬，犹似浮江老阿童。欲识潮头高几许，越山浑在浪花中。"南宋，观潮之风更盛。吴自牧《梦粱录》卷四《观潮》云："每岁八月内，潮怒胜于常时，都人自十一日起，便有观者，至十六、十八日倾城而出，车马纷纷，十八日最为繁盛，二十日则稍稀矣。十八日盖因帅座出郊，教习节制水军，自庙子头直至六和塔，家家楼屋，尽为贵戚内侍等雇赁作看位观潮。""其杭人有一等无赖不惜性命之徒，以大彩旗，或小清凉伞、红绿小伞儿，各系绣色缎子满竿，伺潮出海门，百十为群，执旗泅水上，以迓子胥弄潮之戏，或有手脚执五小旗浮潮头而戏弄。"

绵延至清代，此风久盛不衰。范祖述《杭俗遗风》有"江干观涛"条，文云："候潮门内至闸口，沿江十里，均可看潮。八月十八，为潮神生日，前后三日，均有潮讯。始起之时，微见远处如白带一条，迤逦而来。顷刻波涛汹涌，水势高有数丈，满江沸腾，真乃大观。螺蛳埠有秋涛宫，系南巡时备供御览者。"

清末民国初，由于钱塘江出海口形状的变化，观潮的最佳位置逐渐移至海宁盐官一带，人称"海宁观潮"。洪如嵩为《杭俗遗风》补辑时，有按语云："钱江之潮，为天下大观。看潮除沿江上下外，人多趋海宁，以彼处之潮，较大于钱塘江岸也。届期火车特开观潮专车，以便观客。远道之人，如期而至者，车为之满。车中包定伙食，可以随客饮餐，诚吾杭之一大盛举也。城隍山亦可以看潮，惜远望不甚清晰，届时游人亦甚多。秋涛宫已废，不可考。"

又有传说八月十八是潮神伍子胥的生日。伍子胥生前为春秋时吴国大将，屡次进谏，反被吴王夫差赐死。他死后冤气不散，化为怒潮，以观吴国之败。后人为伍子胥立庙塑像，称之为潮神。历史上钱塘江潮汹涌威猛，常造成钱塘江口杭州湾一带海难。人们为消灾免祸，除了在吴山伍公庙举行春秋两祭之外，每逢八月十八潮神生日，必在钱塘江边举行大规模的祭祀仪典。南宋建都临安，其时君臣共祭，更为隆重。

清代，地方官于此日备三牲香烛于盐官春熙门外、镇海塔旁之大观亭内祭潮。盐官沿江一带文物古迹荟萃，有海神庙、占鳌塔、巨型鼎炉、铁牛镇海、金水河、庆成桥、汉白玉石狮、石坊、唐代经幢、陈阁老宅等。民间有谣谚云："一座古塔十所庙，五大城门四吊桥。七十二弄三大街，亭院寺阁九曲桥。古迹要数海神庙，左右石坊白玉雕。唐朝经幢明代松，清代文渊陈阁老。更有天下闻名事，今古奇观海宁潮。"

时至今日，八月十八观潮则成为颇具地方特色的旅游品牌。每年此时，在海宁盐官和萧山乌龟山西地皆有盛会，迎接中外宾客，称"中国国际钱江观潮节"。

蚕生日

在浙北一带，旧时称农历十二月十二为蚕生日。清康熙《海宁县志》载："腊月十二日，养蚕之家各以盐卤、茄灰熏揉蚕子，藏之谷壳中，至廿四日则出之，浴于川，以待春至。"

此俗绵延至近现代。在桐乡，蚕农在此日用糯米粉做茧圆，煮熟，配以甘蔗、橘子，供于灶山上祭祀。又取出收藏在家中的蚕种纸，撒上一些盐粒，进行腌种，然后用布袱包藏。十天后，将蚕种纸取出，拨落纸片上的盐粒，用清水冲洗，挂在通风背光处晾干，收藏，待下一年春天孵化小蚕养蚕。此为旧法育种，中华人民共和国成立后普遍推广新法养蚕，便无此育种方式。

在湖州，僧人在此日施送五色纸花，称"送蚕花"；为人们礼拜忏经，称"蚕花忏"。也有僧人挨门送蚕神码。蚕农在此日祭祀蚕神，届时用红、青、白三种颜色的糯米粉做成团子，红色系掺入南瓜浆汁，青色系掺入野生嫩草汁，白色为纯米粉；除做成球形、茧圆形外，还有做成蚕、茧丝、元宝、鱼、十二生肖等各种形状的，用以祭祀蚕神。

长兴一带，习惯在此日"请蚕花"。晚饭前，用一只蒸簟，放两只鸡蛋、一碗猪肉、四个团子，以及酒盅筷子、蚕神码、纸锭等物，由当家人将此祭品端至大门外，焚香烛礼拜，当场焚烧蚕神码和纸锭。仪式一结束，孩子们一拥而上抢吃簟中祭品。俗信以为吃得越快，兆蚕花越丰盛。

稻生日

稻生日由稻崇拜发展而来，在浙江各地，具体日期不一。

较多的地方以农历正月初八为"谷生日"。汉代东方朔《占书》云："岁后八日，一日鸡、二日犬、三日豕、四日羊、五日牛、六日马、七日人、八日谷。其日晴，所主之物育；阴则灾。"一般认为此书系后人伪托，不过至迟大概在晋代流行此俗。

浙北一带，又以农历九月十三为"稻生日"。清光绪《石门县志》载："（九月）十三日为'稻生日'，宜晴。谚云：'九月十三晴，钉靴挂断绳。'是月，农家涤场收稻，随种菜麦。"

浙东一带，有以五月二十五为"五谷神生日"，并在此日祭祀五谷神的习俗。此日忌晴喜雨。农谚云："五月廿五一场雨，水车搁进弄堂里。"

杭州郊区，则在六月初一祭祀五谷神。家家在此日置办牲礼，其中有一种"米筛爬"的供品必不可少。这是将面粉、红糖、发粉放在米筛内做成的食品，形如海参，香脆可口。农家挑祭品到田头祭祀五谷神，挑时不可用扁担而必须用锄头。祭仪结束后点火烧田头柴草，并加高田缺，俗称"烧田头"。

丽水一带亦以五月二十五为五谷神诞辰，农民在此日到五谷神庙祭祀。

在宁波，又以八月二十四为"稻生日"。农民在此日举行

"稻花会"，将稻谷保护神抬出来巡游田间，仪仗前导，夹以龙灯、狮子、台阁，敲锣打鼓，鞭炮齐鸣，以祈福丰收。家家磨米粉做团子，用来祭祀土地神、稻神和祖先。习俗要求柴是干的，米是陈的，俗谚有"八月廿四烧干柴，吃陈米"之说。此日忌雨。俗谚云："上午雨，灶上荒；下午雨，灶下荒；全天雨，大灾荒。"

浙北一带，旧时收割季节要把稻禾连同稻穗运回晒场堆放，堆放时稻穗在内，根枝在外，呈圆箩状，俗称"稻箩"。旧时有稻箩神信仰，以九月十三为"稻箩生日"，农民在此日祭祀稻箩神，在稻箩旁置供品，点烛燃香，礼拜祈祷。此日忌雨，农谚云："九月十三雨漾漾，稻箩顶上出新秧。""九月十三晴，稻箩不结顶。"

开洋节

浙江东部沿海及岛屿渔民，长期从事海洋渔业。渔船出海，俗称"开洋"，有约定俗成的祭祀仪式。大多在船头祭神，烧化纸钱，祈求神灵保佑，俗称"行文书"。祭后，酒洒海中，称"酬游魂"。渔民所祀神灵，有天后妈祖、龙王、船龙、船官老爷等。也有的渔民到天后宫、龙王庙等庙宇祭拜，或在海滩上设坛祭拜。有的地方逐渐形成节日，称"开洋节"。如象山东门岛一带，多在农历三月二十三天后诞辰举行盛大祭典，称"开洋节"。象山、岱山等地的渔民开洋节，2008年被列入第二批国家级非物质文化遗产名录。

谢洋节

在舟山群岛以及东南沿海渔区，旧时有谢洋节，具体时间一般安排在某个鱼汛生产结束，渔船返航回岸的日子里。通常，带鱼汛谢洋在大寒节，大黄鱼汛谢洋在夏至节。舟山渔谚云："夏至南风呼呼响，看侬谢洋勿谢洋。"

谢洋节的主要民俗内容是上演"谢洋戏"，又称"还愿戏"。渔民出海前曾向神灵许愿，倘若一个鱼汛下来既平安又丰收，此时便会请戏班来演戏酬神。当地渔民信仰的神灵主要有如来、观音、湖里老大［相传是鄞县（今鄞州区）东钱湖人，为舟山渔民的祖师爷］、安海神爷（又称安知县，相传为古代镇海知县，曾斩过蛇妖）、船官老爷（关羽）等。

届时有庙会，并且在迎神赛会中有群众自娱自乐的文娱表演，如唱渔歌、翁州走书、舟山锣鼓以及舞蹈"洋扫地""跳蚤舞""马灯舞"等。在有的地方，群众举行七月半迎关帝圣君庙会，亦称谢洋节。岱山县、象山县等地的谢洋节于2008年被列入第二批国家级非物质文化遗产名录。

人生之俗

风俗集

求子

婚后求子，或拜菩萨求子，或改门窦、移灶基以变风水，或请舞狮人上床表演生小狮子等。亦有往拜地方神庙供奉娘娘等生育神求子者。过去，杭州女子若婚后两三年尚未生子，婆婆会往灵隐寺拜送子观音为儿子儿媳求子，并许以若如愿生子则今后三年必定期参拜，还购《麒麟送子图》归家贴在年轻夫妇卧室中。20 世纪八九十年代后，新婚后多在卧室中张贴印有可爱男童的画。多地皆有舞龙灯时燃香迎接，或出资竞投舞龙时使用的龙珠等吉祥物品等习俗。

催生

大多数地区新婚妇怀孕后娘家会送催生礼，部分地区亦称之为"姑爷饭"。送礼的时间及礼品内容各地略有差异。多数地区在产前一个月左右送，部分地区如慈溪等在怀胎七个月时送，富阳则在怀孕期间逢端午、中秋由娘家备送催生礼品。还有部分地区如温岭等，遇孕妇足月而尚未分娩，则娘家或亲戚还要暖饭催生，谓之"过洋饭"。路桥则在生产前送酒席，谓"姑爷饭"；又半月未产再送，称为"催生饭"。礼品内容视地方习惯和家庭贫富各有不同，但大多有衣服鞋帽以及褓褓等婴儿用品，亦有送项圈、百官锁等吉祥饰物的。食物则多有红枣、粽子等，以祈求生产顺利。嘉兴农村送状元糕、鸡蛋、粽子等。鸡蛋一般五十一只，粽子一般三十一只，均为单数。部分地区则送催生汤或用红糖、益母草熬制的饮品。在三门县，妇女头胎分娩前一月，娘家要送"过水面"（即开水滤过的面，盛于碗中，上加一只红鸡蛋和两只肉丸作盖头）、解蒲粽（粽煮熟后，解去系蒲），由男家分赠亲友邻居，取生育快便之意。南浔的催生礼则称"端汤"，且不限于母家。女子出嫁后一般都住在男家，女子生小孩前月余，娘家要准备衣、物馈赠女儿，称为"端汤"。端汤礼送的物品，各家大同小异，一般为红糖、鸡蛋等营养物品。有的娘家送自缝的小人衣服、尿布等物。除娘家外，待产女子的亲戚、公婆、男家亲戚，也都备礼端汤。待产女子的小姐妹、要好的同事也有端汤的。

做产

产妇分娩俗称"做产"，又称"做舍姆""养小百细"。过去，由于医疗卫生条件差，称妇女做产为"舍命"，出生婴儿要过"惊口关"，各地多有祈求顺利生产的习俗。兰溪等地在产妇阵痛开始后，家人即叩拜祖先。产后，家人烧纸向祖宗、灶神、土地神祭告。部分地区还有为图分娩吉利，视小孩命贱如动物，故意去猪栏牛舍分娩的习俗。妇女做产，一般不在娘家。随着医疗卫生水平提高，20世纪50年代后产妇大多在医院分娩。

产房禁忌

过去妇女生产，往往以原住房为产房。宁波等地称为"红房"，温州等地称为"月里间"，绍兴等地称为"暗房"。暗房要关闭门窗，忌放铁器快口（刀类），产妇要头缠黑纱布，长辈和外人均不能进入暗房。在洞头，生产满月前，非至亲女眷不可进入"月里间"。男人（丈夫除外）忌进"月里间"，俗信认为此时产房是"血污之地"，会带来不吉利。如外客误闯进去，叫作"生人冲"，俗信认为对婴儿不利。在青田，旧时妇女分娩禁忌甚多。产房必须设楼下，称"暗房"，生产未满月前长辈不得进入，房中忌放刀斧等利器。

报生

孩子出生以后，各地都有向产妇娘家报喜的习俗，称为"报生"。报生时，婆家携带的物品和外家回赠的物品在各地都有所差异，叫法也各有不同。如湖州双林携熟鸡蛋及果物往外家通知，而外家则回赠果物（亦有极丰盛者），谓之"挨奶果"。有一些地方，报生的做法视出生婴儿的性别而不同，外家回赠则很少有体现婴儿的性别的。例如，在金华汤溪若生男孩则称为"红男"，先带酒肉、馒头等物驰报外家。而常山则在婴儿出生后，由女婿去岳母家报生，随带雨伞，生男将伞放堂前桌上，生女则将伞放大门后，同时向亲友分赠喜面。在青田，婴儿一落地，就向娘家报生，生男用雄鹅，生女用母鸡，并用"挈盂"送去一刀肉和粉干或面条。娘家以小儿衣帽和鸡蛋等回礼，又或回赠糖、面、鸡等，富户用火腿，俗称"生姆羹"。报生一般限于头生。在富阳，产妇生下小孩后，丈夫要派人向其娘家报生。若是男孩，在送去的礼品中，有用红纸包裹的毛笔一支；若是女孩，则附花手帕一块。在平湖，产妇分娩后，女婿即向岳母家通报。通报方式有携鸡或团、饼以示男女（公鸡、团示男，母鸡、饼示女）的；也有只做口头通报的。缙云城郊、盘溪一带报生多携酒壶，生男孩于壶嘴里塞红纸卷，生女孩于壶嘴里插红花。岳母随提鸡、蛋、酒、婴儿衣裤和豆腐、咸菜来家，亲戚得讯亦以鸡蛋和衣料相贺。龙泉也有类似做法，称为"报喜"，不同之处在于，生女孩则酒壶嘴不塞，壶盖上贴齿轮形红纸。娘家人见酒壶就知是生男生女。在淳安，报生时向亲友分送喜面，亲属则回赠鸡蛋、糖枣作为"产母茶"，邻居、族人也陆续送来蛋、糖等。女婿向岳父母报生，有些地方称为"报喜"。如昌化，在婴儿出生后先以羊酒报于外家，其外家则具绣褓、衣及金银铃、钱、牲醴等作为贺礼回赠。文成县在新儿（尤其是头胎）出生后，女婿要提着大红公鸡与一壶红糖酒，插着柏枝来向岳父母报信，俗称"报喜"。娘家即备好小外孙的衣着、银吭、银铃、鸡蛋、鸡鸭兔、索面等去贺喜，有些做岳母的还承担照料产妇的任务。

送汤

产后，亲朋好友备母鸡、鸡蛋、面、红糖等致贺，谓"送汤"，又称送"产妇汤"。近来有送衣料、毛线的。产妇习食红糖汤。亲友赠送烧熟块肉、鸡蛋，称为"送汤"。也有的地方亲属送鸡蛋、糖枣作为"产母茶"，邻居、族人也陆续送来蛋、糖，其功能与送汤相似。此外，各地皆有亲眷好友给产妇送礼相贺的习俗，有"拿糖篮"等各种称谓。

浴儿

在绍兴，婴儿出生后有浴儿风俗，洗尽血迹后还配以草药灸婴儿肚脐，随后用襁褓将婴儿裹好，再在外面缚以布带，要满七日后方可松绑。据说，这七日若手脚不缚，以后孩子会"孳促"（即过分好动）。

开口奶

婴儿出生后，讨哺乳妇女一匙奶汁喂之，叫"开口奶"，又叫"始奶""开喉奶"等。生男讨女婴母亲之奶，生女则讨男婴母亲之奶。喂奶前先喂黄连汤，一解毒，二讨"先苦后甜"之吉利。温州开喉，须在婴儿生下当天讨奶，且要向别的姓讨，意为将来向别姓找匹配。在台州，开喉用川连汤、大黄汤等，俗称"吃得苦，养得大"，并谓可解胎毒。

放食

第一次为婴儿喂奶，俗称"放食"。婴儿放食前，要按次序让其尝醋、盐、黄连、钩藤和糖。醋是酸味，盐是咸味，黄连是苦味，钩藤比喻人生路途上的困难和痛苦，最后才尝甜味，意即人的一生一定会尝到酸、咸、苦、辣、甜各种滋味，但愿是先苦后甜。

取名

昔极重落地时辰，以子夜得子为贵，谓"难得半夜子"。每请算命先生排八字，若金、木、水、火、土五行有缺，儿名必带足所缺之字，如鑫、森、淼、焱、垚等；或五行各字后加旺、昌、盛、茂等字，如水旺、金昌、木茂、火盛、土深等。为易于养育，有些地区，婴孩不分男女统称"囡儿"，乳名避用娇、贵和同义之字，而取狗儿、丐儿、百家儿、灰寮细等贱称。亦有为男儿取女名以求顺利成长，以及为女儿取名"招弟"等以求多生儿子的。取名避六亲长辈之讳的现象，在全省各地都普遍存在。

三日

很多地方在婴儿出生第三日会举行一些仪式，称为三朝、三旦等。这往往是新生儿第一次在公众面前露面，各地都比较重视，仪式名称和内容程序在各地也略有不同。在杭州，三旦又称为"三日满"，在当天为婴儿落脐灸。在文成等地，由接生婆象征性地对小儿进行沐浴，产妇家设宴敬待之，同时宴请亲友睦邻，此叫"三旦酒"。杭州吴山曾有太均送子殿，以宋真州兵马都监陆圭之女为神。婴儿出生第三日，要前去祭祀此神，称为"烧太均纸"。当天，产妇家要以染成红色的鸡蛋遍致亲朋，亲朋则回赠以母鸡、核桃等。上虞也有类似风俗，称为"烧太均纸"。

各地三日的仪式内容大多包含洗儿和宴请亲朋，以及一些带有祈愿色彩的活动。浙南地区称为"禳解酒"，若产妇为头胎，其娘家要送礼给婿家，称为送"三朝礼"。昌化在第三日洗儿，抱见舅姑，唤以乳名。族人各送米蛋之类探望产妇，其余亲友或贺或不贺。类似馈赠礼物的习俗在各地皆有，尤以产妇娘家送礼为重，多为鸡蛋、糖、面等认为对产妇有益的食品，赠送婴儿用品或祭祀用的圆子等物，亦较常见。也有一些地方以包红包等方式直接赠送钱财。在建德则必集女宾聚宴，谓之"三朝酒"。磐安则要摆酒席，凡曾来贺生的都要请来，娘家也要送礼品。当日的宴会，嘉兴等地称作"汤饼会"。此外，也有在婴儿出生第三日请亲友吃馄饨或吃面的。吃面者谓之"三朝面"。在婴儿出生第三日，祀祖先，请尊长者为小儿命名，置酒宴亲族，称为"红男酒"。而外家亦在这天送小儿文褓饰品，称为"当三朝"。青田称为"三日满"，早晨"做贺喜""请夫人"，用"净水"洒房间和婴儿。此时，抱出婴儿在屋内走一圈，称"赶家"，与亲友见面，说好话讨吉利。然后吃"三日酒"，并请"洗生婆"。亲友要送"月里羹"，多为肉、鸡、鸡蛋、红糖、索面等。夜里祭太公婆，求祖宗保佑。南浔吃"三朝面"时，主人家以加盖鸡、鱼肉等菜肴的面，款待亲友，分送近邻。

过去在一些地方，为产妇接生的接生婆也会在这一天得到感谢和犒劳，并扮演重要角色。安吉称三朝洗儿为"汏三朝"，须请接生婆为婴儿检查脐带、洗浴、换"毛衣"。安吉荆湾、西亩等地，会在小孩三朝时做圆子分送亲邻，叫"三朝圆子"；有的人家还祭祖。定海也会在婴儿出生第三天设祭于母子床前，请稳婆洗儿，谓之"洗床诞"。淳安则在这一天请接生婆吃点心，一般煮鸡蛋一碗。

三日的庆生礼仪，除亲戚等关系密切的人群设宴庆贺外，往往也包含邻里往来的内容。平湖将鸡蛋、胡桃染成红色分送亲友，俗称"分喜蛋"。此习尚存。龙泉在婴儿出生第三日做三旦，吃"除秽卵"，把艾叶和四个鸡蛋同煮后，将蛋剖成四块，分给邻居小孩吃。用艾汤给婴儿洗身，认为可驱邪除秽。嘉兴则有"结人缘"之俗，婴儿出生第三天，由舅家送来鱼肉、糕点、果品、香烛斋佛，称"做三朝"。然后将供品分赠邻舍儿童。中华人民共和国成立以后，此俗仍流行。景宁称分娩第三天为三旦，以全鸡、条肉、米馃、茶、酒等奉香火；煮艾汤为妇婴揩拭身体；煮红蛋分给邻里小孩，谓"糊臀卵"，意恐小孩口出忌讳之语，故视其嘴如臀，出言作不得准，并以卵塞之以防未然。是日，宴请贺客，亦有延至满月或周年宴请的，谓"请馔"。

满月

满月是重要的庆生礼之一，多在婴儿出生后一个月举行，亦有部分地区如德清等，在婴儿出生后二十日举行，称为"做满月""贺满月"等。部分地区在婴儿出生第三日不贺，而在满月时再行庆贺。这一天皆要宴请亲朋，抱婴儿见客人，称为"满月酒"，也有一些地方如绍兴等称"汤饼会"。满月酒的内容各地略有不同，规格也多有出入。如杭州殷实人家，外家在婴儿满月时赠以彩画钱或金银钱、杂果及送彩缎、珠翠、卤角儿食物等。其家大展"洗儿会"，亲朋聚集。煎香汤于银盆，内下洗儿果、彩钱等，仍用色彩绕盆，谓之"围盆红"。尊长以金银钗搅水，称为"搅盆钗"。亲宾亦以金钱、银钗撒于盆中，谓之"添盆"。盆内有栗子、枣儿，少妇争相取食。当日，还要抱婴儿遍谢诸亲坐客，随后抱入姆婶房中，谓之"移窠"。也可不设饮宴，而烧"剃头面"等简单食物分赠邻里，而受家回赠"长命线"。满月是将新生婴儿向所在社群公开介绍的重要契机。如天台等地，这一天要将婴儿抱出房间见太阳，称"落天下"，与邻居见面，称"出见"。亲友给孩子在脖子上挂五色线，称"长命线"。建德等地在做三日时仅宴请女性亲戚，满月酒则兼宴男宾。可见与三日相比，满月在向所在社会群体介绍新生成员方

　　面，具有更重要和正式的意义。受邀亲朋一般会赠送铃镯、猪肉、糕饼等礼物和金钱等作为贺礼。

　　除满月酒外，拍照和剃发也是满月的重要庆祝内容。自20世纪六七十年代起，照相在城市逐步普及，不少家庭到影楼为孩子拍满月照。进入21世纪后，随着摄影业分工细化，儿童摄影从业者日渐增加，在影楼或延请摄影师到家中为孩子拍摄成套满月艺术照者愈来愈多。

　　在满月的庆贺中，产妇母家，尤其是婴儿的外婆也扮演重要角色。这一天，外家要赠送衣帽及糕粽、肉、果品等食物，有的还送三牲、爆竹、金饰及文褓用品等。这一天外家所赠衣物，因当日婴儿要剃胎发，很多地方称之为"剃头衣"。在长兴，婴儿满月时所戴银制长命锁，有的由外婆家赠送，镌有"长命富贵""金玉满堂"等吉祥字样。在普陀等地，这天婴儿要戴狗头帽，穿"一口钟"、虎头鞋、绣花肚兜，挂外婆送的"长命线"。很多地方都有由外婆送"长命线"的风俗。在德清，外婆家需具三牲、爆竹、果品、糕团六至八式，一早到外孙家，先设神马、上供品、点香烛、放爆竹，然后请理发师为婴儿剃头，也可由外婆代理。而后，主人备酒待客，受来客半礼。晚，以红纸包赏理发师，将外婆家送来的"相骂圆子"（有两种：一种四个相叠，底三上一；一种十个，底六中三上一）分赠村邻。在新昌，外婆送五色"长命线"，并送羽毛染红的外婆鸡（或牛、羊），还有银项圈、银手镯之类。南浔婴儿满月，要由娘舅抱着剃头。嘉兴由舅家送来米粉、三角实心包子，并以果品供神，然后将包子分送邻里亲戚。中华人民共和国成立以后，城乡均摆满月酒以示庆贺，舅家及至亲好友馈赠小儿衣帽、绒线等。有些地方如温岭、安吉等，则在这天第一次抱婴儿前往外家，用墨或锅灰等点婴儿的额头或鼻头以辟邪，俗称"搭搭乌望外婆""乌鼻头管望外婆"。

剃胎发

　　大多数地方有满月时为新生儿剃胎发的传统，又称"剃满月头""落胎发"等，多与满月酒同时举行。部分地区有若满月不剃头，则须等待满四个月才能剃的习惯。剃下的胎发，有的地方会团起来用彩线悬挂在帷帐处，亦有纳金银小盒中缠上彩丝小心保存的，近年不少家庭还会委托业者将胎发制成胎毛笔以作纪念。有的地方剃发并非将胎发全部剃光，而是留下囟门及脑后的一撮，谓之"孝顺毛"或"长命发"。

在男女皆留长发的时代，不论男女，出生一月即剃发，谓之"剃胎头"，尽去其发。此后，或留顶发为总角，或留两旁发为丫角。六七岁男则辫发，女则蓄发作髻。民国以来，剃胎发后男孩和女孩的发型开始分化，男孩大多继续剃短，而女孩则开始留发。

坐月

产妇生产后一个月内不出房门，称为"坐月子""做月里""坐月里"，即产褥期。旧习产妇在生产后头个月内特别注重在饮食方面增加营养，各地因其饮食习惯和物产略有不同。如文成等地有享受三饭三点心，每天一牲口（含鸡、鸭、兔、猪心肝肚等）之说，并尽量喝红糖老姜老酒。产褥期，产妇禁食生冷辛辣酸的食物，不能外出冒风寒，不洗冷水和刷牙，一般卧床休息，不行劳作。亲友睦邻，凡有人情往来者，在产妇做月里期间，习惯上以鸡、鸭、兔、猪肉及鸡蛋索面等送礼相贺。此俗一直相沿，习称"送月里饭"或"送月里"。现更趋选送高档营养品与小孩衣料，或直接送钱贺喜。在很多地区，产妇生产后的饮食由母家送来，如三门因近海，娘家会送去白鲞、豆腐皮、鸡蛋、红糖等食品和婴儿穿戴的衣着；亲戚要送食品或暖药。接受过产妇娘家催生送来的"过水面""解蒲粽"

分赠的邻居，也会在产妇坐月里时回送鸡蛋、红糖等。温岭产妇坐月子，以食姜炒米饭为主，进食时拌红糖，娘家、亲戚送猪肉、鸡蛋、米面、红枣、桂圆。中华人民共和国成立以后推广新法接生，孕妇在医院生产，婴儿健康，产妇平安。但是礼尚往来、馈赠祝贺等情，仍沿袭旧时习俗。

出月

产妇坐月子，满月后方可出房，称为"出月"。部分地区还举行相应的仪式，与婴儿满月结合进行者有之，分别举行者亦有之。如青田，婴儿满月时生母要吃"满月点心"，脚要搁在"灰塘杠"上，不慌不忙地吃，说是如此日后小儿不会嘴馋。产妇未满月不出房门。在景宁，产后周月为婴儿满月，应佩避邪之金银器；产后四十日才是产妇满月，产妇以艾汤沐浴，自此食用家常便饭，可操持日常劳作。

百日

百日又称为"百禄"，生子百时，即一百日，亦开筵作庆。是日，外家亦有所馈。照相术普及后，在百日这一天为婴儿拍照留念。

四个月

苍南一带风俗，又称"百廿天"。婴儿出生四个月后举行宴会，娘家要送煮熟的红鸡蛋、小儿内外衣及鞋帽等物，其中必有米塑的寿桃及各种动物形象。但是，走兽中不可有狗、虎，鱼类中不可有乌鳢。主人家将这些米食分送四邻。

伏头

台州等地剃过满月头后，再过三个月，即婴儿出生满四个月时，要第二次剃头，这次剃头称为"伏头"。

周岁

婴儿一岁时，行周岁之礼。周岁亦称"周晬"，即"拈周试晬"之意，按婴儿性别分置相应物件，随其抓取以试其前途，因此又称为"抓周""拿周"等。松阳称为"秩幼"，家长会宴请亲友。亲友会赠送幼儿衣装、食品、红包，也称"吃幼"。这一天，亲朋皆有馈赠，而主家则设馔与来贺亲朋宴饮。旧时，杭州的殷实之家在做周岁时，罗列锦席于中堂，烧香秉烛，设供奉果品及父祖诰敕、金银七宝、玩具、文房书籍、道释经卷、秤尺刀剪、升斗戥子、彩缎花朵、官楮钱陌、女工针线、应用物件及乐器等玩物，将周岁婴儿置于当中，观其先拈者何物以为佳谶。其他亦有将试晬用品置于盆中，由婴儿抓取的，称为"晬盘"。比较讲究的人家，往往会置备精致的晬盘，以雕漆等工艺，刻婴戏图等吉祥图案。

婴儿周岁，外家也在庆贺中发挥重要作用，所赠衣饰、鞋袜，多者至数十件，亲友亦有赠送布物、银钱者。此外，也有由外家赠送晬盘的，外家还赠送金饰，如男用小紫金冠、金镯，女用小金龙额、项圈等物，谓之"抹抹周"。金华汤溪称周岁为"对周"，即"对晬"语之转。是日为小儿试履，履称为"学步鞋"。衢州、杭州淳安等地则在婴儿周岁时由亲友敛钱，以人多为贵，制牌锁诸物为小儿配饰，以为众共子之则易于抚育，称为"百家牌""百家锁"。上虞称"闹周"，须做"得周果"

（米粉豆沙馅的扁团子）分给亲朋邻里。德清婴儿周岁时备酒待客庆贺，谓之"做周岁"。诸亲不必尽办礼品，可以钱折礼，俗称"干折"。周岁当日，外婆家要以新衣服、米糕、鱼肉、爆竹相贺。是日敬神。敬神毕，令婴儿在晬盘中抓各种物品，占将来志气。黄岩、三门等地皆有送"对周衣"的习俗，由外婆赠以衣服鞋帽。在部分地区，小孩周岁后才第一次往外婆家，抹墨于额上，谚云"搭搭乌，望外婆"。洞头方言和民系较为复杂，婴儿周岁时，亲朋好友都要送礼祝贺，主人则做些寿糕寿桃分送给亲朋。如果是男孩周岁，外婆家均要做点心送来，闽南语方言区送"红圆"，温州吴语方言区则送寿桃。经济条件好的人家，还给孩子送来金银锻制的"长命锁"、衣服等。在安吉，婴儿周岁时，外婆家要为其做生日，亲朋送贺礼，主人家设宴招待。是日，置大蚕匾于地，匾中陈设书、笔、砚、刀、箭、斧、锄、秤、尺、算盘等，抱孩子坐匾中，任其抓拿，以卜孩子前途。天台孩子满一周岁，称"够周"，要烧"够周面"分赠邻里。外婆要送"够周果""够周衣"。孩子长到一两岁，母亲将其装扮起来，身佩小宝剑和历书去外婆家，称"望外婆"。文成由外婆送两套小衣裤、一只铃铛银脚铰、一条"长命富贵"银牌项链。此俗也叫"送码周"。20 世纪 90 年代起，有人还加送"小儿车"和一些中高档小玩具。嘉兴行周岁礼时，舅家送米粉拓饼，亲戚送衣饰等物，谓"周礼"。家中设酒席招待，称"生日酒"。小孩穿新衣，戴虎头帽、银项圈、百岁锁（或称长命锁）、手镯、脚镯等，先扶至堂前礼神，然后抱着穿过预先搭在屋檐前的竹梯，称为"过关"，再由娘舅抱着沿村兜风一圈。也有地方认为必须过两座桥，才算吉利，此俗在中华人民共和国成立后，仍在部分农村地区沿用。

开荤

小儿断奶后要开荤，吃荤食荤菜。旧俗开荤不能用自己家的食品，而是到人多的人家、做喜事的地方，讨取鱼、鸡、鸭、肉之类开荤。若碰不上，有的隔几个月才能开荤。在浙北一些地区，开荤时须将鸡心、鸡舌、鸡冠剁碎烧熟，让小儿品尝。吃鸡心，表示存心，记性好；吃鸡舌，表示讲话中听；吃鸡冠，表示头戴冠，将来做官。母亲边喂边念："官官（囡囡）吃了舌头会讲话，吃了油（肥）肉长得胖，吃了糖糕长得高。"

认干亲

孩子身体单薄，常认他人为"亲娘""亲爷"，也有认菩萨、樟树、石头为"亲娘""亲爷"的。凡小儿艰于养育，则寄名多子之家，谓"认亲娘"。其中，由于樟树四季常青、根深叶茂的特点，多地均有认樟树为干亲以祈求儿童健康成长的习俗。金华汤溪有所谓"樟树娘"者，乃寄名于最巨之樟木，若叨其庇荫，其名则冠以樟字，称为某樟、樟某云。兰溪则有拜"樟树娘娘"的习俗。儿童长至三岁左右，每逢祭祖，则由母亲带领前往拜祭"樟树娘娘"。拜祭之礼如下：以红纸书儿童生辰八字，备米饭、豆腐、熟肉、酒等祭品，燃线香、纸钱拜祭。丽水等地有称樟树为风景树者，多有种植，被当作神灵拜祭的樟树则各个村落有所不同。凡儿童出生后，以线香三支、蜡烛两根，燃烧纸钱拜祭樟树认干亲。尤其是体弱多病的儿童，多认樟树为"亲爷"，农历七月半及除夕日前往拜祭。

除樟树外，很多地方有拜某山某岩为"亲爷"的习俗，称为"拜岩亲爷"。拜干亲后，取名时第一个字必须用"岩"字，下一个字可以随意，并写"岩爷赐名"，钉于房内板壁上，在檐头下挂一个插香炉的器具。每月初一、十五都要拜祭，直至孩子成年为止。

台州一带称认干亲为"老寄爷"，有的拜命好之人，有的拜命贱之人，甚至有拜乞丐、野花野草等为老寄爷的。拜老寄爷后，寄子在每年腊月下旬谢年后，给寄父母担去馒头、猪肉等拜个早年，称为担"年寄"，至少三年，多者有担几十年的。寄父母则给寄子压岁钱。寄子家里的其他人，也要称其寄父母为"老寄爷""老寄娘"，并与寄父母的子女以兄弟姐妹相称。

果盘山

农历四月十四日，相传是道教吕祖生日。在温州，人们就在这天让孩子祭拜吕祖为"亲爷"，俗称"拜亲爷"。在三年以内，每月初一、十五要送米到道观，向道士调换一碗饭，放在吕祖案前供奉，然后给孩子吃，谓孩子可以聪明、乖顺和长寿。每年这天，拜了干亲的人家，都要送一个果盘到观里。果盘为木制，八角形有盖，贴金油漆，十分精巧。果盘里装有红枣、荔枝、龙眼、花生等物，另加一百文钱奉送道士。果盘要留观里陈列三天，然后拿回家去。这一天，观内果盘堆叠成山，人称"果盘山"。

止夜啼

婴孩夜啼，则于红纸条上书"天苍苍，地茫茫，我家有个小儿郎。过路客官看一遍，小孩一觉到天光"，到处张贴之，俗称"卖赖号（哭）"。七八岁时孩子换牙，须合拢双脚，上牙丢于床底，下牙扔之帐背。倘新牙久不长出，以发芽谷种戳牙床以助其长。婴儿夜晚哭闹，写几张纸条云"天赤赤，地黄黄，小儿夜哭在娘房，过路君子读一遍，一夜睡到大天亮"，谓可治夜哭，至今仍有仿行。

冠礼

冠礼以男加冠为标志，故名。冠礼产生以来，几经兴替，至唐呈废弛之势，宋朱熹提倡简化礼仪恢复冠礼，并向民间推广。尽管如此，民间依然鲜少举行。明时，男子二十而冠，多于冬至或元旦束发加网，士戴方巾，民戴圆帽。有的未入泮童生，因不愿戴帽，即便年过期也多不加冠。及至清代剃发结辫，夏戴凉帽，冬戴暖帽，贵贱一体，虽三尺童子也无不戴帽如成人，只有部分士大夫之家计算年岁举行冠礼，过程从简，以入泮儒服，戴顶帽，略示冠礼之遗意，而并无古三加请字之礼，聚族张筵为庆会。举行冠礼的年龄，据雍正《浙江通志》载，为十六岁，或有十五岁、二十岁行冠礼的，亦有"年逾总角""成童"等较为含糊的记载，基本上是十五岁前后。亦有以男子身长为准，以五尺长始胜冠，遂行冠礼的。男性达到成年年龄，则由家中父兄择一吉日，告于家庙，出祖先神主于堂，父引子祭拜，乃命之冠。既冠，自父母以下依次拜而成礼。行冠礼后，即为成人，可以婚娶，并命以字，从此同辈不以名相称，而尊长也不称其小字。行冠礼前，男子须先养发，并于冠礼后将头发由总角改易为成人发式，宣告成人。由于民间多不行冠礼，则常有男子突然将总角改为成人发式者。在科举时代，亦有应试童生虽已婚年长仍然是总角的。民国以后，男女均剪发，男子的冠礼和女子的笄礼都逐渐废止，加笄礼间或有举行者，而加冠礼则基本上不再举行。

笄礼

笄礼为女性成年礼，以加笄为标志，故称"笄礼"，又称"上头"。女子行笄礼时，将少女时的发式解散，重新绾成代表成年妇人的发髻，以发笄插入固定，称"加笄"，又称"笄头"。笄礼大多与婚礼相关联，极少单独举行。待婚期定后，男家一般要向女家赠送礼物以示催妆之意，称"催妆礼"或"催妆饭"，又称为"上头茶"或"上头担""转头担"等。如宁海，男家所赠加笄礼品，有包头、笄子，必施以珠饰，奢俭不等。女子行笄礼，多在婚礼前数日择吉举行，也有在婚礼前一日、婚礼当日举行的，各地因其习俗略有不同。如浦江，在婚前三日，男家向女家赠送礼物，女则开额加笄，盛服祭告先祖，称为"笄头"。衢州在女子当嫁时加笄焉，邀亲戚设宴谒别。是夕，女家有坐筵之仪，一如男家新妇入门三朝宴。杭州则在女子出嫁前一日或当日，延亲族之齐眉有子者行加笄礼，谓之"上头"。民国时，女子发髻尽剪，但笄礼并未被废，不过已无改易发式之仪，后逐渐废止。

入学

旧时男子入学多与冠礼并行，命以字，具有成人礼的意义。已有婚约者入学，岳家往往具礼。德清等地，儿童入学则由外婆家馈以书包，内装笔、墨、砚及云片糕、粒糖。贫寒之家提糖汤壶，由娘舅或姐夫带领入学。孩子手提灯笼（内不点烛），象征

无路不通，前途光明。见师后，师问行辈取字，称"书名"。安排座位后，娘舅将干饴糖（俗称"斩白糖"）捺于凳下，谓可将孩子粘于凳上而不逃学。老师将学生所带糕、糖、糖汤等分给同学。也有以红纸包盐一撮，撒于学校附近河埠的，称"结缘（盐）"。旧时，儿童开始上学还伴随着"发蒙"礼仪，亦称"启蒙""上书堂""上书院"等。发蒙要选择吉日，跪拜蒙师，蒙师手把手教新生填写描红字一张，写毕，蒙师加圈。新学生拜谢蒙师出堂，向长辈亲友拜客，长辈给予拜见钱。过去，外婆家在外孙发蒙时要送礼，礼物有魁星糕、福寿糕、粽、钉鞋、雨伞等。民国时期送雨伞、书包、套鞋。中华人民共和国成立以后，此俗曾一度消失，但20世纪90年代以后，外婆家又送学习用品及糕点、粽、水果等物，有的送到学校分赠同班同学。

拜师

旧时贫困人家多不送孩童入学读书，若是拜师学艺，则选吉日行拜师礼，呈送红包，办敬师酒，终身执礼，情同父子。与入学一样，拜师礼有时候也起成人礼的作用。三年满师，师父送给徒弟手艺工具一副；徒弟结婚，师父送结婚衣服一套；婚宴请师父坐上席；师父去世，为徒者执弟子礼，有的还戴孝悼念。

上头

上头之礼男女皆行。娶前三日，女子修面剃额，称"开额"。男子则剃头沐浴，称"上头"。清代童子三四岁即戴帽，至将婚前一日乃复行冠礼，女子则将嫁加笄，延亲族之尊者夫妇咸集，其中妇人限于原配有子者，命赞礼祝之。与冠礼一样，上头之礼也有婚期既定之后，在婚礼前择日举行，以及在婚礼当日举行等不同做法。

上头糕

男女上头之日，以糕或团馈送亲邻族党，名为"上头糕""上头团"。女子将嫁加笄，加笄之日，以蒸糕馈亲邻，名"上头糕"。礼毕，遍拜于尊长前，而馈亲邻以粉团，名为"上头团子"。上头是婚礼与笄冠礼混合而产生的一种礼俗。因冠礼久废，行之者鲜，男子于成婚日凌晨行加冠礼，用鼓乐，供佛马，赞以祝词，馈送亲邻蒸糕、粉团，称为"上头团子""上头糕"。上头之人必择亲族中结发夫妇已有子者，行礼于厅事，男子加大帽。女子亦于出嫁日加珠笄髻簪，仪与男子同。男称为加冠，女称为加笄。上头毕，拜父母尊长。

做七子

在嘉兴，孩子七岁生日那天有外公、外婆、舅舅、姑爷等长辈前来祝贺，称为"做七子"。"七子"即七种带有"子"的物品，如荔子（枝）、袜子、鞋子、裤子等，各式各样，贵贱不分，包括吃的、穿的或用的。舅舅到外甥家当即取出准备好的鞭炮点燃，然后把"七子"一样一样放到桌子上，每拿出一件都要说一句吉利祝愿的话。舅舅讲完，孩子收下"七子"并谢过舅舅后，又是一阵鞭炮声。民间认为七岁是孩子正式上学读书的第一年，又是人生起步上进的开端，故特别重视。

做十岁

主要流行于杭州市郊。小孩十周岁生日那天，主人家要大宴亲友，外婆家则送一套新衣帽。富裕人家有的还送小牛一头，牛角上扎红绿布。

做十六岁

孩子年满十六岁，外公、外婆、娘舅、姑父、大伯、小叔须备鞭炮百子、新衣服装、鞋袜帽子等礼物，给孩子做生日，名为"敬茶"。是日，除去孩子颈中百锁，以示已成大人。古有"年满十六岁，当官打屁股"之称。此日须宴请亲友。在湖州南浔，男满十六岁，生日称"成人之喜"。镇人颇为看重，设宴款待贺客，吃生日面、生日蛋糕，放爆竹，至亲好友送红包及礼物。

小人节

在温岭石塘，每年农历七月初七，居民都要为自家未满十六岁的孩子准备彩亭、彩轿过小人节。男孩扎亭，女孩扎轿，彩亭均为二至三层，由当地民间纸扎艺人用竹条、彩纸、泥巴扎制而成，彩亭上还分层装饰了各式绢人，取自民间戏曲故事人物，如《七仙女》《八仙过海》《西游记》等中人物，个个栩栩如生，色彩绚丽。底层舞台两侧或彩绘城墙，或彩绘花木，制作十分精美。在七月七日这天早上，大人们将供桌摆放在自家门前，在中间放上彩亭或彩轿，同时，在彩亭或彩轿前，点上香烛，摆上酒和各色瓜果，以及糖龟、猪肉、鱼鲞。在上了三炷香、叫小孩或代小孩许愿后，再将彩亭（彩轿）在铁锅上焚烧。

孩子年满十六岁时，就要有一个手拿雨伞的小纸人的"满金亭"，喻示这孩子从此长大成人，称为"满亭"。孩子的母亲、奶奶为其举行成人礼，在桌子上摆放彩亭以及各式时令水果、老酒等供奉妈祖或七仙女，祷祝后焚烧彩亭，家家户户燃放爆竹庆贺。

说媒

又称"说亲"。在传统婚姻中媒人发挥着巨大的作用，讲究"有媒有聘"，一般经媒人撮合才能喜结连理。即使男女双方家庭原本已有意愿，仍需请人做媒，居中联络，方可成事。若省去这一环节，则有可能被认为是"无媒苟合"，招人诟病。媒人可以主动揽活，为男女双方牵线搭桥，也可以是受人之托，成全好事。有时候，受人之托成全好事的是其中一方亲戚或当地较有名望者，其所受待遇与职业媒人不同，往往会备受尊敬，在婚礼中位居上座。如淳安，就有婿家求婚必托女家属位尊份厚者为媒，报以厚礼，力求能娶到看中的女性为媳，不太计较聘财多寡的习俗。

由于旧时男女不得自由恋爱，因此社会上存在大量的职业媒人。由于其中绝大多数为女性，因此媒人亦常被称作"媒婆"。媒人信息灵通，知道谁家有女待字闺中，谁家有男欲娶妻。另外，传统社会的人普遍认为，缔结婚约，事关荣辱，如果被拒绝，就很没面子，通过媒人无须直接面对，加之媒人有处理复杂的婚姻过程的经验，特别是礼钱物品之间的讨价还价，如同一桩交易，更需媒人从中斡旋。所以有俗话说："媒婆的嘴，溪坑的水。"媒人不管做媒成功与否，一经操办，双方都要拿出礼物表示感谢。从议婚到成婚的整个过程，所有往来事项都由媒人传话、调和。在男女双方素未谋面的情况下，往往是通过媒人的介绍揣度对方人品，以决定是否同意。议婚初始，媒人将姑娘所做的针线活，如绣花鞋、荷包送往男方家，男方家则从这些作品的针线手法、色彩搭配、精细程度等来品评姑娘的聪慧灵秀程度。一般人家在未见到姑娘真容之前，都是以姑娘所做的女红作品来评判其品行素养，从而决定是否同意这门婚事。女红成了传统女性终身大事的决定因素，必然会倾注少女们的心血。有的地区，婚礼前一日或数日即已将新娘嫁妆送到男家，则请媒人看守房中。在婚礼上，媒人也起重要作用。如男方迎亲时，遇到女方亲属往往需由随迎亲队伍来的媒人塞进果包和钱币，说客气话，否则不予放行。在有闹洞房习俗的地方，为防止出洋相，有经验的媒婆早在"日子"前头就"贿赂"弟兄们，别捉弄伴姑小妹。近俗女家先一日发奁亦如之。

民国时期，以自由恋爱为尚，部分得风气之先者不再请媒说亲。中华人民共和国成立初，农村不少地区仍流行说媒，城市青年以自由恋爱为主流，也有经人介绍认识的，但已无缔结婚事须经媒人撮合的规矩。当今无论城乡，均以自由恋爱为主，作为婚嫁过程功能性构成环节的说媒已经退出历史舞台。

写庚帖

经媒人牵线，男女双方家庭有意结亲，须先合八字以测男女是否命相相合。合八字之前要写庚帖，即写有当事人姓名、出生年月等的帖子。有的地方仅将女方庚帖交给男方，有的地方男女双方都把庚帖交给对方。庚帖写在红纸上，分男庚和女庚两份，女庚称"草八字"，男庚称"草地脚"。庚帖一般请择日子的先生写，也有请教书先生写的。填写出生年月日时必须用天干地支来写。将庚帖装在一个大红的封套里，外面写上"百年好合""天成佳偶""永结同心"等吉利的话语，寄托婚事成功的愿望。传送庚帖要十分慎重，一般由媒人在黄道吉日里提着帖盒传送。此举又称"出帖"，俗称"出八字"。

帖盒

从议婚到成婚，帖盒都起重要作用，专门盛放来往于两家的"六礼"信物，是婚姻"六礼"的见证。帖盒一般扁而小巧，上面彩绘着和合二仙，雕刻着"福""禄""寿""囍"等吉祥纹饰，祝愿男女平安和合，幸福美满。

合八字

欲结亲的家庭在收到庚帖后，要去择日子先生那里排八字，俗称"合八字"，又称"合肖""合婚""拼八字"。关于八字，旧俗有诸多禁忌。如男女年龄，多要求男大于女，富户结亲亦偶有女大男小的。其他如缙云等地又要求双方不可相差三、六、九岁，民间有"只可男大十，不可女大一""六冲"等说法。属相上有"鸡兔不同笼""龙虎斗"等禁忌。如果八字相合，则请媒人传带消息，两家准备商定婚事；如果不合，那就退回对方或不了了之。为了祈求婚姻能成，男方家人常会把庚帖压放在灶神爷的神龛下。也有压在祖宗牌位香炉下三天的，称"压庚"，卜吉，祈求灶神的保佑。若三天中家中碗盏等皆平安无事，再请算命先生"合八字"。民国后西风东渐，但此俗在全省汉族人口中一直普遍延续至中华人民共和国成立前。中华人民共和国成立以后，自由恋爱之风逐渐成为社会主流，此俗渐废，但也偶尔可见。

相亲

确定八字相合后，有的恐媒妁之言不可信，男女双方会由媒人陪同互相查看对方家境品貌，称为"相亲"，亦称"踏亲"，如不合意仍可反悔。相亲过程依各地习俗有所不同。如在杭州，按旧俗应由男家择日备酒礼诣女家，或借园圃、湖舫内两亲相见。男以酒四杯，女则添备两杯，此礼取男强女弱之意。如新人中意，则以金钗插于冠髻中，名曰"插钗"。若不如意，则送彩缎二匹，谓之"压惊"，姻事不谐。实际上，相亲之时多由女方父母兄弟私相其婿，借书房游玩或亲友喜庆之时窥其容止，不令婿知。鲜少有直接前往女家并借地置酒插钗的情况。青田相亲时，女方煮三只糖鸡蛋"待情"，称"三个卵"，以此试探男方诚意。若三只蛋全吃下，表示愿意；吃一半，表示有一半意思，搁着不吃，表示不同意。中华人民共和国成立以后，由旧时媒人说媒改为介绍人介绍，自 20 世纪 60 年代中期起，部分地区农村盛行"看男家"，介绍人商定时间邀请女方父母或主要亲戚去男家"相亲"，男方馈赠"红包"，女方如不同意，即拒收，若收即表示同意。相亲往往是男女双方家庭第一次直接接触，有时男方品貌不佳，则由其已婚兄弟或亲属代为相亲；而被相的姑娘，往往避而不见，相亲的人只能从她兄妹的品行来猜测判断。所以有"相亲相舅，劈柴看缕"之说。

订婚

又称"定亲"。经过议婚，得到双方父母的同意后，即由男方家择吉日向女方提出订婚。媒人持婚书及定亲礼至女方，女方受礼并回礼。至此，双方确定婚姻意向，便不得反悔，否则会受亲友和四邻诟病。有的还宴请亲朋，公开订婚。

按照旧俗，订婚后，关于婚事的一应联络仍由媒人操办，平时男女双方家长可以公开往来，但女方姑娘一般不能来男方家，否则要被人说闲话。逢年过节，男方都要送礼，尤重端午、中秋、年夜三大节，送粽子、月饼、鸡、鱼、猪蹄髈、糕点等，用竹篮或木篮装盛，故称"送礼篮"，又称"送节"。其中，年夜最受重视，如宁海等地一般都要送一个三十六斤重的猪蹄和一斗糯米，俗称"斗米猪蹄"。春节，男方在兄弟、朋友的陪同下先到女方家拜岁，女方要给钱。有些姑娘随后也在女伴陪同下回礼，男方要加倍送礼钱。

民国后，提倡男女自由恋爱，西化的订婚仪式在一些城市家庭开始流行。父母同意后，邀请两名介绍人、一名证婚人，略备糖果、茶点，择日订婚，填写订婚证书，也有男女双方交换照片的。有的还举办订婚酒宴招待亲友睦邻的。订婚后，男方逢年过节向女方家送礼的习俗直至中华人民共和国成立以后仍在城乡各地流行。但城市较乡村为简，一般仅在中秋和春节等重要节日由男方向女方赠送一些礼品。

下定

订婚时，男方须向女方下聘礼，称为"下定"，有的地方也称"定恳贴""放口""过书""送定头"等。若循旧例，下定要分"小定"与"大定"，即订婚时下小定，亦称"担小盘"，至请期时再下大定，亦称"担大盘"。但是，至明清时，多数地区都已将大小定合而为一，或在订婚时下定，或仅称请期时所送之礼为大定而不行小定。

下定所用礼物，一般由男方准备好，选一黄道吉日请媒人与婚书一起送到女方家，女方接受聘礼后设宴款待媒人。饭毕，女方将早已准备好的回礼交予媒婆带回男方家。有的地方，男方家人还要将果子分给邻居们吃，宣告本家男孩有意中人。聘礼通常包括礼钱、金银首饰和衣料等，数量多少依男方家庭条件而定，也有女方刁难男方的，提的物质条件要高一些。此外，各地依照习惯，聘礼和回礼略有不同。如温州习俗，聘礼中必须有对鱼。如青田，较俭者送定头，礼物要一担"四礼"，即鸡、肉、鱼（白鲞或明脯）、粉干（或索面）各四斤，并送去庚帖与"定钱"。女方收后，以鞋、袜、帽加鸡、花生、瓜子、荸荠、橘等物"回龙"（回礼）。极简者只用庚帖，俗称"但庚帖"。

随时代变迁，下定的聘礼和回礼也会有所变化。至20世纪40年代，一般人家的定庚礼变为糖糕六爿、肉一百二十斤、"四礼"一担、财礼二百四十元。50年代至60年代，订婚时送女方衣料（一般十身）、毛线、球鞋等。70年代改为"三转一听"（自行车、缝纫机、手表、收音机）。80年代以后，则发展到送金戒指、金项链、金耳环等贵重物品。而杭州作为省城，西化较早，民国时已有两家互赠蛋糕的现象。女方回礼中，由女子所制各种男用衣饰曾经是必备之物，改革开放后逐渐变为由女方购置男士衣物、皮带等作为回礼。

定情信物

婚俗中确定男女爱情关系的一种形式。男女双方有意，若互相赠送手帕、戒指、项圈、凤钗、荷包等物，爱情关系即确定。接受信物的一方，要以另一信物回赠。男女双方通过媒人互赠信物后，若后来有变故，一方将信物退回，则意味着爱情的失败。如果婚事成功，双方将珍藏爱情信物，以示爱情天长地久，夫妻白头偕老。

请期

男方家人在请算命先生择定迎娶的黄道吉日后，一般在距离婚期一年或数月的时间里就要向女方提出，称为"请期"，又称"起帖""道日""送日子"，嘉兴称"对盘""行大盘"，女方应允称为"准日"。请期所用之帖，俗称"日子帖"，男方以红纸书写"敬请星期"并注明迎娶日期，装在帖盒里由媒人送往女家。女方亦回红柬，上书"谨遵台命"，则婚期确定，进入准备婚礼的阶段。请期的时机，视男女双方年龄或双方家庭的情况而定。

请期之时，男方须附礼物，即旧俗大定之礼，俗称"担大盘""日子钱"，因各地习俗而不同。一般准备的礼物有女方结婚时穿的衣服料子及礼钱等，亦有一些地方有较为特殊的规定。如三门除衣料等外还需有"庆篮担"，内放鲜鱼、猪腿、鱼胶、鸭蛋、垂面、糯米。嘉兴则除金戒指、手镯等首饰二至四件外，还需有果盒，盒内分两框，一置桂圆，一置茶叶。女家以由纸或绸制成的和合二仙像一座并糕盒回赠。所谓男家投之以茶，女家报之以糕。男家又将一半糕返回女家，称为"两头高"。有的地方规定日子钱数目视下定时聘礼加一倍或数倍。女方根据所送财物的多少和自家情况准备嫁妆。因此，日子钱也有资助嫁妆之意。有些地区，在请期之后，女家开单讨取新妇礼服、四季衣料及金珠饰物，谓之"尺头"。尺头多者，新娘陪嫁必多，尺头少者陪嫁亦少。

请期实际上是进入婚礼准备阶段的标志，因此请期的过程中，多有商议婚礼的具体内容的。如宁海，男方家该准备多少猪蹄送女方的长辈，女方家该准备多少双棉鞋在婚礼请吃茶时赠予男方长辈等细节，也会在请期时商定。

嫁妆

男方正式选定结婚喜日，把全部彩礼送往女方家，确定婚期后，女方即正式着手准备嫁妆，做好嫁女准备。俗话说"只有挑日子讨媳妇，不能拣日子嫁囡"。虽然官方一直提倡嫁娶不论资财，但是准备嫁妆和准备彩礼一样，在整个婚礼中一直是非常受重视的环节。一般而言，嫁妆丰俭视男方聘礼而定，有的地区以略少于男方彩礼为标准，有的地区则以嫁妆丰盛为尚，有的家庭把嫁女当成是显示家庭富有和提高女儿在夫家地位的机会。俗话说："上等人家嫁女儿，中等人家送女儿，下等人家卖女儿。"若嫁妆远逊于彩礼，则女儿嫁到夫家后可能会被轻视。此外，女性出嫁后，对嫁妆有完全支配权，夫家不能干预。因此，为了让女儿在夫家的地位巩固，物质生活上有一定保障，父母尽量在置办嫁妆时准备齐全。有的嫁妆囊括了一切日用物品，从日常生活器具到衣服鞋帽，包括新郎和未来小孩的四季衣衫，甚至拦腰兜、苎麻线等，可谓应有尽有。有些大户人家甚至将山林田产的契约书也作为嫁妆陪嫁。

实际上，准备嫁妆往往在议婚之前即已开始。有些大户人家还会在女儿五六岁时就准备嫁妆，到女儿十八岁左右出嫁，至少准备了十年，可见其嫁妆之丰厚。做嫁妆要选择黄道吉日，动用木作、雕作、漆作、桶作、制衣作等"百作手工"。一般人家要有婚床、红橱柜、红板箱、红衣架、房前桌、大脚桶、红果盘等，还有红马桶、子孙桶。请木匠师傅制作橱箱床柜等；请箍桶匠制作马桶、果盘等桶作器具；请农村中的女红高手裁制嫁衣，刺绣被服衣帽等。父母会在嫁妆中的木桶、瓷瓶里装满各种果实，祈求女儿结婚后能早生贵子。结婚仪式需要的和气食、红鸡蛋、冻米糖、糕点等也须准备妥当。

嫁妆的内容也随时代变化而呈现鲜明的特色。到民国时期，城镇曾一度风行"文明婚礼"，除传统的家具外，嫁妆里还增加了洋灯、洋铁车、洋铁桶等时尚的日用器物，但具有生育象征意义的马桶、火炉、灯盏等仍是嫁妆中必不可少的器物。中华人民共和国成立初，社会讲究男女平等，婚姻自主，特别是妇女经济独立，婚俗向现代化发展，婚礼日趋简化，但传统的重嫁妆观念和习俗并没有发生多大的变化。在物资匮乏的情况下，彩礼、嫁妆无从谈起，多限于最基本的生活用品和劳动工具。但是，一只红板箱、一条红缎被、一只新马桶、两盏美孚灯仍是新人们的追求。20 世纪 80 年代初，随着人们生活条件的改善，重嫁妆的传统风气又开始盛行。农村、城里，凡有姑娘待嫁，都要准备丰厚的嫁妆。除了传统的嫁妆之外，一些现代化的生活用品也逐渐挤进嫁奁里。当时普遍要准备自行车、缝纫机、手表、收音机四大件，嫁妆中部分家具也新式化，如：雕花眠床被高低床代替，配上新式床头柜；红皮箱代替红板箱；梳妆台、写字台代替了房前桌；当时新缎被就得有十几条，条件好的人家还有送过去二十几条的。至 20 世纪 80 年代后，电视机、冰箱、成套的音响设备等也开始成为嫁妆的一部分。进入 21 世纪，嫁妆越来越时尚化，为弥补女方家因置办丰盛的嫁妆而资金不足的情况，男方家庭往往事先给予女方家足够多的礼金，使女方家有能力准备在众人眼里显得阔气的嫁妆。

助嫁

　　将近婚期，女方亲友及邻居都会送贺礼给姑娘，叫"助嫁""待嫁""资嫁"。男方婆亲，亲邻则送老酒、状元糕以及红纸包（内放钱币），称"贺喜"。助嫁的，一般送些蛋及茶杯、毛巾、枕套等日用小件物品，如果邻居搭送上干面的，那大喜之日是要请吃喜酒的。娘舅、姨妈、姑妈等长辈要吃男方送的猪蹄，所以每家要送一床彩缎被。自家的兄嫂也要送一床被子给小妹。

催妆

部分地区，在婚礼前三日或数日男家须向女家送催妆礼，又称"轿下盘""轿下庚""轿下羹""迓妇"等。因各地习俗，催妆礼丰俭不等，但远不如彩礼之重，大多为衣饰等装扮之物及鸡豚、粉团、果饵之类，或折成银钱，女家则答以男用衣饰等物。此外，在有些地区，迎娶当日新娘故意在内拖延，迟迟不出，迎亲乐队奏乐于房外，也称为"催妆"。乐队演奏三遍或数遍，新娘着盛装礼服及男家送来的迓妇衣裙而出。也有的地区，在迎亲当日，花轿停于堂屋正厅，在新娘房中设由男家预先送来的"催妆酒"。亦有称女家宴请亲族的酒宴为"催妆酒"的，亦称"送嫁酒"。新娘往往在婚礼前数日或一日行笄礼，男家所送催妆礼品往往用于此时，因此催妆与笄礼亦有紧密关联。

开面

女子加笄，通常还兼以开面，即用一两条红丝线相互交错，替女子绞去脸上的汗毛，整饰眉毛和发际，使女子脸面更加光洁，又有"拣面""分面""开额"等说法。因此，在部分地区，"加笄"与"上头""开面"意义相当，可以并用。如天台，新娘临上轿时须拣面（或称开面）、上头、行加笄礼。为女加笄而宴请亲友的酒宴，称为"开面酒"，又称为"分面酒"。

发奁

又称"送妆""送嫁妆""扛嫁妆"等。婚礼前一日或三日，女家先将嫁妆送往男家铺房，挂帐幔，铺设房奁器具、珠宝首饰等物。以至亲压铺房备礼前来暖房，又以亲信妇人与从嫁女使看守房中，不令外人入房。也有不提前发奁，而在迎娶当日将嫁妆送到男家的。嫁妆中必有马桶一只，俗称子孙桶，桶内放彩蛋、生花生果、胖米花和红纸包，到男家后须由新郎弟弟提进新房，由第一个在马桶里撒尿的小男孩拿取彩蛋和红纸包。在宁海，婚礼当天，男家一早就派遣"马桶小叔"到女方家去将嫁妆中代表生育的马桶先挑走担走，包括抬花轿的在内的迎亲队伍则在吃了早饭后再出发去迎亲。其他嫁妆由迎亲的兄弟挑到男家。又有婚前三天女方将妆奁单送至男家，男方在婚前一天凭单派人去抬的。一路鸣放爆竹，称为"扛嫁资"。

十里红妆

有些地方，如宁绍地区等，特重嫁妆，嫁妆极其丰厚，因嫁妆几乎全部施以红色，抬嫁妆的队伍往往延绵数里，因此有"十里红妆""十里红"的说法。所有嫁妆于婚礼当日全部排摆在新娘家门口的路上，让周围邻居观看。迎亲队伍到达女家后，用过酒宴，将预先捆扎好的嫁妆按次序一杠杠排列，大件的在前，先是大木眠床，再是大小不一的橱柜等，红板箱后是一杠杠的被子，然后是小件的物品，都放在穿箱杠里抬。最后是男方家担来的正担。抬嫁妆的队伍排列整齐后，女方分发给每一个抬嫁妆的人一对红鸡蛋。一行队伍早于新娘，于午后在鼓乐和鞭炮声中出发。邻居们要看嫁资丰盛与否，常会站在路边评论。抬嫁妆的人故意一甩一甩，将嫁妆抬得很轻松，显示新娘家的富有与喜气。同样，嫁妆抬到男方家后也要放在路旁让邻居看，然后一件件抬进新房摆放好。

铺床

嫁妆全部搬进新房之后，夫家人邀请儿女双全、福分最好的老太太来铺喜床。铺喜床时，禁忌孕妇和寡妇参加。铺放仪式相当讲究。新床上的被褥全是随新娘嫁过来的喜被。喜被缝制时，引线不能打结。意思是新娘嫁过去后凡事能顺顺当当。铺床的老太太先将随马桶担来的青布口袋铺在床榻上，青布口袋要待一个月后方可拿走。然后铺上新草席，在上面撒些枣子、桂圆、板栗之类含子的干果，祈求新娘嫁过来能早生贵子。草席上是有龙凤呈祥图案的垫被，日常生活中垫被面子是朝下的，但结婚那天，垫被的红缎面子一定要朝上。新娘新郎结婚当天盖的被子称"百子被"，红缎被面上绣的是七彩百子嬉戏图，尤具象征意义。红缎被子里夹有自娘家带来的染色鸡蛋和板栗等干果，一般不能拿开，称"被下撳"，等晚上新郎新娘就寝前享用，说是吃了能早生贵子。也有人先偷吃了，希望自己也能分享好运。铺喜床的老太太有时会拿出一小部分分给看新房的小孩品尝。新娘家必须准备一床被子，一定要是青布上点缀白花的，称"青布被"。旧时乡间有说法，新娘子嫁人，没有青布被，即使有很多的红缎被，也不能算该家富有。青布被在新娘将来生产后是一定要盖的。

滚喜床

铺好喜床后，接着要"滚喜床"。找一个小男孩，最好是新郎的外甥或侄子，让前来的年轻妇女抱到喜床上，满床翻滚，滚遍喜床的每个角落，看新房的人也跟着一起引逗、笑闹。兴致过后，将小男孩抱下来。"滚喜床"的目的是希望新娘嫁过来后当年就能生个健康的孩子。

照床

"照床"是铺喜床的延伸。当新郎新娘入洞房的时辰快到时，原先铺床的老太太拿一只盛满红鸡蛋的木升子（量米的器具），插上两支点燃的红蜡烛，放在喜床上，让烛光照耀新床。从结婚那天开始的一个月内，新房中的喜床是不能空床的，如果某一天新郎新娘不在家，那就得由小叔子或小姑子代睡喜床。

送正担

迎亲的弟兄朋友除了带去抬嫁妆的担、杠等器具外，还要担上一担老酒，好让女方家中午招待迎亲队伍。还要担一对担篮，俗称"送正担""送担"。每一担篮有三格，内中必须准备的物品有：三十六个鸡蛋、厨头包（送给厨头的礼物，一般是香烟、钱物等）、梳头包（给伴姑小妹吃的果什）、更人钿（也叫"肚痛钿"，孝敬丈母娘的）、请帖（敬请亲家来女婿家做客），另外还放置一盏米、一盏猪油、一盏白糖。女方家拿走厨头包、梳头包和更人钿，在空格上放上和气食（一种糯米制成的圆形麻糍，上嵌有红枣，拿到男方家后，切成小块，待闹洞房和分三日时分给大家吃）。如果亲家不去女婿家赴宴，那就不动请帖；如果要去，就收下请帖。亦有在结婚前两天送担的。男方备礼两份，总数为定礼双倍，由媒人率领担郎送达女家，点交家主：一份供女方宴客，一份由女方代为招待迎亲队。另备吊箩数个，每个内装蹄髈一只，馃儿数十只，以孝敬女方外祖、干爹（娘）。今农村依然。

迎亲

迎娶新娘，将新娘接往男家成婚，称为"迎亲"，古称"亲迎"，但实际上，新郎亲迎者不亲迎者皆有。按礼，亲迎应由新郎在昏时前往，谓之"发迎"。亲朋从之，谓之"陪娶"。实际上，无论新郎亲迎与否，皆在日中进行，主人宴宾客，称为"发迎酒"。至女家，又宴请迎亲者，称"上轿酒"。新郎不亲迎的地区，往往由"请凤客"代劳。请凤客即男方迎亲全权代表，负责处理女方临时要求，由较有声望和处事能力者充任。婚期前一日率领吹鼓手、接姑、行郎（为打旗、抬轿、抬嫁妆者，选父母双全之青年），赴女家"请凤"。

花轿

旧俗娶正妻时，必以花轿迎娶新娘，而再醮寡妇或妾则不可坐轿。因此，坐花轿被认为是传统女性最为风光的时刻。花轿选材要求坚实又轻便，一般选用香樟、银杏木制作。雕刻的题材多是"金龙彩凤""麒麟送子"等吉祥如意的内容，还装饰有八仙过海、和合二仙、喜上眉梢等吉祥题材。从现存的遗物来看，花轿的工艺有朱金木雕（采用了浮雕、透雕等手法，装饰上有贴金、涂银、朱漆等表现方式），还有金银彩绣（在木架上套一件金线和银线盘绣的轿衣，成金银彩绣花轿）。轿夫最看重的是这种轿子轿身轻便，便于路程较远时使用。金银彩绣花轿的色彩和朱金木雕相似，在朱红缎子上绣出金色的图案，朱金相间，具有喜庆、吉祥的效果。女孩出嫁一般都要坐花轿，即便是穷人家的女儿出嫁，做不起花轿，也必定要租一座花轿坐坐。抬新娘子的轿夫也要披红着彩。花轿有二人小轿、四人轿、八抬大轿之分。这种大小之分也是新娘身份、地位的直接体现。坐着新娘的花轿，中途不能停歇下来，因而通常有两班轿夫轮流调换抬着行走。花轿一路抬来，披红着绿，人们前呼后拥，喜气洋洋。花轿一般由宗族中人婚嫁时使用，但到民国初期出现了专门经营花轿的专业户。

中华人民共和国成立以后，花轿退出历史舞台，新娘多以步代轿。至 20 世纪七八十年代，农村有不少以手扶拖拉机迎娶新娘的，渔家则以船迎亲。其后，轿车迎亲逐渐流行，婚庆租车业务一度发达。20 世纪 90 年代中期以后，迎亲皆用轿车，且由新郎的兄弟亲朋组成车队，一起前往新娘家迎接，一路录像拍照，并燃放鞭炮以增喜庆。

吹奏

娶亲过程中，最热闹的是民间乐队的吹奏。铜喇叭打前阵，铜锣鼓钹在后，乐声喧天，鞭炮齐鸣，气氛相当热闹。待吉时到，鼓乐手吹唱"上轿曲"，催新娘下楼起轿。新娘故意拖延，也由乐队吹奏催妆。女家款待迎亲队伍时和到男家后行礼期间，乐队一般在旁边坐定，配合以不同的礼仪内容，吹奏助兴。

开门红包

又称"门封""开门纸包""开门包"。迎亲队伍到达新娘家后，新娘亲友（以女性和孩童为主）一般不会直接开门迎入，而是拦门索取开门红包，对新郎及其亲友百般戏弄，随迎亲队伍来的媒人塞进果包和钱币，直至女方亲友满意方才开门。迎亲队伍进入中堂后，女方客气地招待他们，请吃甜茶和糯米圆子。吹鼓手在中堂边上坐定，一直热闹吹唱。

送嫁

新娘上轿吃"上轿饭"，第一口吐回父母床头，表示不忘养育之恩。遂由兄弟"抱上轿"或"领上轿"。也有的地区，新娘上轿时父母不送，而由家中兄弟送行。在浙江绍兴，旧式结婚，堂前要挂一幅"福禄寿"三星的画像。男家婆亲挂三日，女家嫁囡挂一日。一等女儿上轿，轿子刚刚抬出门槛，就踢脚绊手地把三星像取下来。在洞头，举行婚礼的早上，新娘要吃用排骨烧成的"肉骨饭"的习俗，意谓婚后两夫妻情同骨肉；也是父母希望女儿出嫁后，要"骨头长肉"，通过自力更生，创立家业。慈溪等地，新娘上轿时由女方舅父或叔伯用镜子在轿内四处照一下，又由新娘的兄弟向轿顶撒一把白米，祝愿其姐妹到夫家后能吃上白米饭，过上好日子。新娘上轿离去不久，其兄弟即动身去男方家做新阿舅，堂房兄弟也同去，男方必备酒宴盛情款待。在酒宴将近结束时，大阿舅起身到新房小坐，和新娘谈说，叮嘱其要勤俭度日，孝敬公婆，和睦邻里；而后又到公婆房内拜访，介绍其姐妹在娘家时的脾气、爱好、特长，并请公婆教诲，有差错时望公婆包涵。随着自由恋爱盛行，此俗渐废。

伴姑伴郎

伴姑今多称"伴娘"。新娘结婚，须有伴姑二到六人，必须是未婚女性，有的地方甚至要求是尚未定姻缘的。从新娘装扮开始到婚礼结束，伴姑都伴随新娘左右，在有闹新房习俗的地方，还要与闹房者应酬往来。伴郎通常为两人，均是未婚男子，同样在整个婚礼过程中伴随新郎左右。旧时，伴姑和伴郎均由双方家庭安排；自由恋爱成为主流后，则由新娘和新郎自行请亲密朋友充任，往往在婚礼筹备阶段即已同时行动。

迎亲沿途习俗

山区，出嫁新娘一路逢溪过坑都要掷一块石头到坑里，称"新娘过坑掷石头"。也有出嫁女路遇晦事撒茶米之俗，以为可祛邪化凶为吉。

宁海等地，迎亲队伍靠右手边行走。当地风俗认为，右手边是大位，如果有两家迎亲的队伍同时同方向行走，那两班人马会争着走右边，争着向前，所以常有两班人马飞奔的情景。如果是相向而来的两支迎亲队伍，这是"喜冲喜"，是不吉利的，要尽量避免，所以早有双方的主事人迎在前头，商量好谁家的队伍先避开，等一班迎亲队伍过去了，另外的一班再通过。娶亲队伍碰上了官员坐着轿子经过，那官员要下了轿子等在边上，待娶亲队伍通过后才可上轿离开。因为民间有约定俗成的规矩，女子结婚那天是最大的。

宁海地区，迎亲过程中新娘坐在花轿里，手里拎着个红小袋或青布小袋，里面装有苎麻结和盐米。每过一座桥，新娘都要从随身带着的红小袋里拿出一个苎麻结，解开后，抛出花轿，意思是心头的愁结解开了，嫁到夫家后可以欢欢喜喜过自己的新生活了。迎亲的队伍都喜欢绕着村庄行走，以示婚嫁队伍的气派。每经过一个村子，新娘都要抓一把盐米撒出来。周围有许多看新娘子的人，不小心被撒到了，这人必须马上说声"不吉声消"以去除沾到身上的晦气。

拦轿门

花轿到达男家门口，照例是亲戚朋友"拦轿门"，增添婚礼热闹、喜庆的气氛。媒人好话说尽，通融后从随身带的小红袋里抓一把糖果、钱币抛撒进大门，待众人围抢时，趁势冲开大门。

跨火盆

接新娘的轿子到达男家，轿前置一火盆，新娘下轿后，要先跨过火盆，取延续香火及兴旺之意。温岭渔家，新娘下轿后所跨火盆里面撒有盐，烧时噼啪作响，谓有驱邪之意。也有一些地区，在轿前置一马鞍，新娘下轿后先跨过马鞍，取平安之意。

传代

新娘下轿后，由媒人、伴姑搀扶或新郎以彩绸牵引，踏着铺在地上的麻袋进入男家，称为"传代"。有的地区，在拜堂后，新郎以打有同心结的彩绸牵引新娘踩着麻袋入房，并由婚礼主持人喊吉祥语"一代传一代"。麻袋的铺设方法，因地方习俗大致有两种。一是以相连的麻袋铺好新娘所行道路，让新娘走过。一是由男方家人在地上递铺麻袋，称为"传宗接代"。

拜堂

　　新娘下轿入屋后，新郎新娘交拜，称为拜堂。拜堂的中堂，也称为"喜堂"。拜堂仪式举行时，禁忌戴孝的人和结婚多年而无子嗣的人进入。喜堂正中张贴着大红的喜字，红灯高挂，八仙桌上供着丰厚的礼品。红烛亮堂堂，一切喜气洋洋。新郎的父母亲坐正中，两旁坐的是长辈。新郎也打扮一新，穿上"状元衣"，戴上"状元帽"，立在边上。司仪主持拜堂。拜堂仪式开始，赞礼者首先讲吉利话，诵拜堂诗（一种顺口溜），赞请新人入堂。伴郎伴姑引新人到中堂，男东女西，向出三拜（拜天地），向进三拜（拜祖宗），相向三拜，饮合卺酒，俗谓交杯

酒。礼毕，伴姑引新娘入洞房，在新床沿上坐定。之后，新郎要回中堂内陪伴宾客，新娘就不出新房门了。也有的地区，当晚喜宴新娘须坐中堂首席，宴毕再回房。

民国初期起，提倡"文明结婚"，不兴旧礼拜堂，只行结婚仪式，主婚人、宾客致辞，新郎答词，新郎新娘穿礼服向父母及其他长辈鞠躬致礼、夫妻互揖、交换饰物、在婚书上签名盖章等。中华人民共和国成立后，提倡恋爱自由，婚姻自主，新事新办。符合结婚条件的男女，需同去当地政府部门申请登记，领结婚证书。婚礼类同文明结婚，废止坐轿，宴请从简。20 世纪 70 年代曾推行集体结婚，不办酒席，以分送喜糖代之。80 年代以后，随着经济条件渐好，婚礼规模也大起来，但拜堂礼大多没有恢复，仅在新娘被接到男方家中后，安排其向男方父母及其他长辈磕头奉茶，或在婚宴上安排向男女双方父母磕头奉茶的环节。父母及其他长辈受茶后，向新人回赠红包，加以祝福。

入洞房

拜堂后，新郎新娘进入洞房。其后，新娘是否再出房门出席婚宴，不同地方有不同礼俗。在普陀，则在拜堂完毕后，由郎头傧（伴郎）两人捧花烛前导，伴娘挽新娘，与新郎同入"洞房"。此时一长者捧喜果盘，将十种干果抛向华堂任贺喜小孩抢食。随后请长辈中福分好的妇人入新房，用秤杆揭去新娘所戴头帕，叫"挑巾"。让一父母双全的小孩在新马桶内撒尿，并赠以红蛋，寓意"早生贵子"。新房内切忌孕妇坐床沿。挑巾后，新娘理装加饰，至厨房亲割祭祖猪肉，并将系身布襜交厨师，请代为厨事，叫"出厨"。接着拜谒公婆及其他长辈，敬糖茶，称

"见大小"。长辈赠钱币，叫"拜见钿"。各项礼毕开宴，席间新郎向长辈（以舅父为先）敬酒，新娘由伴娘陪伴、多次换装，向宾客敬酒行礼。上虞，由新郎用红绸牵拉新娘踏袋而过，由福寿双全的长辈手捧花烛送入洞房，用甘蔗挑去新娘的"盖头红"。进房后，新郎新娘要抢位坐床，谓谁占位大，日后家事由谁做主。东乡无抢位之习，由老嫚按二人肩膀，同时坐下，以取白头偕老之意。接着吃细汤团，称"子孙汤团"。富阳，在夫妻拜堂后，新房单设一席一座，谓"凤主筵"。新人并坐床沿，各有同性二伴，余者选近亲中父母双全未嫁女。如此种种，不一而足。

合卺

拜堂以后，新婚夫妇行合卺之礼，喝合卺酒，又名"交杯酒""结花烛"。合卺礼多在入洞房后，在房中举行，亦有在酒宴上于众宾客前举行的。卺是一种瓠瓜，俗称"葫芦"，合卺就是将一只瓠瓜剖为两半，盛酒在其中，新郎新娘各取一卺饮。瓠瓜剖开为二，象征着夫妇原为二体，自此合而为一了。瓠瓜性本苦寒，以此盛酒让新人共饮，寓意婚后夫妻二人应同甘共苦，患难与共。古人又以瓠瓜做乐器，所以它又寓意新郎新娘婚后琴瑟和谐，和睦相处。合卺的另一层意义就是生育。卺是瓠瓜，形圆多子，类似妇人"十月怀胎"。新婚时行"合卺"之礼，即是预祝新郎新娘日后子孙兴旺。在新式婚礼中，喝合卺酒又改为喝交杯酒，但与平常不同的是，两只酒杯都要系上红丝线。新郎的兄弟们去取新娘陪嫁过来的酒杯两只，斟满酒，新郎新娘各取一杯酒，面对面站着，用拿酒的手臂互相交错套折，同时饮尽杯中酒，喝完后手臂才放开。合卺之后的活动，各地略有不同。有些地方还有撒帐等礼随之，有的则是新人圆房，还有很多地方开始闹洞房的活动。也有一些地方，新娘在合卺礼后盛服出拜翁姑，次及尊长。

撒帐

撒帐多在合卺礼之后行之，也有在合卺礼之前进行的。新郎新娘双双坐在床沿上，司仪唱撒帐歌，并把五谷、桂圆、莲子和铸有"长命百岁"字样的铜钱撒于床帐中。儿童妇女争拾取以为笑乐。海盐一带有《撒帐歌》："撒帐东来撒过东，夫妻双方多和睦，撒帐南来撒过南，人丁兴旺子孙多。"

闹洞房

闹洞房又称"吵房""戏新妇""送房"等。闹洞房历来有所谓"文闹"和"武闹"之分。文闹习俗充满欢乐、吉祥的气氛。闹洞房时往往有个领头人讲些如意吉祥的贺词，大家一起尽兴。总是群情欢跃，歌舞助兴，或行酒令，作诗唱歌，或互相打情骂俏，增添欢乐气氛，消除冷清之感，因而文闹又称为"暖房"。大家只需要动动嘴巴，如念一些拗口的歌词、歌谣，让新郎新娘学着念。或出上联要新娘及伴姑接答下联等。如果不能令众人满意，就会被罚吃糖果饼食或酒品。也玩击鼓传花游戏，鼓声落后，花落在谁手里，谁便要唱歌、对诗。新郎新娘、伴郎伴姑热热闹闹，有时也成为青年男女相识的机会。

武闹则是以恶作剧为主。尽管随着时代变迁，婚礼多有变化，但闹洞房习俗一直沿袭，至今仍然盛行。

唱洞房经

温岭婚俗。婚礼当天夜深，伴郎偕同新郎未婚好友，手执红烛送新郎入洞房，称作"送洞房"，须唱洞房经。唱洞房经形式如对歌，随喜客以歌发问，新郎陪侍者以歌作答，须几问几答，新郎方得入洞房。当夜须在洞房设酒馔，称作"洞房酒"。新郎陪侍者须唱洞房经，随喜客才肯将桌凳、菜肴、茶点、果品一件件摆进洞房。

婚宴

婚礼举行当天，男家宴请宾客，宾客各具礼金，用红封包住。婚宴或中午或晚上举行，视各地习俗有所不同。喜宴要按宾客身份的尊卑长幼排定座位，由司仪一一引入座。往往双方父母、舅舅等尊长居正席上座，现亦有宴请工作单位同事时，请领导上座的。富阳等地昔行点酒定座礼：中堂正席各座均属尊位；其他各席定四个宾位，余为陪座。入席时鸣炮奏乐，司礼三人，一人执宾客座次名单唱名，一人持壶在既定宾座杯中注酒小半以示位，一人延客就座。礼毕，余众自择其座。定座者属"有座位"，余者属"无座位"。排位不当，往往有拂袖而去者。此礼久废，唯中堂正席各位仍推尊者就座。筵席酒菜是十二大碗，上菜有一定的规矩，待上大肉后，新郎给宾客敬酒，敬不好要罚酒。如果新郎不胜酒力，伴郎要代替他喝。部分地区，婚宴要办三日，甚至五日。如温州乡间有办三日酒的，分别为"启媒酒""正酒""送客酒"。闽籍及温州籍人宴间由厨子备鸡头，由新妇携酒敬席尊，收取红包与帮厨等均分，称"敬鸡头"。洞头等地则在举行婚礼的当天中午宴请男家的亲戚，第二天宴请男方朋友。操温州话的地方，大多当天中午同时宴请朋友和亲戚；新娘敬酒时，做长辈的宾客喝干酒后要在新娘托盘上押红包。

婚宴支出往往占婚礼花费的很大一部分。近年，无论城乡，委托婚庆专业公司策划婚礼者越来越多，不少婚宴现场有专业主持，安排各个仪式环节，调节现场气氛。

唱贺喜

宁海有新娘进门到晚宴开始前一段时间，接受乞丐来"唱贺喜"的习俗。当地习俗规定，凡是来贺喜的客人，主人一律要平等看待。乞丐同样也是客人，应如对待四亲六戚一样，给他们安排一桌酒菜。亲戚以钱物贺喜，乞丐以讲好话、"唱贺喜"为礼。无论哪一家主人都欢迎乞丐"唱贺喜"，讨得彩头。"唱贺喜"是在新娘进门后、酒宴开始前进行。婚礼上"唱贺喜"一般在三个地方进行，一是中堂，二是新房，三是厨房，三个地方的唱词各有不同。

一个乞丐头带三两个小乞丐来到大门口，道一声祝福，在管事的应允下来到中堂，开始"唱贺喜"。乞丐头先唱一句词，小乞丐们跟着叫一声"好"。如：领头唱"上挂灯结彩"，众小乞丐接一句"好啊"；领头唱"金砖铺地"，小乞丐们说"好啊"；领头唱"本家公子今娶亲，今娶亲，今娶亲。万岁基业今开新。舅公大人东边坐，西边坐的是亲朋，上八洞大仙也来贺喜，王母娘娘带贺礼"，小乞丐们说"好哇"。

中堂唱了之后，乞丐到新房门前唱。唱词如下："洞房花烛红滋滋，好似万岁金銮殿。新郎是头戴桂枝状元郎，新娘是凤冠霞帔的正宫昭阳。今日做新妇，过了二十年做婆婆。再过二十年，还要做太婆婆，子子孙孙半朝堂。”夸得新娘羞答答，赶忙吩咐伴姑拿些红鸡蛋等礼物赠给乞丐。

然后到主人的厨房间，乞丐高声唱道：“厨倌老师好手艺，手中刀刃快如飞。见了黄鱼两面胖，烧了鸡鸭两面黄。厨有厨倌，客有客倌，门有门倌，饭有饭倌，酒有酒仙大人，荣华富贵万万年。”

文明结婚

民国以后，有的地区受上海影响，有的地区由游学欧美回国者提倡，城镇商学界一度时兴文明结婚。其时，欧化风行，男女成年婚姻，往往自主。征得父母同意，先订婚，后结婚。变媒妁之言为介绍，婚礼在家中举行者有之，借学校礼堂或明伦堂举行者有之。大体程序是：新娘到门，鼓乐导入，庭设礼堂，有人赞礼，请德高望重者为证婚人，等等。中设礼席，赞礼者高唱仪节，证婚人、介绍人、主婚人依次入席，两家男女宾客分左右入座。新郎新娘盛服，由男女傧相伴入礼堂。证婚人宣读婚书毕，新郎新娘各盖小印，互换饰物。证婚人、介绍人、主婚人均于证书上盖印毕，新郎新娘东西相向立，各三鞠躬，行相见礼。证婚人、主婚人致训词，来宾致颂词，踏琴唱歌，新人谢证婚人、介绍人及男女傧，各行一鞠躬礼。礼毕退，新郎新娘偕入洞房合卺，卸妆。文明结婚主要为知识界所采用，普通民众仍沿袭旧俗。且大多文明结婚仅在行礼时改为新式，而亲迎、回门、见礼诸事，仍照旧礼为多。

集体婚礼

集体婚礼在 20 世纪 40 年代在公教人员中一度提倡，一般由县长主婚，向新人赠礼品，举行茶话会，拍集体结婚照。如温岭，在民国三十四年（1945）元旦首次举办集体婚礼，至 1949 年 10 月 10 日共办 13 次。中华人民共和国成立以后，各地亦曾多次组织集体婚礼。例如，1954 年，湖州南浔镇政府曾举办过集体结婚仪式，参加首次集体婚礼的有十二对新人。镇政府工作人员做证婚人，婚礼毕，以乐队开道，绕市中心一周，产生很大影响。

进入 21 世纪，由地方行政部门和企事业单位主办集体婚礼在全省各地陆续出现。例如，宁波市在梁祝文化公园专门设置了集体婚礼的举办场所，结合中国梁祝婚俗节多次举办不同规模的集体婚礼，并远赴意大利维罗纳市和中国台湾地区，与当地联合举办过带有文化交流意义的集体婚礼。此外，与当时的重要社会事件相结合，宁波市在 2008 年北京奥运会期间举行的"奥运集体婚礼"以及同年举办的杭州湾大桥集体婚礼，都形成了较大的社会影响。阿里巴巴网络技术有限公司自 2006 年起于每年 5 月 10 日"阿里巴巴亲友日"在总部所在地杭州为海内外员工举办集体婚礼，已经成为重要的企业文化符号。

下厨

新妇在婚后第一次下厨，称为"落厨房""出厨"等，是广义"成妇礼"的一部分。新妇下厨往往在庙见之前，身着婚礼冠服。部分地区如普陀等，新妇在婚礼当夜便下厨切祭祖肉等。大多数地区，新妇则在婚礼翌晨下厨房。先整妆拜见公婆尊长，后入厨做羹汤以奉公婆姻娅。也有的地区将新妇下厨房安排在第三日。新妇下厨除做羹汤外，部分地区还有其特殊的仪式。如普陀，新妇出厨，至厨房亲割祭祖猪肉后，再将系身布裓交给厨师，请代为厨事。双林则有"搅糖饭"之俗，家中先煮糯米饭，新妇下从母家带来的糖，执铲于锅中搅之，然后奉予公婆。温岭则仅由新娘入厨房切葱三刀，以示做羹汤之意。上午设席，称"落厨房酒"，又称"送客饭"。亦有一些地区，新妇下厨仪式持续时日较长。如双林有每日清晨由新妇预备朝汤分送的习俗，有三朝，或六朝、十二朝的，丰俭不一，也有由新妇备朝粥的。

回门

结婚后新娘第一次回娘家，称为"回门""归宁"，也称"回花"等。回门的日子，因各地习俗有所不同。不少地区在婚后第三日回门，也有一些地区在结婚一个月、四个月，甚至一年之后，新妇才第一次归宁。也有一些地区，新妇如果第三日不回娘家，则须等到四个月后方可归宁。在此之前，若新妇要回娘家，必须微服从后门回门。新郎是否同往，各地习俗不同。新郎陪同回门的，称"大回门"或"双回门"。进屋，先于灶下"服役"一次。

除新婚夫妇回门时要具礼外，在回门后一段时间，有些地区仍有女婿逢年节向岳丈家送礼的习俗。如温岭，女婿每年腊月须送猪肉至岳家，第一年最丰，有送整猪者，以后减至一二十斤，称"送年夜肉"；婚后三年内，逢春季插田时节，女婿送鳢鱼至岳家，称"送插田鱼"。旧时石塘等山区一般不与外地人通婚，婚后若孩子未出世，女方父母不上婿家。

　　宁海等地于新婚第三日，将庙见、分妆、下厨和回门诸礼同时完成。男方家帮忙的年轻妇女将新娘家送过来的红鸡蛋和果子等挨家挨户分给邻居吃，新娘则提着茶壶给各户人家倒一碗红糖茶水，加几颗红枣或桂圆，算是见面礼，称为"分三日"。新娘又将准备好的厨头包送给操持酒宴的厨师，称"谢厨"。新郎家准备好麻糍、果包等，由兄弟们挑着，新郎和新娘双双回门。女方家客气接待女婿，大办酒宴，请来各长辈、朋友作陪，谓"请新子丈"。完后，新郎新娘双双回家，不能在娘家过夜。之后男方家又选定吉日，带领新妇去本家宗祠里祭祀祖先，行庙见之礼。至此婚礼才宣告结束。

　　类似回门时不在新娘母家过夜的习俗，还多见于其他地区。如上虞规定当日原轿去原轿回，不能过夜；如不"回门"，新娘则要过三年才能回娘家。松阳则规定结婚第三天，新婚夫妇相偕回娘家，拜见父母。新娘身穿青色衣裳，意谓娘婆两头亲，或谓"清吉"。岳家设宴款待。新婚夫妇当天不留宿，返回夫家。路途远，不能当日返回者，多免其礼节，待过年节时，再相偕拜年，留宿数日。婚事后，由夫家备红包、礼物登门答谢媒人。

入赘婚

　　有女无子之家，经说合，招婿上门就婚，称为"入赘婚"，俗称"坐家囡""招亲""招女婿"，又称"进舍"。已有部分地区，进舍专指入赘寡妇家。入赘的女婿通常称"赘婿"，亦称"进舍郎""上门女婿"等。旧俗，男子入赘女家，须改从女家姓，成为女方家庭成员，赘婿要赡养岳父母，有遗产继承权。招婿女家一般有女无子，以招婿来传宗接代和增加劳动力。男方大都家中兄弟众多，无力娶亲，入赘女家。民间称之"假子真孙留传一脉"，因此入赘婚所生儿女大多从女家姓。也有一些地区，婚后所生子女一般从父姓，事先经协议也可从母姓，但不入男家宗谱。有些入赘婚家庭，所生子女依据协议部分子女从母姓，部分子女从父姓。过去，赘婿通常家庭贫困或社会地位低于女家，被认为无力娶妻，常受族人歧视，地位近乎长工，生下子女随女家姓。故有"宁可绝代，不可入赘"之说，又有言"养媳妇难做，男媳妇难受"。中华人民共和国成立以后，男到女家地位平等，不用改姓。

入赘婚也需媒人撮合，其婚礼程序与男子娶妇基本相同，但礼仪从简，不用花轿迎亲。婚礼后数日或逾月，赘婿也同样要回门，谓之"卷帐回门"。入赘寡妇家的，俗名"进舍"，不举行婚礼，男的要听从女的安排，女方已有子女必须由男方抚养成人。

做寿年龄避讳

按照旧俗，年少及年轻时不做寿，达到一定年岁后，每十年一庆。大多数地区寿庆一般自五十岁始，早者从三十岁、三十六岁开始，迟者从六十岁开始，乡谚称："有钱三十便为老，无钱八十做长旺（长为长工，旺为短工）。"但都不多见。做寿又称"做生""做生日""做新官"。五十岁开始做寿的地区，五十岁生日称"大生日"，以后每十年一庆，称"正寿"，其中尤重六十岁的一次，称"六十大寿"。但祝寿往往提前一年举行，有"做九不做十"之说。意谓：人生逢十是大关，提前祝寿，顺利过关，长命百岁。此外，也有一些地区有"四十不做生，做九不做十"的习俗，因"四""十"与"死"谐音，不吉利。此俗见于全省各地。另有一些地区，男寿逢九，女寿逢十，又或有男不做三十，女不做四十的。做寿的日子，大多以此人诞生之日为准，但也有一些地区或家庭避开生日，另拣日子做寿的，叫"拣日做"。富阳等地做寿，则于逢九之年冬月行之。过去，做寿都在家中进行，现多在饭店举行。

过生日与做寿不同，生日作为重要的个人纪念日，从小儿到老人，皆是每年庆祝。旧俗，儿童过生日时吃鸡蛋，谓可增记性。成年人过生日时多吃寿面。20世纪80年代以后，随着生活条件改善，庆祝生日越来越受重视。尤其是计划生育政策实行以后，儿童生日成为整个家庭的重要节日，不仅父母要为其庆贺，祖父母及其他近亲、友人亦参与其中。但是，在很多地区，老人过生日仍有以逢十整寿为重，做九不做十的习惯。进入21世纪，在城市里，生日宴大多在饭店举行。

做六十六岁寿

在杭州、宁波、舟山等地，都有为老人做六十六岁寿的习俗，俗称"六六寿"。俗传人到六十六岁，阎王请吃肉，认为吃了子孙送上的六十六块肉，就不必阎王费心邀请了。在杭州，民间认为人活到六十六岁，是第三难关，要吃六十六块肉。六十六岁寿辰前一日，必须由女儿（若无女，则由侄女代替）烧六十八块肉，系用精猪肉切成丁块，用酱油蒸熟。寿辰之日，敬天一块，敬地一块，其余六十六块送给父或母吃，认为吃了可以长寿，此俗沿袭至今。在湖州，父或母六十六岁时，所有女儿（若无女儿，则由外甥女或过房女儿代替）都要送上一碗红烧肉，并把肉划成六十六块（也有简化称六大块六小块），烧得生硬些，用长生果肉垫底，上放六颗洁净圆滑的小石子，以此祝父或母长寿、硬朗，同时也认为这样可以闯过"六十六，阎王老子叫'吃肉'"的关口。在宁波，老人到六十六岁那年，儿女都要烧六十六块猪肉（若父母吃素可以用烤麸代替），加上糯米饭一碗和葱一根，从窗槛递进去请父或母吃，认为吃后能长寿。

贺寿礼

一般生日，饮食较平时丰富，吃寿面或粉干庆祝，儿童吃鸡蛋，已出嫁、分家或在外地的子女也要送礼品给父母，儿媳做些老人爱吃的东西奉敬，即算庆祝。现无论老幼，都通行送生日蛋糕。逢十做寿则较为隆重，拜寿时亲朋送礼。贺寿礼品大多选用对联、匾额、雄鸡、猪腿、寿桃（桃形点心）、衣裤（或布料）、鞋袜，各地大致相似，但也因各地习俗略有不同。在长兴，亲友送寿礼有六盘、八盘不等，礼品有星官马褚、寿烛、百子、炮仗、鞋袜、帽子、鲜鱼、蹄子、面条以及用米粉制作的寿桃、寿果。若两老健在，礼品必须成双。如普陀、定海等地长辈做寿，亲戚族里挑幢篮送寿礼，有四色、八色之分。四色寿礼包含糕、桃、烛、面，取"高桃祝寿"之意；八色者加玉（猪肉）、堂（红糖）、富（烤麸）、贵（桂圆），又称"朱堂富贵"。上虞等地则有寿面随寿数增加，每十年增一斤的习俗。德清则依做寿者年岁，有两种送寿礼的方式。其一，亲戚以面条、鱼肉、蜡烛、爆竹、糕团相贺。宅中设寿堂，立神马，点香烛，神前供清茶、礼品，烛点一半送神。小户人家以红烧肉一方，熟

鸡蛋四枚，置大碗中，用罩篮提送。其二，老年人置棺材，俗称"寿材""添寿""做茔"，棺前用大红纸书贴"寿"字。婿家及晚辈以寿桃圆子、面、糕、猪头三牲、香烛、爆竹双件庆贺。礼毕，向围观孩子分糖，谓"晚境甘甜"，午餐或点心食面条，称长寿面。现代提倡火葬，置寿材之俗渐废。

在大多数地区，都特重婿家寿礼，一般要挑送有六至八个礼盘的盘担。若两老健在，寿装等贺仪须备双份；又或给庆寿的父母置一身质量较高的衣服，送一对大红烛、线面、补酒，又或棉鞋、挂对、寿幛、寿轴等。

寿礼多在庆寿时赠送，也有一些地区较为特殊。如景宁，须在逢十头年腊月送寿礼致祝，谓"送九不送十"，以便主家从容筹措来年春初之寿筵。又如新昌有不在诞辰当日做寿而拣日做的习俗。乡间送寿礼便多选在正月初，因有年货，不必另办礼物，且正农闲、走动方便，可节约物资和时间。

中华人民共和国成立以后，祝寿风大减，值时给老人添衣送补，合家聚宴，恭祝老人健康长寿。

寿桃山

在温州，送寿匾形的福桃，是用熟米粉制作的。送寿桃也有讲究，有的地区要依年龄送，如六十岁送六十斤，也有六十岁送六十二斤的。有些地区送寿桃，每个四斤，扁桃则每对四斤，要依寿翁年龄再加上十个，凑成双数。最有名的是寿桃山，即在约两米高的木架上，缀一百多个大小寿桃，依次排列，上下有七八层，在寿桃山的正面和两侧的每层上，分别站立着一百多个大小不同的米塑戏曲人物，还有鸟兽、花卉等装饰；山顶上还有一只大花篮作为背景，站立着米塑老寿星像，莫不精致。一座寿桃山要用一百斤左右的米粉做成，需要两个人做五天才能完成。按照传统习俗，大都为六十岁以上老人祝寿之用。寿桃山一般由女婿或外甥送。旧时送寿桃山，要用彩盘、高灯、吹打、旌旗伴送，抬到做寿者家，放在寿堂正中八仙桌上，大大增添了祝寿气氛。

送寿匾

做八十、九十大寿或单百寿（百岁寿诞可提前一年，在九十九岁做），其庆寿仪式尤为隆重。有至亲给寿翁钉匾，上刻"龟鹤齐龄""松鹤同春""南极呈辉""春云霭瑙"等字的。女婿所送寿匾，要题上"椿萱并茂"等字样。寿堂摆香案祭祖，鼓乐齐奏。祭毕，郑重地挂匾于厅堂，而后摆寿宴。

送寿屏、寿联

寿屏为大红绸一块，中有金色大"寿"字。寿联缀在寿幛上，也有写在红金纸上的。祝词一般写"福如东海长流水，寿比南山不老松"（男寿）、"萱草凝碧辉南极，梅花舒芳绕北堂"（女寿）等。

长寿面

过生日大都吃面，曰"长寿面"。在城市，可用切面，也可用索面，在农村用索面较多。在平阳、苍南等地，祝寿的长寿面必须用索面。还有特制的长寿面，要求长三尺，每束须用一百根以上，盘成塔形，罩以红绿纸拉花（俗称"盘络"）。作为寿礼，长寿面一定要备双份。

祝寿

旧俗拜寿，多指逢十做寿，一般年份生日仅家人简单宴聚，稍做庆祝。旧时，富贵人家做寿十分隆重，一般是早一个月向亲友、门生、下属发请帖。祝寿之日，做寿者穿锦缎寿衣，坐正中高椅上，受儿女媳婿及孙辈的三跪九拜礼，并分子孙钱（用红纸包好）。第二天最热闹，接待前来祝贺的来宾亲友。当客人带寿礼到大门口时，专门司锣的人敲双声锣，高喊"客到"，乐队奏乐，唢呐丝竹齐鸣。做寿人正襟危坐高椅上，其长子侍立一旁。同辈亲友上堂作揖，口称"祝寿"，做寿人起身回礼。若下属、晚辈上堂叩拜，则由其子代为回礼。若佃户来贺，则不让上堂，只收下寿礼，带他去厨房吃餐饭就走。如果上司来贺，做寿人立即下堂，拱手作揖，陪人于客厅叙谈。一般清苦人家，无上述排场，仅吃一次寿面，以示庆贺。中华人民共和国成立后，做寿不拘礼仪，晚辈给"寿星"敬送祝寿蛋糕和礼品，家人和近亲设便宴吃寿面，以示庆贺。至20世纪80年代做寿之风再次兴起，但除老人寿庆和孩子周岁外，一般不举行生辰庆祝。老人寿日，儿女敬上衣着、营养品，共聚一堂欢宴和拍全家照留念，也有用钱代替寿担的。

暖寿和正寿

祝寿有暖寿、正寿之分。在绍兴，正寿的前一天谓"暖寿"，由出嫁的女儿办。正寿称"桃觞"，由儿孙承办。庆寿诞可提前（以当年为限），但生日一过，则不能举行寿庆活动。从暖寿开始，府邸中张灯结彩，厅堂正中悬挂老寿星画像，燃点大蜡烛。正寿这一天，做寿者身穿吉服，到厅堂接受晚辈祝拜和亲友庆贺，并设席宴客，将寿面、寿桃分赠四邻等，大户人家还会延请戏班唱戏，称为"寿戏"。

寿宴

做寿须摆酒请客，做寿糕，祭天敬神后分送给贺寿的亲朋。旧时，富家做寿有暖寿、拜寿、排寿宴等仪式，一般办三天酒。生日的当天晚餐最为丰盛，称正餐。旧俗酒宴间几道粉食点心中必有一道用带芽头（俗称"寿桃嘴"）的寿桃。客人吃寿桃时，不能吃掉芽头，要先把芽头取下，放在桌上，称留芽，意为后代也会长寿。做寿的习俗，中华人民共和国成立以后已基本废除。今则不分男女老幼，遇生日一般吃面条，谓长寿面。

年至六十六岁，出嫁女儿须用鹅卵石（洗净）、长生果肉（花生米）烧猪肉，送予父或母，表示孝敬，祝愿父母健康，长生不老。现乡村寿庆礼仪，已不供星官马楮，不行跪拜，余者依旧。

择地

浙江省所有地区，在墓葬上几乎都相信风水一说，并且在人生前或刚去世的时候都会请风水先生选择一块风水宝地供安葬之用，希望以此庇荫后人。择地标准不论在观念上还是在具体操作上均符合在汉族中通行的阴宅风水原则。各地普遍相信墓地风水会影响生者的运气，有大量好风水的墓葬会给后代带来好运，或祖坟风水破坏会导致后代家境败落的说法。殡葬改革实行后，人去世后多在公墓安葬，请风水先生择地风俗渐衰，但在骨灰盒入圹时，仍有请风水先生以罗盘正方位的仪式。社会经营性公墓以风水为宣传的现象亦不罕见。

寿衣、寿材、寿圹

不少老人在生前即已为自己准备好殓衣与棺材，以免去世后再置办，过于仓促而难以称意。亦有未及置办而人病重，急购棺材以待的。临时赶做的称"冲喜"，须加倍付工钱。还有的老人预先造好坟茔，暂封墓门，以后可启封推进棺材，称"寿圹"。有的地区如上虞一带，还将生前备好的棺材和墓穴称"寿材""寿椁"，死后赶制的棺材和墓穴称"忙材""忙坟"，以示区别。在松阳，超五十岁者，后多延至六十岁，即择日请木匠做棺椁，以备后事之用。仪式隆重，要给木匠开工红包。落成，由已出嫁女儿请"落山酒"，并邀上辈陪宴。乡村多把制成的棺椁存放于祠堂。临时赶制棺材的，不举行仪式。城镇有向棺木店购买的。湖州菱湖称预备好的殓衣为"寿衣"，预置棺木为"寿器"，甚有自营生圹者，谓之"寿穴"，皆于暮年为之。殡葬改革实行以后，各地逐步推行火化，寿材与寿圹之俗已废，但做寿衣习俗尚存，亦有在公墓预购墓穴的，但年龄较过去大大推迟。

寿衣即殓衣，多为蓝、白、灰色，忌穿青色。衣裤成单数，如五件上衣四条裤，或上四下三等。寿鞋软底，用红线缝九针，称"踏九针"。寿帽，男戴方巾以示为明代衣冠，女戴金丝绒帽或包头绢。

寿材即棺材，又称"寿枋""老寿""大屋"等，也有称

"安乐宫"等吉利名称的。漆成黑色或中国红色，在棺材头书写"福禄寿"合体字，或大头男书"福"、女书"寿"，小头书"双喜"的习惯。据明代《新昌县志》，富家官宦制棺，木材以沙木为最厚，中等之家用杉松，至下之家则唯薄为其道。

送终

　　老人或病人垂危之际，通告远地或外出的亲属速回，亲属环绕于病床前，日夜守候，询问、聆听最后遗嘱，称为"送终"。临终之时，老人或病人家属，尤其是子女应该悉数在场。老人或病人如有全部子女媳妇送终就被认为有"福气修来"。临终若子女未到，俗称"月亮缺只角"，引为遗憾。在绍兴，若长子或长孙在外地，怕赶不上送终，家人总要想方设法给垂死者"吊命"。还有子女眷属手捧香火，在窗前看护直至老人或病人去世的。有人长眠，跪绕病榻者大声哀哭，民间随即焚烧黄纸冥钱，谓烧"六斤四"，取足百完美之意。定海等地，在老人或病人垂危时，子女还要为其喂一口薄粥，备"寿衣"守候。气绝后，即为死者理发、剪指甲、擦身、换衣。在温岭等地，还由孝子请和尚念开路经。普陀等地，在病人临终时，给病人喂饭，剩饭子孙分食，称"吃袭衣饭"。各地皆有送别死者去往来世的习俗。如在老人或病人弥留之际烧锡箔纸钱，供死者去往阴间的盘缠之用。而绍兴有在病床前焚烧佛经，口云"管好自己"，意谓不要被野鬼抢走，其后又用红纸包两包佛经焚烧后的香灰，塞到临终者手中，并说是路费的习俗。此外，还要将垂死者头、足互易方向，谓来世投生时下地快。在房内举哀送终的同时，还要在天井烧纸轿、纸人，认为纸人是死者去往阴间的轿夫、挑夫。

移尸

替死者沐浴净身、梳头更衣，将尸体移至中堂侧等待入殓，设立孝堂，点香插烛，晚辈及其他亲人披麻戴孝向遗体告别，家事全交给族人，全家专事守孝。移尸中堂时，死者脸上罩丝绵，脚下点一盏灯，不能熄灭，叫"长明灯"。移尸的目的是将死者尽快移出生前的生活区域，并布置好灵堂以备亲友吊唁。各地有很多不同叫法，杭州郊区称"落地""转床"，龙泉称"落簀"，三门称"离床"，台州称为"移铺"，等等。停放尸体的称为"灵床"，通常以门板搭就，或在两条长凳上搭一块较宽的木板，因此有些地区又称移尸为"出板头""晾板头""移板头""摊板头""搁板头"等。

点引路灯

老人去世后，丧家用棉纸制作纸灯，蘸上香油，点上一盏又一盏的纸灯，直到大门外，俗称"引路灯"，也叫"随身灯""长明灯"等。目的是为死者到另一个世界报到时照明。在多地皆有在死者脚后点油灯的习俗，金华习惯上点在脚后，宁波也点在脚后。习俗规定，尸体移妥，于死者脚后点一盏油灯，谓给死者照明，俗称"脚后点灯"，通常称为"长明灯"，镇海、玉环、温州等地亦称"照冥路"。富阳在死者身边点灯一盏，脚后点蜡烛一对，且须不时焚烧"银锭"、冥洋，给死者作川资。

在绍兴，移尸于厅堂后，厅堂也就成了灵堂。这时，灵堂除了要挂孝帘布、白幡，上挂遗像，点燃白烛、安息香外，死者脚后务必点燃一盏油灯，俗称"明灯"，供其在阴间照明之用。此灯不能熄灭，入殓后，要摆在棺材下面。若死者有出嫁的女儿，由其点七星灯（通常向庵堂借用）。

报丧

报丧又称"报耗""报死"等。人死后，迅速请风水先生择定殡葬日期、葬地等，俗称"山人批书"。也有不择日期，于三日后即成殓出殡的。

山人批书后，即派人到亲友家讣告死讯，称为"报丧"。报丧时，报丧者无论晴雨，都倒挟一把雨伞，到亲友家则将雨伞倒倚门外墙上，亲友一见便知是报告噩耗的，因此无须寒暄。收到噩耗的人家，皆须对报丧人略做招待。

接到讣告后，依各地习俗，受讣人有哭有不哭的。普陀、定海等地，亲戚听闻噩耗，当以哭声相报，若无人啼哭，则砸瓦片以代之。依长兴习俗，在接到噩耗后，妇女去离家不远的地方号哭一场。

旧时重丧礼，平素不相往来的远亲，丧礼必到。接报人在送走报丧人后，马上动身前往丧家吊唁。尤其是出嫁女儿，闻噩耗后须马上与丈夫携礼赶回娘家，沿途哭丧。旧时城镇报丧即有按死者生辰八字择好入殓和发葬日，黄榜写明，附属肖避忌，贴于门口或显目墙角，并奔告戚友的。宁海等地也有竖丧牌的。眷属在外，不论远近，即赶赴。

入殓

大小殓合称入殓。一般来说，大小殓分别在人死后第二、第三天进行，但很多地区须先请算命先生择定日期，称"批书"，再按照批书所定日期举行整个丧葬仪式，入殓也不例外。也有一些地区，主要是渔区或海边其他产业地区，要视潮水择定入殓时辰。如定海、普陀等地，皆有涨潮时入殓的习俗。定海谓涨潮时入殓，死者可乘船赴"西天"。慈溪沿海盐农、棉农亦有涨潮时入殓的习俗。

湖州一带的入殓习俗为，当空灵柩抬进门时，哀乐顿起，子女血亲必须去门前跪迎，称为"迎材"。一般在黄昏戌时至半夜子时入殓。子女血亲在哀乐声中，面对尸体跪拜，土工们用五色带扎束尸体。入殓时，土工们抬尸入材，长子要捧一捧死者的头，幼子要捧一捧死者的脚。尸体在棺材内放稳后，还须悬吊一枚穿线铜钱，以死者鼻准为中心，不能有偏，否则子女会有兴衰之别。这时长子必须站在高凳上擎蜡烛照着。入殓时亲属恸声震天，土工又用石灰包遍塞死者四周，以防死者晃动，又防潮。待所有亲人扶棺检视后，才把材盖盖上，但不封钉。此为小殓。

次日大殓，先将棺材盖打开，所有亲人与死者见最后一面，此时哭声四起，亲属各按自己的身份痛声呼唤死者，及至盖上棺盖钉元宝榫，然后由漆匠封口。杭州塘栖有众人绕棺材环行一圈，和死者做最后告别的习俗。绕棺后熄灯，合上棺盖。再亮灯，将棺盖钉上竹钉，合口处封上纸条，把脚后灯移放到棺材底下，入殓完毕。富阳、缙云、镇海、文成、青田等地旧志皆有殓后亲属绕棺的记载，或一圈，或三匝，又或顺逆各三周，虽不尽相同，但可知绕棺之俗分布甚广。

其余各地大小殓程序与以上大致相同，但在具体细节上因各地风俗而多有差异。很多地区将大小殓结合进行，或不行小殓。

入殓时，材内所纳诸物，各地略有不同，但皆有用寿被的习俗。不少地区，在入殓时还会将死者生前珍爱的小物件放入棺材。在渔区，还有大殓入棺，尸身头上塞一片瓦，脚下垫一捧土的习俗，表示上有瓦下有土，来世可以不吃海水饭。

现代推行殡葬改革，通行火化后，入殓也有所简化，通常将尸体身上盖完盖尸被后，用三道白布捆绑，不得打结。20 世纪90 年代以后丧事大办之风有所回潮，有些地区流行使用纸棺材，入殓又行旧法。

紧三朝与慢三朝

根据死者去世时间，分为"紧三朝"和"慢三朝"。紧三朝又称"快三朝"，慢三朝又称"宽三朝"。以长兴为例，在半夜子时以前寿终者为"快三朝"，隔一天出葬。半夜子时以后寿终者为"慢三朝"，隔两天出葬。入殓在出葬的当天半夜子时进行。此间有唱"敲门羹饭""番绵香、转逍遥"，请和尚道士为死者超度等旧俗礼仪。又，杭州塘栖人落材选在三朝后，三朝又有"宽三朝"和"紧三朝"之分。一般从死的那天算起，第三天凌晨落材，如死时是凌晨，则是宽三朝，若死时是前半夜，则是紧三朝。

避煞

入殓时，与死者干支与煞相冲犯者需要回避，谓之"避煞"，回煞之日也同样处理。有些地区亲人不在避煞之列，亦有些地区如海盐等，干支相冲犯者即使是丧主亦须回避，各地有所不同。

成服

穿戴孝服称为"成服"，俗称"戴孝"。依礼制，丧服有五服之分，即斩衰、齐衰、大功、小功、缌麻五种，依关系远近亲疏而有一定规制，但在民间则随地方习俗而有所出入。以宁波的丧服为例，孝子孝孙身穿麻衣，脚着蒲鞋，腰束草绳，头戴三梁草冠。孝孙于帽檐上别一块圆形红布，表示孝中有吉。侄戴二梁草冠。方顶男帽表示远亲，圆顶男帽表示嫡亲。女戴孝兜，状如披风，有长有短，女儿及媳妇所戴最长。明显不同于礼制所定。

成服在民间常称为"戴孝"。在宁海、桐乡一带，亲生儿子头戴麻布帽，称"风凉帽"，身穿白布长衫，腰束麻布条或稻草，脚穿白布鞋或麻鞋、蒲鞋，为重孝。媳妇及孙媳辈戴白布帽，穿白布裙白衫白布鞋。孙子与儿子同。曾孙则头戴红布帽，臂缠红布条，不穿白衣，鞋子为白帮红后跟。在海盐，父母之中死去一人，儿孙辈穿白帮红后跟鞋，只有父母双亡，才穿全白帮的白鞋子。另外，很多地方还规定孝子必须手持孝杖，俗称"哭丧棒"，表示自己太过悲伤无法站立，需借力木杖才能行走。清代男子蓄辫，在诸暨，孝子成服时除服斩衰外，还须解辫缠麻，着草鞋；妇女则去首饰，髻上披麻，头包白布，戴白骨簪，衣斩衰；其余家人素服，包白布而已。在定海，除主人服丧服，斩衰苴绖，子戴三梁草冠，孙戴二梁草冠，穿蒲履，谓之"成服"外，其余有服之亲皆白布衣冠，疏者亦白冠，谓之"破白"。文成旧俗，凡亲戚以香烛纸和挽联挽轴来送孝，主家给一块白布包头上或缚于手臂。中华人民共和国成立以后，送孝者用被面代"香纸"，孝服亦改佩黑纱，孝子女多佩一年或数月。以戴黑纱、胸佩白花代替披麻戴孝的做法，中华人民共和国成立以后在各处城镇逐渐推行。近年，戴孝的现象有所恢复，但已不再严格遵行古丧服之制，并视死者落土为丧仪终结，吊丧者大多送花圈、实物或现金。

成服时间，大多地区按礼制三日成服，亦有四日成服的，基本上与入殓同日。若依批书择日入殓，则成服时日亦随之而定。也有不少地区，如杭州、镇海等地，于移尸时即成服。

守灵

入殓之后至下葬之前停柩守灵，子女亲属日夜守在灵柩旁，以尽孝道。守灵时，早晚烧纸，朝夕祭奠，女性除了早、中、晚三次规定的哀哭外还要随着吊丧者不时哀哭。守灵讲究男不剃头，女不梳头，寝苫枕块，啜粥吃素。有亲友来吊，还须伴客陪哭，磕头谢孝。这种举哀，一般宾至则哭，宾去则止，焚香则泣，祭止则已。

丧俗文化中，守灵是非常重要的仪式。在宁波，守灵在移尸中堂后就开始，灵床前悬巨幅孝幔，设祭桌。祭桌由三张八仙桌并成，上首悬五色帐檐，桌上供各色糕点，中间一张供鸡、鱼等牲醴，下面一张摆香炉、烛台，炉中点香，烛台上燃洁光大烛，昼夜不灭。孝眷裁制孝服，谓之"破孝"。孝子寝卧于尸侧草垫之上，谓之"陪尸"。

在杭州塘栖，灵堂内由儿子、媳妇和女儿轮流守候，日夜不得脱人，灵堂门不能关。有人来吊唁时，须由儿子陪拜，女儿媳妇陪哭。守灵者还须管住灵堂，不能让猫走近尸床，不能让老鼠在尸床下窜过，旧说这容易引起走尸。同时，还要管住脚后灯不让它熄灭。

开丧

开始接受吊唁的日子，称为"开丧"，亦称"开吊"，由丧家择日，于报丧时通知亲友。有以大殓、成服、回煞等日开吊的，也有在移尸后即设灵堂受吊的。

开丧之日置办酒食。据民国《杭县志稿》，乡里唯酒食是议，尤注重于开丧。开丧也称为"领帖"。从前择日领帖，亦颇华丽。门户堂庭均结章彩，午席两荤五素，正席十簋，三细点，余全荤，最俭则五荤五素。今佛事均极简省，开丧即在大殓日，正席七簋（多则五荤，少则三荤，余皆素），亦有中午仅一餐者。类似习俗也见于平湖、宁海等地。平湖于开丧之日延戚族陪宾，称为"邀丧"。宁海则开丧门户堂庭均结素彩，客厅则从吉，用色彩。酒宴用珍馐，至盛于婚嫁。

吊丧

吊丧是对死者的祭奠吊唁，此活动一般在停柩守灵期间开展。吊丧者一般为至亲好友。按照传统，吊丧者须馈赠奠仪，不同吊丧者的礼仪也有区别。儿女亲家奠仪极重，女儿女婿也同样须出大奠仪。《杭俗遗风》载："除亲友送礼吊奠外，至亲如儿女亲家，又须上饭。礼用素席汤饭、龙香彩烛、五花五神、祭轴、绫匾、绫对、四事。龙香者，高三尺许，上有顶，下有座，中立一柱，盘龙一条，装饰人物花卉等，有改用香亭一座者。彩烛亦高三尺许，下有座，纸扎白象一对，象背插烛；或改用宫装仙女，手擒彩烛。五花五神者，造像生花五盆，像生神五位，长尺有半，暗藏戏文一出。又改用八仙者。总之愈出愈奇，愈形讲究而已。此系花神店所造，用五色绸绢为之。祭轴呢羽绸缎不等，匾对、挽联，以白绫墨字为重。"女儿女婿则须送树灯一架，形状像树，故名。所送树灯越多，则象征家里人丁兴旺。在杭州塘栖，亲友吊唁，须送奠仪一份，用白纸包着，内中的钱必须是单数，还得有一个单数的零头，如一百零一元。外面写上"奠仪"和"×××敬挽"的字样。至亲除送奠仪外，还得送被、香烛、纸钱、祭轴。所谓的被，是红绸被面白里子，内夹一层薄薄的棉花。轴是一个被面。上挂挽联，正中是一个"奠"字。中华人民共和国成立以来，花圈开始流行。

亲友前往吊丧除了送奠仪外，还须行礼，一般平辈鞠躬，晚辈跪拜，并哀哭一番。死者亲属则在一旁陪哭，并给吊丧者行跪拜礼，称"谢孝"。

吊丧是极其重要的丧礼，一般情况下，亲友按规定的仪式和五服之不同，由司仪点名，按顺序一个一个地在死者灵前进行祭奠。每一次祭奠，都必须奠酒、上祭品和上香。祭奠时，往往有引魂锣和丝竹伴奏，同时有专人燃放鞭炮。若亲友已接到报丧消息而不去吊丧，不送奠仪，不仅被视为失礼，也将失去亲情或友谊，从此双方不相往来。

出殡用乐

出殡用乐是将丧礼作为白喜事的重要标志。在金华一带，出丧前夕，亲眷集齐，举行祭奠仪礼，俗称"排祭"。祭品丰盛，设三牲，轮批祭奠，从嫡至旁，配以鼓乐丝弦。男拜，吹唢呐，女拜，配丝竹。完全是一派喜庆热闹的景象，表明民间对于出丧抱有乐观的态度。目前，这种用乐的现象，已经日益广泛并现代化。在台州、温州等地，出殡时用鼓乐队伴奏相送，有的甚至规定，死者几岁，鼓乐队便需几人，极其壮观。

启灵

棺材一般由四人或八人抬，也有十六人、三十二人甚至六十四人抬的。在棺材被抬送上山前，有一个启灵的仪式，一般是孝子、媳妇在棺材四周手拉手倒顺各走三圈，然后由阴阳先生敲碎碗盆，司仪或阴阳先生确定起杠吉时，孝子和死者其他亲属则放声大哭，由抬棺者起棺运送上山。在金华一带，仪式规定孝子、媳妇等手拉手围着棺材顺倒各走三圈，俗称"圆材"。由阴阳先生将放在棺材背上的一只盛清水的碗，于念咒后以斧击碎，叫"敲水碗"。据说，死者朦胧如梦，听到水碗敲响才知道自己已亡。此时亲人才放声号啕大哭。

送丧

也叫"送上山"。送丧者由孝子和亲友等组成，加上仪仗鼓乐，极其排场风光。

各地送丧仪式有较为明显的差异。这里以台州为例。

在台州，按习俗规定，送葬的仪仗和队伍中，先是"历路幡"，兼放纸钱，由一人担任。他肩扛一竿带叶的小青竹，竹叶间挂一条由和尚或道士剪好的白纸条，边走边将千张一张张地撒在路上。接下去是"青等白旗"，有两个人各扛着一面旗子，旗子由蓝布做成，边上镶着黑布条。如果夭折，只许敲"独记锣"，即敲锣只许敲一下，扛青等白旗的人也只有一个。其后是两个敲锣的，每次都要节拍一致，敲十三响，即七个单响，两个三声连响。后面是喇叭、唢呐、铜管乐队。乐队后面是灵牌。过去，长子捧着灵牌坐在轿子上，意思是用轿子抬着灵牌。现在，大多由长子捧着走，后面有个人撑开伞，叫作"打伞"，保护灵牌，不让灵牌露天。长子若年老，则由长孙"抱灵"，即捧灵牌。长子抱灵，分家时要先留一部分家产给长子。过去有"长子田"，现在则留些许家具或讲明给多少钱即可。这一天，长子要头戴"三梁冠"，身穿"白扣钟"，脚着草鞋，腰系稻草绳，手捧灵牌，还有一炷香。其余的儿子，都要头戴"孝斗帽"，身穿"白扣钟"，脚着草鞋。灵牌之后是彩旗，前红后绿各四面。接下去是花篮、花圈和写着"吊""奠"等字样的巨幅白布以及其他送葬的朋友的行列。之后是棺材。长子以外的其他儿子，以及女婿，都要走在棺材的两边或后面，护着棺材，有的则扶着棺材行进。儿子、女婿之后，是孙儿、外甥等，按辈分往下排，其后是送葬亲眷中的男客。再之后是媳妇、女儿、孙女、外甥孙等，按辈分往下排。最后是亲眷中的女客，还有叔伯中的女客。送葬队伍一色缟素，庄严肃穆。沿路鞭炮声、锣声、唢呐声、铜管乐声，以及女眷的号哭声，杂糅交织在一起。经过人家门口，该户人家要点燃稻草秆以辟邪。过去，很少人会看出丧，大多避而远之，只怕冲犯日子。现在，观看的人很多，有如围观喜事，或对死者的福气称羡有加。

　　隆重的出丧仪式，不仅是死者生前地位的象征，也是子孙表达"孝心"的一种方式，同时也是夸示家中富有或子孙发达的方式。因此，富裕地区在出丧上极尽讲究和奢侈，厚葬很大一部分费用也花费在出丧环节。即使在殡葬改革通行火化后，出丧依然非常隆重，花费不亚于土葬。

埋葬

埋葬是出殡的最后一项仪式。过去一般有专门墓地供家族成员或村社成员埋葬，也有请风水先生选择所谓的风水宝地予以安葬的。新时期殡葬改革后，全省已逐渐从城市向乡村推广火葬，先火化，再将骨灰盒土葬。土葬多在公共墓地。

墓穴也称"圹"，入葬前先烧火"暖圹"，在圹底放"地契"，伴随着敲锣声将棺材放进圹内，亲友在旁大哭与逝者告别。最后掩土起坟，孝杖和魂幡分列两旁。至此安葬礼仪结束。各地埋葬程序大抵如上，具体细节则因地方习俗而有所差异。

在杭州，棺材抬至坟前，须由死者女儿向抬棺材的"八仙"送上红包，民间称之为"解索钱"。解索后，一家人每人手上抓一把土，围着棺材转三圈后将土撒在棺材盖上，是为"盘丧"。棺材入墓穴后，会有一位道士在旁念词，此为"喝丧"。

在宁波，逝者家属祭祀山神土地后再开圹动土。送葬众人列队先左后右绕圹三圈后，烧芝麻秆暖圹。将一剖为二的青毛竹放入圹底，封闭墓门后，立墓碑、铺铭旌、藏志石，将丧棒立于墓侧。草冠、草带、纸扎物品等全部在墓前焚化。

在温州，待所选时辰一到，棺木入圹后，在坟背上铺起松土，由孝子从左方登上坟背，盖上谷仓印后从右方下来，民间称之为"印坟"。灵柩入圹后，坟圹外口用砖砌好，留下一寸见方的"龙门"。时辰到后，再将龙门砌实。孝子跪在坟头将木主内外函分排左右两边，先用朱笔先内后外、再用墨笔先外后内点木主上的"王"字成"主"。之后，孝子脱去凶服、换上吉服，准备回家。回家途中，放木主香亭在前、客亭在后，奏乐下山，原路返回。家内女眷穿着吉服，焚香跪接。在锣声、鞭炮声、花炮声加持下，客亭升于堂上，木主、香炉摆在桌上，众人依次跪拜。

在绍兴，也是先祀土地神后下葬，然后是祭坟，孝眷依次膜拜，孝子回礼道谢。同时，丧家还要祭祀死者新坟的"左邻右舍"。送丧的人回到丧家后，须跨过门前的坟烟堆。坟烟堆，即丧家将死者躺过的草席之类燃烧后的烟堆。

在海盐，旧时安葬后在坟尖种一棵万年青，在万年青的根部放一只鸡蛋、一枚铁钉、一枚清朝顺治年间的铜钱，分别寓意代代相传、人丁兴旺、万事顺利。安葬时念仪式歌："吉祥万年两分开，又发丁来又发财。又发福，又买田来又造屋。"

在金华，旧时也有"挖圹""暖圹"之俗，并用公鸡血淋圹。在磐安，先用黄色丝线度量棺材盖，然后将其扯断分给小孩子，此线称为"长命线"。金华其他地方，也存有讨解索钱之俗。棺材入土时，孝子要向圹底丢七颗石子，并大喊三声："×××啊，金山银山倒了，快闭好眼睛！"死者亲人按序在墓地跪拜，此为"拜坟堂"。送丧者围着坟地按顺时针、逆时针各转三圈，此为"团坟""围山"，意为给死者划定区域。棺木落坑时要摆正，材头朝坟里，材脚朝坟碑。棺材底部放一块砖头，上面书写地契，避免阴间发生土地纠纷。先由孝子以泥盖棺，然后送葬者撒土在棺背上并把泥踩实，民间俗称"一个脚印一片瓦"。此后，孝子脱去麻衣，背上红绫斜披；其余人等取红绳挂于胸前。出殡所用的纸扎物品全部烧化。安葬完毕，孝子手提桂子灯笼抢先回家，俗称"领灯抢红"。到家时要燃放鞭炮，放灯笼于中堂，并且在每个房间点上蜡烛。

在台州，轿夫们将棺材停在墓地的上马石上，先拆下棺材上的彩架，然后将盖在棺材上的龙凤被依次发还给妇女们。妇女们拿着龙凤被依次下山。下山的人胸前系红线，到家后才拿掉。人们先到本家堂前蘸"净水"，并在门口跨过"弹红"。所谓"弹红"，即由留守在家的人将稻秆把点燃，送葬归来的人进屋前须跨过燃着的稻秆把，表示以后的日子红红火火。净水，即由和尚或道士舀一樽清水，拿着香和带叶的竹枝念动咒语，然后将香灰和竹枝放入清水中。当天，所有奔丧的人在离开"丧家"时，都要在身上洒净水。最后是"散席"，以前负责祭祀的主师将祭品中的糖果抛撒出去，让参加送葬的人们抢去吃掉。如今，人们不待主师抛撒糖果，早就在祭桌边等候，待时辰到时便开抢。

答谢亲友和助丧者

在完成丧葬后，丧家宴请亲友和助丧者，以示答谢。这场丧宴，武义称为"白喜酒"，台州称为"斋饭"，以豆腐、青菜、咸菜为主，若用肉，则须白切大块，称为"大肉"。在台州，这餐饭虽称斋饭，实际上酒菜鱼肉皆有，只是比普通喜事宴席较差一些。因客人不可在丧家留宿，因此在安葬完毕下山后，主家必须抓紧时间开饭，以便客人吃完后当天回家。一般来说，菜肴中要有豆腐，以示素净，主食则炊饭（糯米饭）、麻糍、馒头、米饭皆可。吃罢酒饭，客人离开。在余杭、长兴、安吉、嘉兴等地，因丧宴须有豆腐，也称为"豆腐饭"，然而多不限吃素，不乏与喜宴同样丰盛者。

同样在台州，玉环坎门的渔民则称吃丧宴为"吃芋饭"，且自有其特点。首先，主家不会主动邀请客人吃丧事宴席，而是在高处敲锣，客人闻声自动入席。主家富有者，宴席十分丰盛。主家贫者，宴席可以简单些。但是，无论贫富，芋头饭必不可少。

客人即使酒足腹饱，也要象征性地吃一小口芋头饭。丧席上忌用醋，以免心酸；桌上盘碟不得重叠，寓意不再发生丧事。吃芋头饭的原因是芋头多发，象征以后大家发丁发财。芋头饭煮好，第一碗须由主家留着，然后盛给出嫁女儿，饭内有排骨，寓意骨肉连心，装在大碗里，上插红花，安放在一只篮子里，由女儿带回夫家。女儿必须当天回夫家，不得留宿。

做七祭祀

做七也称"斋七"或"七七追荐"，俗称"水陆道场"，是民间办丧事时举行的超度亡灵的法会。做七之俗源于佛教信徒，大致在南北朝时即已开始流行。在民间，做七大致以家庭祭奠为主。他们从死者去世之日起，每七天举行一次烧纸祭祀仪式，所以也叫"烧七"。俗谓人死后阴魂每七天要过一关，共七大关，因此每到一关时，家人要烧纸祭祀，助其过关。满七后至百日则有百日祭，周年时举行周年祭，怀念亲人，也将此作为"忌日"。有些地方在死者去世三周年时烧三周年礼，从此以后不再举行特别的祭祀仪式，和其他祖宗一样，死者仅仅在逢年过节时享受子孙的祭拜。

做七在浙江省丧俗中非常普遍。过去，杭州等地，人死后都要做七。习俗规定，"头七"须在第六日做，俗称"敲头六儿"。由和尚鼓槌敲打，拜十王忏，挂功德画，张挂榜文。"三七"由和尚念还受生经，晚上放焰口。"四七"多由亲戚送。"五七"前一日晚，于门口设望乡台，用门板搭台，摆供桌椅，椅上披死人衣衫，上撑伞一把，认为到了这一天，死者才知道自己已死，要回来探望亲友。"六七"须女婿操办，灵前只供素菜。"七七"又称"断七"，晚上放焰口。在金华等地，虽然认为每个"七"都很重要，但实际操作上却有区别。"一七""二七"以简便羹饭上坟，"三七"羹饭必须丰盛。"六七"为大祭，祭品由出嫁女儿备送，设猪头、鹅上坟祭奠，祭毕挑回娘家请客。"七七"也叫"满七"。过满七后第二天，即殁后第五十天，要做满筵羹饭，祭请祖宗四代，示意本房又增一阴灵，拜托诸阴亲携带之。这时牌位送入祠堂安放。也有孝子给灵牌送供饭三年的，待三年后开孝，再把牌位送入宗祠。在亡者逝世百日，要举行百日祭，逝世周年，要举行周年祭。当年春节要贴蓝纸白字的对联。

在葬礼完毕后的祭祀中，除极重做七外，还有止吊、除灵、除服等数个重要时期，不一而足。

土葬

土葬是浙江省汉族人口最为通行的葬法，葬式和墓式多种多样。当人去世，完成丧礼，棺木被运出家门后的处置方法大致可以分为两种：一是立即入土；二是放入预先筑好的墓室中或先"厝"起来，一定时期以后再埋葬。这种入土的处理方法，即为通常所说的土葬法。

火葬

火葬又称"火化""烧尸"，是一种比较古老的葬式，在历史上流行程度仅次于土葬。文献记载，隋唐时这种佛家葬式已开始在一些僧人中流行。

南宋定都临安（杭州）以后，火葬开始在社会上流行起来。

据当时的文献记载，由于吴越之俗，葬送费广，贫下之家唯务从简，以火化为便，相习成风，官府虽多方设法，势难遽革。南宋都城临安是当时火葬最为风行的地区，焚尸之所一般设在城外。西湖东北角的圆觉禅寺和钱塘门外的九曲城菩提院等处，是临安市民焚化尸体的主要场所，专门设有"化人亭"。此外，南屏山兴教寺一带也设有"焚梓之场"，海盐县在城西五里外的景德祥院设有"焚化院"。其时，火葬有一定的仪式，其隆重与否则视丧家的经济能力而定。

明初期以前，多地皆有贫苦人家因无力支持丧葬费用而火葬的习俗，后因明清官府和士大夫反对，火葬者减少，但仍难禁绝。亦有因佛教影响而行火葬者。沿僧道将尸烧化，拾骸骨贮于瓮，埋之荒野。又，据《双林镇志》，家属死日，即用土垒厝棺桑地。或一二年，或十数年，视棺木朽烂，逢清明或冬至前一日举火焚之，捡骨贮于坛。其中，嘉兴因土膏而民勤，尺寸之地必耕，非稍温者不能有葬地，又不欲葬在官府义冢，遂从佛家言实行火葬，拾骨以瘗。嘉兴火葬之时，多送棺至南门外火化，明清封建统治严密，对火葬抨击禁止，以至火葬逐渐绝迹。据明嘉靖《浦江志略》，该县原有"尚火葬"之习俗，被认为是"醇风之累"。至清康熙年间，"火化之俗尽革"。此后乡人习行土葬，否则被视为"不孝"，且惑于"风水"迷信之说，不选"吉地"，不隆其典，子孙亦认为将"于己不吉，招致祸殃"。此俗影响至今。

中华人民共和国成立以后，自20世纪60年代起提倡火葬，70年代推行殡葬改革，火化后再将骨灰入土安葬渐成主流。

庙集之俗

风俗集

西湖香市

杭州地区历来宗教氛围浓厚，礼佛祈福成为杭城及周边民众的一种非常重要的活动。香市发达的历史非常久远，可以上推至唐宋时期。其盛况，明代张岱记载："西湖香市，起于花朝，尽于端午。山东进香普陀者日至，嘉、湖进香天竺者日至，至则与湖之人市焉，故曰香市。然进香之人，市于三天竺，市于岳王坟，市于湖心亭，市于陆宣公祠，无不市，而独凑集于昭庆寺。昭庆两廊，故无日不市。三代、八朝之骨董，蛮邦、闽貊之珍异，皆集焉。至香市，则殿中边、甬道上下、池左右、门内外，有屋则摊，无屋则厂，厂外又棚，棚外又摊，节节寸寸。凡胭脂簪珥，牙尺剪刀，以至经典木鱼，伢儿嬉具之类，无不集此。时春暖，桃柳明媚，鼓吹清和，岸无留船，寓无留客，肆无留酿，袁石公所谓'山色如蛾，花光如颊，波纹如绫，温风如酒'，已画出西湖三月，而此以香客杂来，光景又别。士女闲都不胜其村妆野妇之乔画，芳兰杂泽不胜其合香芫荽之薰蒸，丝竹管弦不胜其摇鼓欢笙之聒耳，鼎彝光怪不胜其泥马竹人之行情，元宋名画不胜其湖景佛图之纸贵。如逃如逐，如奔如追，撩扑不开，牵揽不住。数百十万男男女女老老少少，日簇拥于寺之前后左右者，凡四阅月方罢。"（张岱《西湖香市志》，转引自民国《杭州府志·风俗志》）

　　根据张岱的这段记录，西湖香市的时间是从花朝节到端午节，即从农历二月十五到五月初五，前后近三个月，因为这恰恰是杭州风光最为旖旎的日子，所谓"时春暖，桃柳明媚，鼓吹清和，岸无留船，寓无留客，肆无留酿"，这样的壮观景象，可谓少见，由此也反映出西湖香市之盛况。香市上的品物种类繁多，"三代、八朝之骨董，蛮邦、闽貊之珍异，皆集焉"，"凡胭脂簪珥，牙尺剪刀，以至经典木鱼，伢儿嬉具之类，无不集此"，毫无疑问是一个自由交易的大市场。同时，香市也是娱乐的大好机会，"如逃如逐，如奔如追，撩扑不开，牵揽不住。数百十万男男女女老老少少，日簇拥于寺之前后左右者，凡四阅月方罢"。另外，香市的范围也是非常广泛的，三天竺、岳王坟、湖心亭、陆宣公祠、昭庆寺等，几乎是无处不市、无日不市。

　　范祖述的《杭俗遗风》，根据香客的不同，将西湖香市细分为"天竺香市""下乡香市"和"三山香市"。"天竺香市"最早，因农历二月十九日为观音圣诞，"全城老的少的，丑的俏的，无不云集，途为之塞。有忏会者，十八日晚即许出城，自茅家埠起，一路夜灯，至庙不绝"。"下乡香市"，以苏常锡、杭嘉湖种桑养蚕各乡村村民男女为主，一乡一村，结伙成队，乘坐香船来杭，停泊于松木场、拱宸桥一带，多时达千百只，河道堵塞无隙。有的以船为家，自带糕粽为食。香期延续一个多月。"三山香市"，即天竺山、小和山、法华山的香市，主要来自苏杭各地。而且苏杭各地都有香会组织，由长者领队带路，数百十成群，肩挂黄香袋，腰系红带，头裹白巾，结伙而行，要在一天之内，来回百余里，烧遍三山之香，称为"翻三山"。不管香客来自何方，对他们来说这都是一次非常重要的集市，是有着深远影响力的事件，"香市之盛，苏州一省，及杭、嘉、湖三府属各乡村民男女，坐船而来，均泊于松木场。或上埠自寻下处，或歇各寺院，或在船中居住。其船何止千数，早则正月杪，迟则二月初，咸来聚焉，准于蚕时返棹。其来者所带银钱，无不丰足，故昭庆寺前后左右各行店面云集，名曰赶香市。其进香，城里则城隍山各庙，城外则天竺及圣因、净慈、云林、昭庆。惟行大蜡烛，止天竺一处，而城隍庙亦间有之。其法造数十斤大烛一枝，用架装住，两人扛抬，余人和以锣鼓。到庙，将大烛燃点，即熄带回，以作照蚕之用。又以黄布白布，或数匹或数十匹不等，扯长索曳而行，名为舍幡，其实均送和尚。香则檀香、线香二种，檀香数百斤，线香千百十股，略为烧点，余则亦送与和尚，故天竺之香布极多。至于点残蜡烛，仓中散放，不知其几千万斤。所以天竺和尚，吴山道士，各房头均有嫡派子孙相传剃度，外人不得而与焉。城外赶香市者，不过十分之一。而城中各行生意，夏、秋、冬三季敌不过春香一市之多。"（《杭俗遗风》，转引自民国《杭州府志·风俗志》）

香市进香对普通民众来说是一个具有深刻意义的宗教行为，所以，他们都会为这次赶香市准备足够的银钱，然后通过艰苦的跋涉，到各个寺庙进香。对进香的香客来说，这代表着他们对于诸方神灵的信仰，希望通过这样的行为在开春之际获得诸神的护佑，获得家庭的安康、幸福以及一年的幸运。当然，对商人来说，这也是他们最为重要的时间，所谓"城中各行生意，夏、秋、冬三季敌不过春香一市之多"。

吴山庙会

吴山庙会是杭州本地历史最悠久、规模最宏大的庙会之一。紫阳、云居、七宝、峨眉等十多个大小山头和山麓遍及寺庙庵观，故有"吴山七十二庙"之说。吴山的寺庙及其祭祀的民间神灵大致可分以下几类：历史人物，除纪念伍子胥的伍公庙外，还有纪念明朝铁面御史周新的城隍庙，纪念南宋行刺秦桧的义士施全的施全庙等；神话传说之神，如月老殿、酒仙殿、药王庙、龙王庙、海神庙、雷神庙、风神庙、火神庙、太岁庙（祭祀六十甲子星宿）等；儒、释、道三教供奉之神，如文昌庙，释教的宝月寺、七宝寺、宝成寺、仁寿庵等，以及道教的三茅观、通元观、三仙阁等。吴山还有从外地迁来的寺庙，如从河南迁来的惠应庙、四川迁来的梓潼行祠等。

正月初一到正月十八，为辞旧迎新、求得一年好运，人们纷纷到吴山进香祈福。开春后，杭嘉湖一带香客纷纷涌进杭城到吴山进香。端午、立夏等岁时节日，各行各业也要上吴山赶庙会。旧时，吴山庙会遍布算命、看相、测字摊，还有演庙台戏、变戏法、耍杂技、斗鸟的以及设摊卖物的各类店家。特别是吴山脚下清河坊一带的胡庆余堂、孔凤春、张允升、方裕和、状元楼等店家，生意极其火爆。

东岳庙会

《西湖老人繁胜录》记载："都城社陌甚多，一庙难著诸社酌献，或在城吴山行宫烧香，或在城南坛山烧香，或在城北临平行宫烧香，或在城东汤镇行宫烧香，或就城西法华山行宫烧香，诣庙皆如此。社陌朝拜，钱幡社至日开正阳门，献钱幡

三五十首，高者有二丈长，献物在外。孟夏，车驾诣景灵宫朝献同前。"由此可见杭州东岳信仰的繁盛程度。东岳信仰之繁盛，首先是庙宇众多，行宫有吴山、坛山、临平、汤镇、法华山五处；其次是活动场面盛大，比如"献钱幡"等活动。吴自牧在《梦粱录》卷十九《社会》中记载："三月二十八日，东岳诞辰。"《武林旧事》卷三之《社会》中记录了二月八日桐川张王庙会的盛况，在末尾作者记录道："若三月三日殿司真武会，三月二十八日东岳生辰，社会之盛，大率类此，不暇赘陈。"

从宋元开始，杭州的东岳庙会就已经极为兴盛。杭俗认农历三月二十八日为东岳大帝生辰，东岳大帝有五处行宫，以法华山东岳庙最大最盛，届时会举行迎神赛会。迎神赛会先由仪仗队开道，有"清道校尉"八对十六人，人人头戴披肩头盔、身穿团花战袍、脚着粉底皂靴、腰悬秋水雁月刀，沿着街面道路徐徐而来。大路中间，往往伴有耍"火流星"或舞钢叉的人，协助清道。紧接着是八面抬锣鸣锣喝道，四面有"回避""肃静"之类的虎头禁牌，也有铁钺、金瓜、彤弓、玄矢等执仪以及龙凤、虎豹、金鸟、玉兔等旗帜。除此之外，还有"锦衣将军"护驾，火铳队压阵，沿途遇到供棚，十二支火铳并发，火星四溅，震天动地。接着是高照，一面用绸缎刺绣的大旗，上绣"敬神如在""国泰民安""风调雨顺""五谷丰登"等吉利语，旗杆用三四丈长的大毛竹做成，由一个彪形大汉，边行边舞，时而将旗杆顶在头顶、后颈、前额，时而在手臂、手心、拳头上耍弄各种绝技。随后就是赛会，由各行各业、各村各坊组织化装表演队伍，称为"会货"。东岳庙会赛会主要会货有乐队、舞龙、舞狮、高跷、抬阁、调无常、舞判官，以及各类武艺杂耍。紧跟着的是提着香炉的提炉队和端着神器的迎神队，最后是护驾侍卫簇拥着的神轿。轿中端坐全身金装的东岳大帝神像。神轿一到供棚，迎驾人员均跪着接驾，祈福祷告。

自明代以后，杭城的东岳庙会依旧盛行，只是中心发生了变化，从吴山转到了西溪法华山的老东岳。除了三月二十八日东岳大帝诞辰这个时间之外，有的时候，民众信仰的热情极为高涨，春秋两祭的时候也会有赛会，而且规模还相当大，"西溪法华山庙坞之东岳庙俗称老岳庙，香火尤盛。……来此烧香者不仅杭州本地，亦有自皖南、苏、沪等地远道而来者。春秋两季及东岳诞辰，西溪数十里烧香者不绝于途。庙内摩肩接踵，香烟缭绕，即残烛、箔灰岁可达千斤之多"。杭州的东岳庙会活动还有七月东岳大帝朝审会，这在杭城的东岳庙会中也是一个极具代表性的事件。《杭俗遗风》载："七月，为东岳大帝朝审。往小和山，则各集结有香会。赴法华山，则各集结有班号。香会不拘时日，班号则有定期。例如，七月初一为天字号，初二为坤号，初三为福号，以此类推，十六日而止，不相紊乱。男妇有愿舍身为神前执役者，名曰'投文'。"相传，东岳帝能审判疯病人。"人患疯病，班号中人先缚而置之庙中所设之地狱中。至夜，各扮差役，一如官吏坐庭然，乃提疯人出，使跪神座下，旁置一草人，指为疯鬼之替身，由执役者作审问状，疯人即能作鬼语相答。不答，则用木杖击草人，疯者便自呼痛，亦一奇事。然有愈有不愈，未可概论也。"

浙江的东岳庙会是比较盛行的，到目前为止，在浙江很多地方仍然有东岳庙会，每年在举行。比如：嘉善的戴西港东岳庙会一般从农历三月十二日开始，持续四天，庙会包括吉祥出会和善男信女进香两部分；临海杜桥，每年正月初二，东岳宫有盛大的庙会。

观音庙会

观音信仰，是浙江最具代表性的信仰之一，因此，围绕观音菩萨的庙会，在浙江非常多，最著名者当数普陀山的观音庙会。根据民间说法，农历二月十九为观世音诞辰日，农历六月十九为观世音成道日，农历九月十九为观世音出家日，这三个日子对信仰观世音的民众来说，都是极为盛大的节日，会举行庙会来庆祝。在这三个香期中又以二月十九观音生日为最盛。所谓"观音香会"，就是佛教徒为了庆祝观音生日、纪念观音出家、缅怀观音成道而举行的法事活动。普陀山是观音香会的中心，是朝山的圣地、进香的仙境、观光的佳处，因而香会更是盛大、壮观。每当香期，舟山诸岛的善男信女纷纷到普陀朝山进香，香客游客多时竟达万人之众。从法雨寺的九龙殿到千级石阶的香云山径，信徒顶礼膜拜，一步一跪拾级而上，虔诚之至，令人感慨。三个香期活动的内容、形式、范围大致相同。主要的活动程式是：朝山进香、祝寿普佛、坐夜宿山、登山礼佛、全体传供、还愿佛事等。

杭州的观音信仰也非常兴盛，主要是以天竺山为中心。二月十九观音诞辰日、六月十九观音成道日、九月十九观音出家日，天竺山均有庙会。旧时的天竺香会，就是以观音信仰为中心。天竺香会，是西湖香市期间最热闹的民间庙会，以朝拜天竺观音为主。香会分三期，其中以二月十九观音诞辰日烧香最盛。杭州茹素人家，十之八九都赶往天竺烧香。灵竺之路上，人们摩肩接踵，茶楼酒馆，莫不利市数倍。两旁临时摊贩林立，四乡商贩云集于此。苏州、无锡、常州、嘉兴、湖州各地香客也会前来。香客敬香有"行大蜡烛"之举，两个人抬着数十斤重的蜡烛，前面有人打旗，后面有人敲锣击鼓，一行人到寺庙将蜡烛点燃，即行熄灭，携归家中，再点燃照亮蚕房，民间认为此举可获蚕花利市。六月十九天竺香会也十分热闹。明清时，杭州十城门至晚必闭，故夜游西湖的游客，须于城外找宿处。唯有六月十八之夜，官府为便利百姓进香，钱塘、涌金、清波三处城门通宵不关，所以杭州人有"六月十八游夜湖"的俗谚。

湖州的观音庙会，在浙江也是有着悠久传统和影响的。毗山慈云寺是湖州传统的观音道场，生日庙会是湖州重大庙会活动之一。毗山位于湖州城东，由于近城，所以名毗山。毗山风景优美，吸引了历代文人。南朝梁时，吴兴太守柳恽在山上筑毗山亭、读书台。五代时，钱氏随山势筑园，岩洞秀奇。宋代，吴约仲在毗山筑"旷远亭"。明代，尚书潘季驯筑毗山园。毗山山清水秀，北麓有毗山漾，碧波荡漾；南有苕溪，舟楫来往；东北有塘河，沿山环绕。登毗山，远眺太湖，近瞰湖城，均十分相宜。农历二月十九日是观音生日，也是踏青郊游的好时光。这一天，湖州城及近郊数万男男女女都要踏青游毗山，朝拜观音。每届庙会的前一个星期，庙内僧众便开始庙会的筹备工作。届时僧众沐浴更衣，从清晨起便诵唱佛经。天亮之前，香客便络绎不绝、摩肩接踵，鞭炮烟花此起彼伏、不绝于耳，及至天亮，晚来的香客已很难挤进庙里，只能将鞭炮香烛投向庙外的铁炉，有的就跪在庙门及寺外路旁向观音祈求许愿。庙宇周边商铺林立，游人如织，有耍猴的、卖艺的、说书的、卖各类小物件的等，可谓人声鼎沸、热闹异常。这一风俗由来已久，已成为湖州民间风俗之一。

三官庙会

三官大帝是早期道教尊奉的三位天神，"三官"是指天官、地官、水官。三官大帝的信仰源于中国古代先民对天地水的自然崇拜。在道教的信仰中，认为三官能够为人赐福、赦罪、解厄，即天官赐福、地官赦罪、水官解厄。在民间，三官信仰非常普遍，一般认为三官掌握人间祸福、天神转迁、生死轮回诸事。三官信仰在民间层面，自魏晋南北朝兴起之后，有着不断被人格化的趋势，民间一般以尧舜禹三位圣王来代表三官，尧为天官，舜为地官，禹为水官。民间的三官信仰中又以天官最为普遍，天官常被视作"福神"。春节时的年画中，天官身穿大红官服，龙袍玉带，手持如意，面容慈祥，一副雍容华贵的气派，人们将画常常贴在门上，希望天官赐福长寿。旧时各地有三官庙、三官殿、三官堂。以正月十五、七月十五、十月十五为三官生日。清顾铁卿《清嘉录》卷一云："遇三元日，士庶拈香，骈集于院，观之有神像者。郡西七子山有三官行宫，释氏奉香火，至日，舆舫络绎，香潮尤盛。归持灯笼，上衔'三官大帝'四字，红黑相间，悬于门首，云可解厄。或有以小机插香供烛，一步一拜至山者，曰拜香。"

旧时浙江民间三官信仰极为兴盛，几乎每个地方都有三官庙、三官殿等奉祀三官的祠庙，比如杭州吴山上就有承天灵应庙（俗称三官庙），"承天灵应庙，旧《浙江通志》：'在吴山城隍庙东。'《西湖游览志》：'旧为天、地、水府三官，故俗称三官庙。'宋乾德三年建，名玉虚观。端平三年重建，赐今额。有天开书图画阁、清晖亭。元末毁。明洪武二十三年重建"（清雍正《浙江通志》）。民间对于三官庙会，也是非常重视的，大体在农历正月十五、七月十五和十月十五都会有三官庙会，以祈求三官护佑。

地藏庙会

地藏菩萨是中国民众所信奉的四大菩萨之一，四大菩萨各有道场，号称四大佛教名山。其中观音菩萨道场在浙江普陀山，普贤菩萨道场在四川峨眉山，文殊菩萨道场在山西五台山，地藏菩萨道场在安徽九华山。九华山作为地藏的道场，与唐代驻锡此处的一位僧人金乔觉相关。《宋高僧传》记载，金乔觉是唐初新罗国王族，出家之后法号地藏，金地藏涉海来华，入九华山修道，后于贞观十九年（645）圆寂，寿九十九。金地藏身高七尺，顶耸奇骨，常年孤坐石室，以白土（观音土）和米为食。他圆寂以后，遗体置于木函中，经过三十年肉身都没有变坏。徒众以其全身入塔，抬举之时，其全身关节如金锁铿锵作响。大概正是因为他多有高行异相，又恰好法号地藏，世人就认为他是地藏菩萨转世，九华山因此也成了地藏道场，其所在寺庙为化城寺，后人并建肉身塔以供奉之。这两个地方至今仍然可以在九华山见到。

而在民间，地藏菩萨的信仰更为兴盛。两宋以来，全国各地多建有专门供奉礼敬地藏菩萨的庙宇。民间认为农历七月三十日是地藏菩萨的诞辰，称地藏节，此日各方香客争先恐后进入庙宇烧香礼拜、祈福还愿。为祈求地藏菩萨保佑全家平安与福乐，民间还常在道路两旁、自家屋檐下遍插棒香，燃放莲灯，通宵达旦，香烟缭绕，以致夜白如昼。民间还有一种说法，地藏节紧接纪念目连救母的七月十五盂兰盆节，老百姓怕目连在地狱救母时眼睛看不见，所以燃放香烛为其照明。浙江民间也极为尊崇地藏菩萨，杭州、宁波、嘉兴等地都有在地藏王诞辰日在自家房前滴水处"插地上香"的习俗，镇海一带会将香插在南瓜上，用竹竿悬之高空。如今，此类习俗在浙江民间仍十分流行。近年来，杭州灵隐寺恢复了每年的"地藏王法会"，可以看作地藏庙会的当代形式了。

火神诞会

火神诞会，是杭州民间祭祀火神消弭火劫的庙会风俗。历史上杭州多火患，老百姓敬畏火神，每逢农历六月二十三火神诞生日，民间都要举行火神诞会。宋时，杭州民间祭祀火神有赛会之举，并有跳灶会（也称跳蚤会）舞蹈。由一男者扮济公形象，由一女者扮火神化成的女性形象。此舞伴以锣鼓，节奏明快，舞者表情诙谐，是为火神诞会活动高潮。

明清以后，火神诞会还隆重举行。民国后，火神诞会才逐渐废除。

温州瓯海坑源村盘古庙会

盘古开天辟地的传说，在民间有着广泛的流传，关于盘古的信仰，在全国各地非常普遍。围绕盘古信仰，民间举办盘古庙会，温州瓯海坑源村的盘古庙会就是代表之一。当地民众以每年农历三月十五为祭祀盘古之日，俗称"盘古庙会"。在庙会当天清早，村民们便准备好了祭祀的事物，在盘古殿前等待祭祀活动的开始。早上七时许，洒圣水、念祭祀文。紧接着便是燃放鞭炮、敲锣打鼓，抬盘古像巡游。巡游队伍里村民扮演的开路大人（先锋）、监轩官和七星、戏曲、彩旗队伍等先行，随后是盘古爷牌位、香炉、塑像，最后是跟班队伍及小丑等。村中设有规格不等的路祭，祭祀队伍每到一处，居住在附近的村民便围成一圈，由几位老者手执香烛，躬身祈祷，将内心夙愿告予盘古爷，以求全家平安、风调雨顺、六畜兴旺、五谷丰登等。祭祀队伍绕村巡游，最后回到盘古殿中。

清光绪十八年（1892）盘古殿建成，每年农历三月举办盘古庙会，一直延续至今，是当地重要的习俗，一些当地华侨还专程回来参加祭祀活动。庙会期间，会有戏班、温州鼓词等文娱项目活跃现场气氛。而这些文娱项目一般在农历三月十四就开始表演，历时三天。四乡的农民都带来了他们手头的农副产品，例如草药、笋干、土豆干、番薯、枣等，也有的带来自己制作的农具，摆上商品柜台，借机进行交易。

防风王庙会

德清县三合乡（现已并入下渚湖街道）防风山的防风庙，始建于西晋元康年间（291—299），"邑令贺循建"。梁任昉的《述异记》中不仅提到"防风庙"是"土木作其形，龙首牛耳，连眉一目"，也最早记述了祭防风王之情景："越俗，祭防风神，奏防风古乐，截竹三尺，吹之如嗥，三人披发而舞。"这表明，防风王的祭祀，在德清有着非常悠久的历史。

按照当地的风俗，防风山南麓的秋祭防风王活动，在农历八月二十五及其前后各一天（即八月二十四、二十五、二十六）举行，历代官民都十分重视。秋祭防风王，先由官祭，经过"埋眚""起眚""致祭"等仪式后，防风王出殿巡行。各社各就各位，旌旗招展，集合于庙会广场；老龙在前，青龙在后，台阁、高跷、马灯，摆开道子；"四弟相公"前有硬牌执事；钢叉开道，鸣锣放铳；巡行队伍中还有各种龙灯、渔灯、马灯，称为"龙灯会"。街上三处拳会，表演钢叉、顶缸与各路武术。巡行至桂花厅，则用当地土产的熏豆茶"坐茶""供茶"；有的地方还要搭浮桥而过。连演三台社戏，乡民也在这几天走村串户，"做客人"，喝"烘豆茶"。街上各地商贩摆摊，人山人海，热闹非凡。目前，防风王庙会依旧举办，每年祭祀都如常进行。

朱天庙会

朱天庙会祭祀明末崇祯皇帝，传说崇祯皇帝朱由检是罗汉转世，民间称朱天菩萨。朱天菩萨是杭州民间最崇敬的神祇中的一位，农历四月二十四日为其生日。朱天庙会遍及城乡，以上仓桥、柴垛桥两处最为热闹。朱天庙会期间，善男信女都要持斋诵经，不茹荤酒。同时，要举办迎神赛会，抬着朱天菩萨巡行，巡行队列除丝弦清吹外，还有地戏、高跷、抬阁，极一时之胜。

舜王庙会

绍兴关于舜的传说很多，民间对于舜的信仰，也十分普遍。浙东有三个舜王庙，而位于绍兴市王坛镇的舜王庙，是浙江地区舜传说和信仰的中心。该庙建于南宋时期，是绍兴地区祭祀舜帝的重要场所。王坛舜王庙坐落在绍兴城东南四十三千米处的小舜江之滨、舜王山之巅。舜帝是中华文明的始祖之一，他身体力行，德圣天下，相传"舜王曾巡狩会稽山"，即今上虞、诸暨、嵊州一带，因此受到会稽山区民众的信仰，民间会于每年农历九月二十七日（传说舜的生日）前后，自发组织祭祀、巡会、商贸等活动，久而久之就形成流传到现在且具有一定规模的舜王庙会。庙会期间，数以万计的群众从四面八方赶来舜王庙，祭舜、游玩、购物，十分热闹。

大禹祭

大禹以其治平天下洪患而赢得万民景仰，被奉为神灵，四时祭祀。规模最大、时间最早的，当数绍兴。大禹陵位于绍兴东南郊的会稽山山麓，由禹陵、禹祠、禹庙三大建筑群组成。会稽大禹陵为天子祭祀之地，启令使臣每年春、秋到会稽祭禹，于南山建宗庙。禹以下六世，少康即位后，怕祭禹之事中断，便将其庶子封于越，名无余，其子孙均以守护禹陵为业，祭祀活动连绵至今。禹陵村，四千年来，夏禹姒姓后代世代为禹守陵至今。

秦始皇三十七年（前210），秦始皇亲赴会稽祭禹，开帝王祭禹之先河，会稽大禹陵名声大振。汉朝也建祀禹制度和祀所。至唐，祭禹和拜谒禹陵的文人唱和题咏日盛，大大提升了禹陵、禹庙的文化品位。宋元时期，保护禹陵和祭祀禹正式列为国家常典。到了元代，祀禹立碑依然盛行不衰。明代有十一位皇帝登极时遣官祭禹。清代，遣官祀禹达三十多次，康熙、乾隆皇帝亲赴大禹陵祭禹。民国八年（1919），孙中山在胡汉民的陪同下瞻仰了大禹陵。民国二十八年（1939）3月29日，周恩来辗转回到阔别已久的故乡，拜谒了大禹陵庙。他说："中国历代统治阶级没有学好大禹治洪水这一课，都只晓得遏制，不晓得利导，所以成了专制魔王，到处受到反抗，他们是注定要失败的。"

中华人民共和国成立后，当地政府十分重视大禹陵庙保护工作。1995年4月20—21日，浙江省暨绍兴各界在禹庙举行中华人民共和国成立之后的首次大型祭禹活动。1995年以后，绍兴市祭禹活动为"每年一小祭、五年一公祭、十年一大祭"。2007年公祭大禹陵典礼举行，"祭禹"升格为国家级祭祀活动。祭祀仪式采用"禘礼"的形式，用最高礼祭表达人们对大禹的景仰，共有十三项议程：肃立雅静、鸣铳、献供品、敬香、击鼓、撞钟、奏乐、献酒、敬酒、恭读祭文、行礼、唱颂歌献祭舞、礼成。

黄帝祭

黄帝，自古以来就受到人们的尊崇。在缙云民间，就传说仙都鼎湖峰是黄帝炼丹觞百神飞升之地。早在夏商周时期，当地百姓就在鼎湖峰下祭拜轩辕黄帝。东晋时期民间建有祭祀黄帝的"缙云堂"，唐代改扩为"黄帝祠宇"，与陕西黄帝陵遥相呼应，形成"北陵南祠"的格局。缙云对于黄帝祭祀十分重视，目前当地每年举办两次祭祀大典，分别在清明节和重阳节。黄帝祭祀大典采用古代最高规格"禘礼"。主祭人列队依次向黄帝像敬上高香、敬献花篮，恭献三牲、五谷、山珍果品、鲜花、美酒等祭品。祭文恭读完毕后，全体参祭人员向黄帝像行三鞠躬礼，表达追思之情。

徐偃王庙会

徐偃王信仰在浙江非常普遍。比如在嘉兴秀洲区，旧时有徐王庙，每年正月初八举行庙会。《嘉兴府志》卷三四《风俗》

记载："八日乡人蚁舟集徐王庙，为赛神之会。"又《古禾杂识》载："初八日烧八寺香，北郊外徐王庙最闹。市井人丛集，有换元宝还元宝等名。"另《嘉兴府典故纂要》记载："徐偃王逃之会稽，其宗族有散在邑者，后世思王功德，立庙以祀焉。"按：徐王又名徐偃王，据考春秋时为山东东夷族首领，战败，逃至江南，后世各地建庙祭祀其多。清代朱彝尊《鸳鸯湖棹歌》有"不待上元灯火夜，徐王庙下鼓冬冬"诗句。正月初八又为"谷日"，民国时期为"佛生日"，乡人视"徐王"为"谷神"，祭祀其恭，此俗延续至 20 世纪 50 年代，后渐废。

目前，在浙江，徐偃王庙会依旧存在，龙游县溪口镇灵山村的徐偃王庙会最具代表性。时间就在每年农历正月十九，当天下午五时，伴随着锣鼓喧天、鞭炮齐鸣，巡街活动正式开始，灵山村的金毛狮子首先亮相，村腰鼓队、高脚牌队、清洁龙队、断头龙队依次通过，最后村民们抬着徐偃王塑像接受灵上、灵下、本徐三个村村民的朝拜，每到一家，都燃放鞭炮，表达对徐偃王的崇敬。

德清舞阳侯会

九九重阳节，是中国的传统节日，也是西汉名将樊哙的诞辰纪念日。德清县上柏村，樊哙的故乡，每年重阳节都以民俗庙会的形式来纪念这位历史人物。

纪念樊哙的重阳庙会为期三天，一般是从农历九月初八到九月初十。九月初九为出会大典，民间自发，分工明确，井然有序。当天一早，周边村民盛装打扮，喜气洋洋地聚集在舞阳侯祠前，点烛上香，鞭炮齐鸣，气氛格外热闹。祠堂前"颂忠精之魂，感祖先之恩，扬恭谦之美，倡和谐之风""千古传承舞阳侯会，万载遗情上柏文明"等标语，寄托了当地老百姓祈求国家繁荣昌盛、人民安居乐业、富裕祥和的美好愿望。庙会期间，各地商贩云集，热闹非凡，当身穿红袍、紫脸黑须的樊哙塑像出祠巡游时，整个庙会的气氛达到了高潮。游街队伍经过上柏老街时，人们纷纷拿出苹果、橘子、香蕉等供奉，街道两侧的店主们更是争先恐后燃放鞭炮以求财祈福。

包公庙会

包拯作为宋代名臣，以其清廉刚正的形象，在民间有着广泛的信仰基础。在浙江民间，也有围绕包公祭祀而展开的庙会。每年农历六月十五，绍兴市孙端镇前小库村都会举行包公庙会，场面非常热闹。一般早上六时多，前小库村的河边已经是人头攒动，热闹非凡，周边各村的十几条泥鳅龙船早早就划向包公殿前的村河里。爆竹声声，鼓乐齐鸣，村民将包公像抬上等在一边的大船，在场的泥鳅龙船，接着拖像的坐船，前面四条龙舟向前划，其余的泥鳅龙船在后面护送，开始沿村河巡游盘渡。沿岸村民纷纷祈求丰收安康、消灾除祸。

白衣丞相出巡

白衣丞相是指唐代四朝（玄宗、肃宗、代宗、德宗四朝）元老李泌，李泌因平时喜穿白色衣服，经常到民间察访民情，为民治病解忧，故死后被追封为"白衣丞相"。"白衣丞相"出巡活动，是具有青田阜山地域特色的民俗文化活动，是以阜山乡清真禅寺为中心进行的。阜山乡清真禅寺，始建于宋朝，原名"清真堂"，是为纪念李泌所建，历来有"浙南第一寺"的美誉，在浙南一带影响深远。每年从春祭开始这里都要举行庙会节，其中以农历正月初七的"白衣丞相出巡"活动和二月初八至十九的春季庙会最为热闹，以二月初八的千斤巨烛敬献仪式最为壮观。除了盛大的出巡活动，清真禅寺还举行鱼灯、腰鼓、采茶舞等众多的民间文艺表演，游客还可以到寺内做"首名""助缘"来祈福。

横村钱王庙会

钱王传说，是国家级非遗项目。在浙江桐庐的横村，目前依旧延续着以祭祀钱王为中心的庙会。横村镇"三月初八庙会"，传承至今已有四百余年历史，主祀五代吴越武肃王钱镠，配祀显灵王周雄和寿昌令刘珏。"三公庙"为横村镇社庙，每逢农历三月初八即行盛大庙会，前后共三天。20 世纪 80 年代以来，随着人民生活水平的不断提高，横村"三月初八庙会"从原来的三天发展至现在的为期七天。

关公庙会

关公因其忠义在民间受到广泛崇信。在缙云的金竹村，至今还有关帝庙会，金竹村的"迎关公案"源于明隆庆年间（1567—1572）。农历五月十一至十三日是迎关公活动日。五月十一日主要活动程式为祭旗祀案，包括鸣炮献乐、恭读祭文、敬献三牲五谷、鹅血祭旗等。五月十三是正日，活动程式主要有请神起案、祈福会案、神龛交接、焚马谢案。其中"焚马谢案"活动最具地方特色。每年的农历五月十三日，雁岭乡附近四邻八乡的群众纷纷赶到金竹村参加一年一度的关公庙会。金竹全村人潮涌动，爆竹阵阵，鼓乐喧天，传统的迎罗汉、钢叉旗幡、三十六行、哑背疯、唱莲花、铜钿鞭等民间表演队在这里竞相献艺。早上七时许，各个表演队排起长龙，敲锣打鼓向关帝庙出发，在关帝庙前空地轮番表演后，按序进入关帝庙祭拜。祭拜结束，表演队到金竹四个村巡游表演，最后到金竹四个村空地进行集中展演。展演的传统节目有钢叉旗幡、少年钢叉、叠罗汉、三十六行、拳术、翻猪刀、唱莲花、铜钿鞭、扭秧歌等，称得上是一场非遗盛宴。下午二时许，村民把自家精心制作的纸马抬到全村巡游一番后到关公庙前集中，三四百只纸马浩浩荡荡，气势恢宏。排列整齐后，点燃焚烧，顿时，熊熊烈火直冲云霄，这就是独具特色的"焚马谢案"。至此，迎关公案全部程式结束。

十月半宗泽庙会

出生于义乌的宗泽，作为抗金名将，在浙江有着广泛的影响，据说金华火腿的产生就与宗泽相关。至今在浙江宁海的农村，好多地方建有真君殿，其中供奉的真君大帝塑像，就是宗泽元帅（也有说是关羽）。传说中这位神明能保佑一方平安，颇得当地百姓的敬仰。今天在宁海农村，如桑洲的大岗头村、桃源街道的下金村、深甽镇的龙宫村和深甽村、跃龙街道的水车等地，每年农历十月十五，村民们都要举行捣麻糍祭祀神明、请戏班子做大戏等习俗活动。这些十月半的民俗活动中深甽村集善庵的庙会规模最大，场面最为热闹。

深甽村集善庵，明崇祯十七年（1644）由深甽马岙俞佑捐田资建造。后乡间邑人迎真君神到此，因显灵异常，有求必应，远近百姓来此顶礼膜拜，求签问药。民间认为真君大帝的寿辰是农历十月十五日，深甽当地百姓为纪念他的丰功伟绩，并祈福避灾保平安而举行庙会，敬神娱神。深甽村原有俞、胡、李、林、卢五大姓氏。历史上，庙会活动由五大姓的族长联合当地文人组织开展，以当地百姓及周边的善男信女祭拜真君大帝、举行民间艺术表演及汇聚商品贸易等为主要活动形式。早在农历十月初，深甽村民就在家中摆放丰盛的祭品供请真君大帝，初七至十八日期间，人们又准备祭品到集善庵祭祀。真君大帝寿辰前晚，远近的善男信女都来到集善庵通宵念经祭拜。人们在敬仰神明的过程中受到良好的社会民俗教育和熏陶。至十五日，香客愈多，庙会达到高潮，巡游活动开始。击大锣十三响后，火铳、爆竹齐鸣。紧接着全副銮驾、龙旗和鼓吹乐队，传说中真君大帝的护身龙——"五星十八节龙"，威武出场。壮汉们抬着真君大帝神像，撑着黄罗伞和掌扇，后面跟着高跷、鼓亭抬阁、舞龙舞狮队，开始浩浩荡荡走村巡游。众人簇拥，非常热闹。人们共同祈求五谷丰登、安居乐业。

迎春庙会

春天对农业来说，是非常重要的季节。

《杭州府志》记载，杭州有先农坛作为农耕祭祀之用，先农坛位于庆春门外。清雍正四年（1726）八月，钱塘县令秦公、仁和县令刘汉儒，奉命在庆春门置籍田、筑祭台、建神祠、立寝室，供奉先农炎帝神农氏、先农历山氏、先农后稷氏之神位，于每年二月亥日（上旬）举行祭仪，祈求风调雨顺，农桑兴旺，五谷丰登。祭祀典礼十分隆重，由督抚主耕，从耕者二人，一进鞭，二进耒（即犁上的木耙），外置四人，二人扶犁，二人牵牛。主耕者则左手秉耒、右手执鞭，九推步行，尽垅而止。在举行祭礼的日子，围观者众多，有市民百姓、乡野农夫、官吏衙役、扶老携幼，简直像过节一样热闹。因为有了先农坛祭春，从而衍生出杭州历史上的"迎春"庙会，根据范祖述《杭俗遗风》和近代学者钟毓龙《说杭州》的记载，迎春庙会自是热闹非凡。立春前一日，杭州知府会同总捕厅、水利厅同知及钱塘、仁和两知县，着朝服、坐显轿，全副执事，到"先农坛"迎请"勾芒之神"，其意为迎接丰收之神。"勾芒之神"被供奉在八人抬的神轿之中，受人顶礼膜拜。神轿前有彩轿开道，彩轿的大瓷瓶中插着红色"富贵花"和象征丰收的"五谷"。接下来是"吹鼓手"和"抬阁"，抬阁上一层一层地站满了由儿童装扮而成的戏剧人物。跟在抬阁后面的则是四乡八村的秧歌队，又扭又唱，场面热闹而诙谐。秧歌队过后才是真正的主角，一头精神抖擞的耕牛出场了。这头牛被尊为春牛。春牛披红挂彩，配上全新辔头，打扮得漂漂亮亮，牧牛汉子牵着春牛，打着响鞭，一路行来，这是一年一度的鞭牛迎春，为整个仪式的高潮，象征着一年的农事即将开始，农家又要忙碌了。

机神菩萨庙会

旧时杭州城东乃杭城丝织业发祥地，民间机坊林立，机杼之声比户相闻，有"艮山门外丝篮儿"之说。在机坊最为集中的闹弄口，曾建有一座规模宏大的"机神庙"，专门供奉机神菩萨——褚载。

每年春秋两季，机坊业都要用三牲五畜祭祀机神菩萨，以求丝织业兴旺发达。主祭人宣读祭文，并行三跪九叩大礼，仪式十分隆重。丝织业内遇到诸如收徒拜师、合约签订、议事调停等重要仪式，也均在此期间举行。机神菩萨庙会上演戏敬神，祈愿进香，周边百姓也纷纷参与，场面分外热闹。"机神菩萨庙会"也因此成了老底子丝织行业的"节庆年会"，其香火一直延绵到民国时期。

蚕花庙会

杭嘉湖一带的蚕桑户，注重敬奉祭祀茶花娘娘，形成了规模较大的"蚕花庙会"。传统的蚕花庙会内容丰富，其中最重要的一项是"轧蚕花"，又叫"挤蚕花""挨蚕花"。在每年清明前后，杭嘉湖一带的蚕乡都要举办迎蚕神、祭蚕神的大型庙会，养蚕人家基本上是户户参与，演"蚕花戏"、点"蚕花灯"，用各种形式祭拜蚕神，以祈求蚕茧丰收。十里八乡的青年男女，成群结队地来到现场"轧蚕花"。庙会上熙熙攘攘、人山人海，轧蚕花的青年男女头戴蚕花，兴致勃勃地在人丛中轧来轧去，挤进挤出，俗话说："越轧越发，越挤越旺。只有人挤人、人挨人，才有蚕花十二分。"旧时杭州"轧蚕花"的地方集中在城东的"半山娘娘庙"，赶庙会期间，蚕农从四周乡村汇集而来，近的走路，远的坐船，男女老少，挤挤挨挨，一拨接着一拨，纷纷涌到"半山娘娘庙"里来轧一轧、挤一挤，以求蚕神赐福，讨个彩头回家。此时各家各户犹如过节一般热闹，真可谓盛况空前，"轧蚕花"也成了旧时城东地区影响最大的庙会。而德清新市的蚕花庙会，时至今日依旧非常盛行。

新市镇是主要蚕桑产地之一，蚕农自古敬仰蚕神，清明期间家家拜谢马鸣王，官府亦于每岁季春巳日致祭。加之新市原有东、西永灵庙，戴侯庙赛社，逐渐演绎成以觉海寺为中心的

大型蚕花庙会。古时庙会，各村花轿，八人抬行，内坐蚕娘，沿街抛撒蚕花；觉海寺旁，魔术杂耍，商家云集，市河中舢板穿梭，船拳竞技；胭脂弄人头攒动，楼窗中蚕花抛向人群，轧蚕花热闹非凡。

如今，新市的蚕花庙会，依旧保留着祭蚕神、轧蚕花等传统活动。近几年来，还增加了蚕农蚕事赛技艺、社戏、科技兴农话蚕桑、书画展等活动，在延续传统庙会特色的同时，也满足民众的新需求。因此，每年的庙会都得到民众的大力支持，每次庙会都有一种节日热闹气氛。

菇神庙会

自南宋以来，庆元的菇民以栽培香菇维持生计，世代相传，已延续近千年。在每年农历十月末至翌年三月，菇民们远赴外省山地种植香菇。菇民将香菇人工栽培的鼻祖吴三公信奉为菇神，为感念吴三公的恩德，建起了菇神庙以纪念这位香菇鼻祖，同时，也满足了精神上的信仰和寄托需要。凡菇民聚居的地方，都建有菇神庙。庆元最早出现的菇神庙是南宋咸淳元年（1265）建在西洋村的"灵显庙"（即现在的西洋殿）。每年的农历七月十六至十九，庆元县西洋殿菇神庙都要举行为期四天的菇神庙会。

善琏蒙公祠庙会

善琏镇地处湖州市南浔区南部，在古镇善琏几乎家家有笔工，户户出湖笔，因工艺精湛，名噪天下，素有"湖笔之都"之美誉。据传历史上秦将蒙恬为改良毛笔做出过贡献。《古今注》

载："恬造笔胜于故，凡善琏者必祀恬为笔祖耳。"因此，善琏历代均建有蒙公祠。每逢农历三月十六、九月十六，天下笔工云集蒙公祠举行盛大庙会，膜拜笔祖，企盼笔业兴旺，俗称"蒙恬会"。目前，善琏的蒙恬会已经改名为湖笔文化节，每年举办一次，延续着制笔名镇的传奇历史。

磐安赶茶场

每年农历十月十六，磐安玉山都迎来声势浩大的茶场庙会，即赶茶场。赶茶场以"茶神"许逊传说及对他的崇拜为核心，以当地茶文化为基础，以古茶场为主要文化展示舞台，是具有久远历史的民俗文化活动，分为"春社"（正月十五）和"秋社"（农历十月十六），主要流传在磐安县玉山一带。赶茶场最大的特色就在"赶"上。在庙会的头一天，邻近县市的商人就来设摊布点，庙会当天一大早，玉山周边的民众、香客及外地的游客纷纷赶来古茶场，一睹半年一度的茶场庙会盛况。古茶场内外香烟袅袅，香火旺盛，香客们虔诚地祭拜"茶神"许逊，充满了恭敬、祥和的气氛。古茶场外人头攒动，叫卖声不绝于耳，热闹非凡。

古茶场旁边的千亩空地上，各种民间艺术表演，集聚一堂，纷纷亮相。其中，最为吸引人的是"迎大旗"，以竹为杆，以绸为旗，旗大丈许，画上人物龙虎，旗大者面积可达六百多平方米，可覆盖一亩土地，升之需百余人。一次茶场庙会共迎来四面大旗，每面旗需八十至一百个壮汉，做好前期准备工作后，大家各守其位，在统一指挥下，全体人员步骤高度协调，齐心协力。整个过程，锣鼓紧催，呐喊声、助威声回荡于天地间，甚是豪迈。待四面大旗陆续竖起，鞭炮齐放，而绘有"龙虎相斗"的旗在半空中迎风飞舞，远观之，如真有龙虎相争，活灵活现，场面蔚为壮观。

径山庙会

径山庙会是径山特有的以茶文化为主要内容的传统民间庙会，具有浓厚的径山禅茶文化内涵和径山地方民间艺术特点。茶乡百姓每年在春茶采摘后期，举行径山庙会活动来祭祀茶祖和欢庆丰收，祈盼来年有个好收成。

绍兴东浦街道杨川村酒仙会

东浦街道是绍兴黄酒的发祥地，黄酒文化底蕴深厚，酒仙会作为当地传统庙会，是当地民间传承百年以上、珍贵而独特的非物质文化遗产。东浦街道杨川村酒仙会，起源于清咸丰二年（1852）。此后，村里每年农历七月间都要举行迎神赛会活动。村民把酒仙抬上神船，在河中巡行，沿河埠村民拿出自家新酿制的加饭黄酒，共同祭祀酒仙。有时，村民会把酒仙抬上神轿，沿村、堡巡游，沿途百姓设供桌，点烛焚香，跪叩祭奠酒仙赐福。

鄞州区邹溪庙稻花会

在江南的民间，有着以祈求稻谷丰收为中心的稻花会。邹溪庙稻花会始于清道光八年（1828），是旧时鄞县（今鄞州区）著名的庙会之一，一直延续到民国三十五年（1946）为止。每年农历六月十五，在水稻扬花结实之时，当地人以庙会形式来祈祷风调雨顺、稻米丰收。这一天，村村都把裴君迎，祈求丰年。
邹溪庙稻花会曾中断六十五年，于 2011 年恢复，举办时间依旧
是农历六月十五。早时，每到水稻接近扬花季节，农民就自发组
织起来举行稻花会，祈求神灵保佑丰收在望的稻谷有个好收成。
有古诗佐证："天台一脉到邹溪，五溪兴会大暑前；村村都把裴
君迎，稻花香里祈丰年。"

胡公庙会

　　方岩胡公庙会，源于纪念宋代名臣"胡公"（胡则）的朝
拜（俗称"迎案"）活动，是永康各地民众祭祀"胡公大帝"的
大型庙会民俗活动。历代以来，方岩庙会的娱神娱乐活动约定俗
成，世代相沿，年年进行，民众不论男女，不分长幼，自觉自
愿，争相参与，不遗余力。永康一带民间有"十岁上方岩"习
俗，说明其参与者众、胡公大帝信仰的流行。旧时，方岩胡公香
火在农历八月、九月最盛，每天朝拜者达万人以上。从岩下街至
方岩顶，人群川流不息、熙熙攘攘、热闹非凡。按照传统，农历
八月十三方岩庙会这一天，主要的活动由各地民间胡公会以村镇
为单位有组织有安排地进行。每个"胡公会"都有一个胡公殿和
一个胡公龙庭。胡公龙庭是用木雕朱漆制作的状似宝塔的楼台殿
阁，胡公神像坐在其中，并且雕有胡公十兄弟的造像。平时胡公
龙庭摆在胡公殿神位上，待方岩胡公庙会举办之日人们就将胡公
龙庭背上方岩。起驾胡公龙庭仪式十分隆重，要有仪仗队，要鸣
礼炮、敲锣打鼓，还有罗汉队和各种娱神表演的队伍，少则数百
人，多则上千人，声势浩大。

　　由胡公会组织上方岩朝拜胡公的队伍，次序一般如下：先

行长幡、长旗、头旗、蜈蚣旗、大刀、响盾、盾牌、红缨枪、棍棒、火铳等组成的罗汉班队伍；再行荷花神、高跷、大面姑娘、十八蝴蝶、十八狐狸、九串珠、台阁、旋车、三十六行、十字莲花、讨饭莲花、狮子抢球、敲敲班、唱戏班等组成的传统娱神文艺表演队伍；然后行鹅毛旗、令字旗、香案、铜锣、字牌、花竹、挑香碗、刀叉、万岁牌、胡公龙庭、黄阳伞、降神者、挑抬供祭品者和背香烛的人；最后是香客。朝拜队伍从村里出发，路经各地游案时迎胡公队伍在后，但到方岩山脚时迎胡公队伍必须在前，迎案与表演队伍在后。待队伍到了方岩顶汇集在胡公大殿后，首先要鸣放鞭炮、供上祭品，降神者跳上供桌在香炉里掏香灰并将新的香灰装上，此为换香火。然后迎案的罗汉班队伍在胡公殿回旋，顺时针三圈，逆时针三圈，娱神文艺表演队伍边走边表演。这一系列朝拜胡公仪式完毕后，这个胡公会队伍就离开方岩胡公殿以便让别的胡公会队伍继续朝拜胡公。下了方岩山后原路回村，将胡公龙庭背回村里的胡公殿安放原处。这样胡公会参加方岩庙会的一年一度大活动才告结束。

方岩胡公庙会，有史以来形成了其鲜明的特点：一是庙会规模大，每年参加庙会的"迎案"队伍及民众和香客可达二三十万人次；二是庙会持续时间长，从每年农历八月初至九月重阳，历时一个多月；三是表演形式多，其中以武术表演打罗汉（又称迎罗汉）为主，并辅以十八蝴蝶、十八狐狸等三十余个民间文艺项目的展演巡演；四是庙会影响广，其影响涵盖中国浙江周边地区及日本、东南亚各国，堪称江南之最。目前方岩的胡公庙会，已经是国家级非物质文化遗产。

胡公大帝在浙江（尤其是永康、磐安等）影响力甚大，胡公庙会也是影响比较广泛的，在历史上，杭州、金华、台州等地，都会举办胡公庙会。目前，在磐安、松阳、天台等地，都有相当规模的胡公庙会，由此可见胡公大帝信仰的流行。

杨府爷庙会

杨府爷信仰是在温州一带特别流行、具有重要影响的信俗，据统计，浙南有杨府庙一千五百多座，杨府爷是温州人的主要信仰神祇。苍南鲸头杨府殿则是其中规模最大、最具影响力的一座。温州一带，目前还保留着非常丰富的祭祀海神杨府爷的信俗活动，如苍南鲸头杨府殿，每年春节至元宵之间都会在该庙附近乡村举行一个大型的民俗活动"划太平龙"（即"划太平龙船"），它是鲸头杨府殿春节期间最基本的一项活动，整个活动的目的就是祈祷地方太平。目前，温州境内还保留着和杨府爷相关的大量信俗活动，而碧山的"十八社拦垟福"则是其中最具有影响力的形式之一。

"拦垟福"，又名"拦垟"，起源于旧时汉族民间祭祀风俗，属地方民间俗神信仰活动。这项活动主要分布在温州市桐浦、碧山、陶山等地乡村，主祀神是杨府爷。按当地民俗，农历正月廿日举行杨府爷巡游活动，其间还举办传统会市（农村集市）。在巡游队伍中，有人扮演各路神仙，手里拿着各自的宝物；有人扮演戏子，唱着戏曲；有人扮演古代良将出征，身跨高鞍大马，身披刀枪棍棒，好像大敌当前，严阵以待；有人扮演"三十六行"，在队伍中行走。当然，巡游队伍的主角还是杨府爷。人们抬着他的神像，在各处田垟上巡游，有时还联合几个村的社庙，一起抬神出来拦垟。碧山街道有二十个行政村，每年轮流做东举办"拦垟福"传统民俗活动。这二十个行政村，原为十八个村，民国时称为"十八社"，因此"拦垟福"也称"十八社拦垟福"。

陈靖姑庙会

陈靖姑（陈十四夫人），在浙南、闽中南具有广泛的影响力，在浙江的温州、丽水一带，信奉陈十四夫人的习俗非常普遍，在丽水的莲都区依旧保留着元宵节"陈十四夫人巡游"的信俗。

丽水市莲都区"闹元宵迎陈十四夫人"的传统习俗在民间已有一千多年的历史，传说唐时，有位名叫陈靖姑的女英雄，生日是正月十四日，她正直勇敢，为民除害，护国佑民，老百姓亲切地称她为"陈十四夫人"，她也成了民间崇拜的神祇。该习俗活动由青林村、岩泉村、秋塘村、社后村、关下村、堰头村轮流举办，所需费用由轮到举办的村负责。

缙云的张山寨七七庙会，是在农历七月初七举行，也是围绕陈靖姑信仰开展的民俗活动，2022年入选国家级非物质文化遗产名录。张山寨七七庙会是缙云县胡源乡招序村张山寨于农历七夕举办的民间信俗活动，始于明万历初年。现在，张山寨的献山庙里还供奉地方神陈十四娘娘。农历七月初七日，百姓们为求风调雨顺、五谷丰登，都要到此举行规模盛大的迎神表演活动，俗称"张山寨七七庙会"。其活动形式和程序分为设立"案坛"、上寨迎轿、巡游祈福、献戏、山寨守夜、会案表演、祭拜归位等，其中献山庙前的会案表演为整个活动的高潮部分。

仙居清音寺庙会是依托民间的陈十四娘娘传说，在农历七月初七前后举办的延续多天的一个较大型的佛事活动与民俗表演、展示活动。其基本内容有朝拜、祈福、还愿、看演出、观看庙会展示等。清音寺庙会期间，远至永嘉、缙云，近到邻近村民，云集参与人员多达数千，甚至上万人，表演人员也在二百到三千人。穿插其间的民俗表演与展示，有列入省级非物质文化遗产名录的"十八罗汉"，列入市级非物质文化遗产名录的三十六行说唱与表演，还有地方戏曲、曲艺及游艺活动。

而磐安的"高姥山七夕节"，俗称"娘娘庙庙会"，同样也是由陈十四夫人信仰而来的。高姥山娘娘庙庙会，是指每逢七月初七，方圆数百里的香客们前来朝拜庙中的"陈十四娘娘"而形成的民俗庙会，自明代以来一直在磐安传承。许愿还愿，祈求生儿育女、婚姻美满，这是当地善男信女在七夕例行之事，他们坚信这是陈十四娘娘带给自己的福祉。每逢七夕，磐安、永康、仙居、天台、缙云、东阳、新昌等地成千上万善男信女上山朝拜祈祷，并在此"靠山"（背靠此山露宿通宵），年长的香客在庙堂里念诵《上香经》《点烛经》《十献茶》等民间经谣，经谣内容多为劝人为善，孝敬长辈，崇尚君子之风、夫妻和睦等中国传统道德价值观。

嘉善护国随粮王庙会（七老爷庙会）

护国随粮王庙，也称七老爷庙，初建于明末，清初庙址搬迁至现址（西塘镇雁塔湾）。相传明代一位姓金名七的朝廷运粮官，满载皇粮，路经西塘，时值这一带连年遭旱灾，颗粒无收，路有饿殍，其状甚惨。金七动恻隐之心，私自发放皇粮救济，灾民赖以存活者甚多。而金七空船回京，朝廷追究其事，金七以身殉法。百姓感其恩德，特建此庙，以表纪念。而为了祭奠这位明末放粮救民的随粮王七老爷，信奉者每年农历四月初三举行盛大赞神、娱神信俗活动集会。此俗于清中后期至民国初形成，一直沿袭至今。

城隍会

城隍在传统时代，就是一个护佑地方的神灵，因此，对于城隍的信仰和祭祀，是传统时代民众的一件重大事件，各地都有祭祀城隍的庙会，以娱神祈福。目前浙江的民间，依旧保留着祭祀城隍神的城隍会，而且，参与者甚多、影响广泛，比如象山石浦的六月六庙会、温州龙湾宁村的七月半汤和庙会和浦江的十月二十庙会，都是非常典型的城隍会。

石浦"六月六"又称天贶节，抬城隍、迎戚爷、娱生活，是当地群众追念戚继光丰功伟绩并祈福的活动。农历六月初一，是石浦城隍庙城隍老爷的生日，戚爷坐像就要出来"扫街"，即净街。在民间，从六月初一到六月初十都要为城隍老爷举办生日庆典，其中六月六庙会最为盛大。参加庙会的巡游队伍中有镜架山老龙、黑白无常、戚继光神像、保生大帝、昌国抬阁、鱼灯队、十二生肖队等二十余支喜庆队伍，由延昌宋皇宫出发沿渔港路进行环港巡游，最后到达海峡广场进行相关仪式及民俗表演。

温州龙湾宁村七月半汤和庙会祭奠的是四百多年前为抵抗倭寇入侵而英勇献身的先辈；悼念的是在倭患中殉难的同胞；纪念的是中国反抗外族入侵的英雄汤和。明洪武十二年（1379），汤和奉命在东南沿海构筑五十九座卫所城，宁村所城就是其中一座。因抵御倭寇侵犯有功，汤和卒后，被追封为东瓯王。当年宁村所城内有驻兵一千一百七十五名，根据汤和制定的"寓兵于民"制度，这些驻兵即成为宁村所城的第一代居民，在此安

家落户，生养繁衍，世代亦兵亦民。由于驻军来自苏、浙各地，繁衍至今，村内尚有八十九个姓氏，可谓"百家姓"的活化石。人们为感激汤和功德，明嘉靖七年（1528），在温州龙湾宁村修建"东瓯襄武王汤公庙"，清康熙年间改"城隍庙"，后称汤和庙。嘉靖四十年（1561），为追悼倭患中殉难的同胞，在中元节举行抬神像巡城仪式，即一年一度的七月十五汤和节，即汤和信俗。

农历十月二十，是浦江县城的传统庙会。这一天，位于浦江县城南边的城隍庙热闹非凡，来自四面八方的群众聚集在这里祭拜城隍老爷。在城隍庙边上，还搭起了戏台，唱起了浦江乱弹。据传，举办十月二十庙会是为了纪念福建籍姓周名点的浦江知县。传说周点在浦江上任时，为解救百姓疾苦而冒顶"贪污"粮赋之罪，被朝廷问斩。日后，民间缅怀其恩德，奉其为"永镇隍神"，每逢农历十月二十其"诞辰"之期致祭，亦举行盛大庙会。

曹娥庙会

曹娥庙，是为褒扬东汉上虞孝女曹娥而建的一处纪念性建筑，位于上虞曹娥江西岸曹娥街道的孝女庙村，旧有"江南第一庙"之称。

曹娥（130—143），上虞曹家堡村人。母早亡，父曹盱于汉安二年（143）五月五日在舜江落水失踪。年仅十四岁的曹娥痛失慈父，昼夜不停地哭喊着沿江寻找，无果。到十七天时曹娥投江寻父，三日后，已溺水身亡的曹娥竟背负父尸浮出了水面，以生命的代价谱写了一曲孝义赞歌。曹娥的孝行感动乡里，轰动朝野。人们把曹娥殉父的舜江改名为曹娥江，元嘉元年（151），上虞县令度尚改葬曹娥于"江南道旁"，报奏朝廷表为孝女，并为其立碑建庙——曹娥庙，尊她为"孝女娘娘"。以后每逢曹娥殉父这一日（五月二十二日），人们集聚曹娥庙祭奠。久而久之，祭奠孝女曹娥、传承曹娥孝节，逐渐形成了颇具地方特色的曹娥庙会，绵延至今已有一千八百多年历史，影响极大，妇孺皆知。

按照当地民间约定俗成的习惯，旧时每年农历五月十五至二十二这七天为曹娥庙会期。会期一到，远远近近、四面八方的香客，成群结队前来烧香和宿山（通宵念经）。庙内烛光融融，香烟缭绕，善男信女济济一殿，钟磬念经之声此起彼伏，不绝于耳。

鄞州它山庙会

鄞州它山庙会，是在遗德庙进行的，以纪念王元治水之功，历史非常悠久。"遗德庙，县西南五十里，旧名善政侯祠，俗称它山庙。唐太和中贸令王元暐筑堰捍江，引它山水入小江湖，灌溉甚溥，民德而祠之，奏封善政侯。宋咸平四年重修。"（嘉靖《宁波府志》）

鄞江镇西倚四明山麓，东通宁波三江口，江川入海，历史悠久，古韵沉厚，曾为明州州治、鄞县县治所在地。唐太和年间（827—835），王元暐出任县令，思案境内发展，巡察它山之水，知其大溪通江，咸潮冲接，"田不可稼，人渴于饮"。春秋之际，山洪暴发，奔腾而泻，生灵和农田常遭灭顶之灾。太和五年（831）十月初十，王元暐生辰之际县地方官吏、仕宦乡绅等为其祝寿，王县令为整治水患决定作堰，趁此宴宾之机宣告它山堰开工。太和七年（833）三月初三，是县令夫人程氏素娥三十岁寿诞，此时堰体大坝基本竣工，王县令借贺寿之机宣告它山堰主体竣工，以共同贺。此后每逢"三月三"和"十月十"人们都要举行庆典，纪念王元暐为民造福、修筑水利的丰功伟绩。久而久之，鄞江镇形成了具有双重意义的独特庙会。

传统的它山庙会规模不等。"三月三"和"十月十"会期均两天，两者均以祭祀为主，兼及演戏娱人娱神。后来又增加了"六月六庙会"，为期三天，在诸庙会中时间最长、规模最广。原本于早稻扬花季节举行的稻花会，融入了歌颂它山堰水利功德的内涵，成为融瞻仰、旅游、商贸、娱乐、祭祀等为一体的经济和文化交流盛会。

五堰庙潮神庙会

五堰庙地处钱塘江北岸的六堡，庙内供奉"潮神"伍子胥。旧时，钱塘江潮水为患，潮灾频发，沿江百姓吃尽了苦头，皆寄望于"潮神菩萨"显灵，免除潮灾之苦。每年农历八月十八是传说中的"潮神"生日，"五堰庙"必定要演庙台戏庆贺，以求"潮神"护佑沿江百姓平安。所请的戏班均为绍兴大班或水路班子，演出剧目则多为忠良戏，如"文昭关""徐策跑城""秦琼卖马"等，寓意"潮神"乃忠良之神。而且大戏开锣之前必定加演喜庆色彩浓重的"谐剧"，像"跳加官""跳八仙"等，幽默、诙谐、喜乐，这种特有的形式把"庙会"的气氛烘托得非常热闹。"庙会"期间，周边百姓纷纷来"五堰庙"烧香点烛、拜佛求签祈福，香火之盛，引得三教九流汇集于此。五堰庙潮神庙会是周围较有影响的庙会之一。

嘉兴网船会

嘉兴王江泾镇的网船会，是一项水上狂欢民俗。每年清明、中秋、除夕，人们齐聚王江泾镇莲泗荡东北岸的刘王庙，江浙一带的渔船也云集于莲泗荡，场面极其壮阔。网船会在江南地区影响很大，是集祭祀、会亲、娱乐、商品交易于一体的水上庙会和渔民狂欢节。

在明清两代，作为水运民众的重大节日，网船会十分盛行，持续不断。时至当今，网船会已经于2010年入选国家级非物质文化遗产名录，每年活动由当地政府主办。

元帅庙会

元帅会，旧时比较流行。"按城内外别有元帅庙五，一在雄镇楼西仓桥上，见《乾隆志》。一在旌功坊童乘寺，一在皮市巷永宁院，一在中皮市巷迎仙观，一在湖墅草营，皆祀温忠靖王。又按宋濂碑文，非为杭庙作，然述祀神缘起，特谨严有法，故附录之。"所以，元帅会，是旧时杭州比较热闹的庙会之一。

杭州供奉的元帅菩萨，面孔、四肢全部都是青色的。传说元帅姓温，是明时秀才，来省城杭州应试，在寓所夜读时忽闻鬼言已下瘟药于城中井中。温秀才为救杭城父老，以身投井。次日，人们将他打捞起来，只见他浑身发青，知他是受毒而死。于是封其为东嘉忠靖王。相传温秀才所投之井就在东牌楼神座下，此处建有旌德观，这就是杭城的老元帅庙。城中还有数处元帅庙，民间称旌德观"为有财有势老元帅"；上仓桥的忠靖观，为"有势无财仓元帅"；清河坊童乘寺，为"有财无势童元帅"；府城街甘泉寺，为"穷凶极恶甘元帅"；还有所谓"活脓倒臭皮元帅"，因为其庙在皮市巷。庙会出会唯旌德观老元帅庙，以农历五月十八日为诞辰，农历十六日为出会期。

目前，浙江仍有比较活跃的元帅庙会，比如余杭的元帅庙会和海宁的元帅庙会。在余杭，每年的农历五月十六，南苑街道钱塘社区等附近村落，总会有三十多支民间艺术队伍聚集咸水庙前，穿着古装，拿着各种表演道具，跟着元帅行走十五千米进行巡游表演。沿途经过的各自然村，不管男女老少，都不约而同地赶来观赏。

海宁许村的元帅庙会，传统上是以许村镇的翁埠村、塘桥村为中心展开的。始于南宋，流传于明代，盛于清代，是钱塘江北岸杭嘉地区的一项历史悠久的民俗活动，尤以许村镇翁埠村一带为最盛。许村元帅庙会的起源，与一位杨姓进士有关。相传杨进士为挽救百姓生命，以投井献身来证明井水有毒，人们感念他的恩德，为他建造了元帅殿，按其形象塑造了面色紫黑的像供奉庙中，并将每年农历五月十六（杨进士的忌日）定为元帅庙会的迎会日。目前，每到农历五月十六这一天，翁埠村一带都要举行声势浩大的元帅祭拜仪式和巡游庙会活动，活动波及周边的镇、村乃至桐乡、余杭等地，是浙江省涉及范围较广、影响较大的民间庙会之一。

上虞五龙庙会

对龙的崇拜，在浙江也是极其普遍的，围绕龙的信仰而展开的庙会，在传统中也是常见的，目前上虞崧厦街道前庄村的五龙庙，依旧保留着庙会。五龙庙会历史悠久，自明宣德年间就开展活动，为保佑出海平安顺利，四面八方的村民云集于五龙庙，进行民间祭祀和文艺演出等，后成为传统习俗，每年农历八月十五至二十举行庙会。当日的庙会现场，彩旗队、铜管乐队、腰鼓队、民间吹打乐队、舞龙队、舞狮队，一路行经雀嘴、前庄、联海、章黎等五龙庙周围四村，行程十多里，两个半小时热热闹闹的文艺踩街盛况，吸引了万余村民竞相观看。

十多年来，五龙庙会以弘扬民族文化为主旨，将传统的民族文化与现代的群众文化需求相结合，融入新的概念和新的内容，建立了一套较为完善的庙会活动模式，以民间传统祭祀活动、文艺踩街和文艺演出活动为主要内容，丰富了人民群众的文化生活。

石淙太君庙会（太均娘娘庙会）

　　湖州的石淙镇为三殿太君的出生地，建有太君庙。太君庙会历史悠久，史料上记载：陆圭生于熙宁年间，在镇压方腊起义中立下大功，死后成神（镇海潮王）。太君因帮助父亲为民除害，进而成神。大致在南宋时期，从对陆圭的祭祀及附带对太君的祭祀，一直延续到今天，人们或祈祷太君娘娘的保佑，或感谢太君。来自江苏、上海等太湖流域的香客及湖州石淙周边乡镇的村民会参加该庙会。太君娘娘是在浙北地区尽人皆知的一位神灵，主要扮演着幼妇守护神的角色。实际上太君由三位娘娘组成，全称为"南塘三殿太君娘娘"，现民间一般将三位合为一体，统称为"太君娘娘"，娘娘无所不能，有求必应。在当地，从一个孩子出生到长大成人，围绕太君信仰则会举办一系列的仪式。如祈乳、三朝、满月、周岁、十六岁"罗汉酒"等。农历九月十六为太君娘娘诞辰，庙会从九月十三便已陆续开始，一直持续到九月十六，但在农历九月十五这天达到最高峰。庙会分进香、踩街游行、文艺演出等几个环节。踩街由南浔东栅新二大社、太湖公数社、乌镇共和社等十四个社（队）组成（庙会上每年踩街的队伍均由周边村镇民众自发组织）。踩街时，从太君庙出发，沿老街穿过居民区，经石淙大桥、永福桥、永安桥再回到太君庙。一路上敲锣打鼓，有的人扮演犯人，有的人扛着大旗，热闹非凡。尤其是扎臂香（这种仪式在江南的庙会中比较常见，在刘猛将的庙会中也有类似的形式，大体上是借这种形式以传达神灵的法力），将铁钩扎一端进肉里，铁钩另一端悬挂香炉等重物，所见者无不叹为观止。

丽水通济堰双龙庙会

通济堰双龙庙会，起源于南朝梁天监年间（502—519），历朝历代都在举行，形式规模各异，内容各有侧重，其主题都是围绕纪念修建通济堰的詹南两司马等历代先贤、贯彻通济堰堰规和欢庆丰收。每年要举行春秋二祭。春祭，通常称"三月三"龙子庙会。从龙子侯王每年农历三月初三出巡，到四月十二日归庙，整个活动历时一个多月。秋祭，在八月中秋节举行，村民们把历代先贤神化为大仙，故称双龙庙会。庙会的主题是"颂先贤、庆丰收"。

目前通济堰庙会依旧每年举行，主要由双龙庙巡游活动、祭拜先贤仪式和文艺表演组成。巡游队伍有龙王巡游队、修堰先贤穆龙公队、舞龙队、荷花灯、狮子灯、宫灯、马灯和处州乱弹等十多个民间艺术表演队。早上五点半从碧湖龙子庙集中出发，沿大众街、碧湖保定村等二十多个街道、乡村绕一周；再经古堰画乡、文昌阁至堰坝龙庙，请出穆龙公加入巡游队伍；然后从堰头主干渠步游至碧湖主会场，举行祭拜先贤、向先贤敬献花篮等十多个仪式；最后举行文艺表演，共表演开场舞龙，传统舞蹈《荷花灯》《狮子灯》《翻龙泉》《处州乱弹》，以及传统武术，等等十四个丰富多彩、形式多样的民间传统文艺节目。

瑞安莘塍庙会

瑞安的莘塍庙会，是民间纪念先贤治水和疏浚温瑞塘河的祈福活动，始于北宋时期，至今已有千年历史。相传莘塍古时遭受台风、洪水等严重自然灾害袭击，先贤们带领村民，开凿河流防洪水、抗旱灾，莘塍沿河也变成了瑞安富庶的地区之一。莘塍志书记载，唐贞观间，先民围涂农垦，煎盐开荡，塍堤交错，故名莘塍，又名新塍。明嘉靖时称莘塍庄，属清泉乡八、十、十一都。莘塍自古流传着民谣："正月初一开庙门，初二拜丈人（岳父），初三拜邻舍（邻居），初四拜屋底（自家人），初五圆金，初六上坟，初七无事干，初八燎火盆，初九嬉嬉，初十东堂庙屠大猪。""东堂庙屠大猪"就是指每年农历正月初十的莘塍地方庙会活动。

奉化萧王庙庙会

奉化萧王庙，建于剡溪与剡江分界处，古称泉口的八角岭上，是为纪念北宋时期奉化县官萧世显而设。素有"剡东第一名祠"之称的萧王庙，面朝铜峰青山，背依剡江之水，画栋雕梁、飞檐翘角，颇具浙东古庙宇建筑风貌。萧世显，江苏沛县人，北宋天禧二年（1018）任奉化知县。他生活简朴，为官清廉，从不坐在官衙内享乐，经常深入农村百姓之家，了解农民疾苦。任期内，他兴修水利，与百姓一起劳作；兴办学校，向小孩们灌输知识的重要性。天禧五年（1021），奉化境内连续数月干旱，大片农田开裂，萧世显带领众百姓开渠筑堤，将剡江水引入内河，灌溉农田，大大减少了农业损失。次年同一季节，不但发生大旱而且蝗虫成灾，萧世显在巡查泉口一带时，与广大农民一起奋力扑杀蝗虫。他视蝗虫为仇敌，来不及用手捏杀时，竟用嘴咬。后因劳累过度，在泉口八角岭中风而亡。

萧世显为民鞠躬尽瘁、死而后已的高风亮节，感动了百姓。为感念他的功绩，人们在泉口八角岭上造了一座纪念祠，称萧世显为萧公。庙会举办时间为每年正月十三至十八日，其时六天六夜。灯祭由当年负责祭祀的堡中有一定威望的长者主持。是时，即正月十三黎明时分，主持者发出庄严肃穆的号令，庙会骨干人员按预定程序，有条不紊地献上供品、上香、点烛、致辞、跪拜，界下民众也纷纷汇聚庙内，进行参拜。参拜毕，等待接下来就要举行的游行仪式。

义乌洋川十八庙会

《义乌洋川贾氏宗谱》记载，南朝梁中大通三年（531），洋川贾氏五世孙贾昙颖，辞官归里，且在傅翕的影响下，崇信佛教。为助傅翕弘扬佛法，捐出私产土地一处，供傅翕建造双林寺。从此，贾氏宗族就和傅大士结下了不解之缘。农历正月十八是贾昙颖的生日，贾氏宗族为纪念贾昙颖与傅大士的这段佛缘佳话，就在这天举行盛大的仪式，周边数十里的善男信女都来顶礼膜拜，称"十八大会"。为壮行色的抬阁翘也应运而生。"十八大会"每年必办，是由十甲姓贾的村子轮流值甲举办，轮到值甲的村子，承办一切庙会事宜。其他村子只需派出几十人贴甲（即送大蜡烛时加入队伍，以壮行色）。值满一轮（即十甲都已轮过）后，就由所有村子联合承办，叫捧甲。值甲的村子必须在农历正月十五就去海云寺将大士佛请到村中来受香火。大士佛被请到村子中的临时佛堂（一般均设在宗祠厅堂内）后，村民都会送来蜡烛置放于香亭前点燃，直至正月十八大士佛被送回去为止。正月十七这一天，值甲的村子要在附近村子转一圈进行送大蜡烛仪式的预演，称扬案，第二天再把大士佛和大蜡烛送往海云寺。届时，沿途村子都设有香案。在大士佛受香案时，整个队伍就地停下，此时放火铳、鸣鞭炮、摇响钗、敲锣鼓，热闹非凡。香案的主人除了顶礼膜拜外，还会给装扮抬阁翘的小孩分发"斤头"（糕饼水果之类的食品）和红包，人手一份。

温岭市大溪宋九尚书庙会

《大溪镇志社会岁时习俗》记载，四月二十三为大溪镇镇东庙（现改名为镇东宫）庙主宋九尚书张齐贤寿日。镇东庙由南宋名臣王居安的祖父王聚厚所建，王氏始祖王从德，晚唐时官至大理寺少卿，后弃官居故里杭州施水巷。五代时，举家迁出杭州，分居浙东各地，从德随其第三子定居黄岩宁川。王居安的祖父王聚厚系从德八世孙，自宁川迁至方岩大溪（当时属黄岩县）居住。王聚厚将原来族人的宋九尚书信仰也带到大溪，自此代代相传，形成了大溪独特的四月二十三庙会风俗传统，每逢四月二十三，由大溪、水仓、后岸、宜桥四个村轮值举办庙会，距今已有一千多年历史。

以某年水仓村举办的庙会为例。庙会当天，大溪各街道两侧打着各种横幅。水仓全村村民从早上五时出动，以"宋九尚书出巡"为主题，进行游行活动，各表演队和护旗队浩浩荡荡地在各村街道巡回演出。领头的是两位壮士，骑着两匹大马，后面村民们举着凌刀、清道锣、彩旗，抬着"宋九尚书出巡"，扛着"顺风""风调雨顺""国泰民安"等大旗。乐队紧跟着，第一场出演的是女子大奏鼓，一阵锣鼓响起，穿着渔村风俗服饰的箬山渔家女跳着古老的渔村风俗舞蹈，铿锵有力、激情飞扬；第二场出列的是路桥舞龙队，威风的锣鼓打响后，两支龙队翩翩起舞，充分展示了龙图腾之象征、龙文化之精神；第三场出演的是由水仓村村民自编自演的腰鼓。依次出场的还有二人转、文武山庄少年武术队、鼓手队、小鼓、闹湖船、八仙。最后舞狮队出场，表演惊心动魄，精彩绝伦，舞狮者站在梅花桩上，直立将吊在竹竿上的香烟和红包摘下，高难度的表演扣人心弦。

开化大溪边乡方田村茅令公庙会

每年农历三月初三，开化大溪边乡"三月三"庙会都会在方田村启幕。"三月三"庙会，主要是为了祭祀茅令公，茅令公在当地是一尊比较有灵念的神，被称为"有求必应"。因此来许愿、朝拜的人络绎不绝，庙内香火旺盛，烛光通明，据说三月初三是"茅令公"的生日，于是村民就把"三月三"定为庙会。

相传茅令公原名叫茅瑞，是一名武将，红脸，身材魁梧，六十岁时被皇帝封为侯王。茅瑞生前在山东任职，其间公正廉明，深受民众拥护，死后为人们所纪念，被裱为画像，供当地百姓朝拜。清代初期，本乡大坞口村有一太公余氏到山东做生意，一天在饭店住宿，店老板想谋财害命，画上的"茅令公"托梦给他，催他醒来，他才逃走。为答谢救命之恩，他只带上这幅画，逃回到方田，后按画像上的模样塑了一尊像，这像叫"茅令公"，又造了一座庙，将像安放在庙内。庙会的整个过程中，主要有茅令公神像巡游、舞柳叶龙、唱社戏等活动。

"三月三"前两天，全村各家各户，就派人去请亲朋好友来客，筹备庙会工作。三月初二戏班就进村了，并把茅令公像抬到戏场里（祠堂）。这样，庙会的重头戏宣告结束。接下来，特别是农历"三月三"当天，除本村的亲戚朋友外，方圆几十里的人们，做生意的小商贩，都聚集到村里。看戏的、拜神的都集中在一起，像过年一样热闹。等戏唱完后，再把茅令公像回送祖庙。

象山赵五娘纪念法会

每年农历八月初一至初三，位于象山县爵溪白沙湾的弥陀净寺香客云集，举行声势浩大的赵五娘纪念法会，各地赶来祭庙的信徒多达三万余人。

当地民间相传，古时有个女子叫赵五娘，嫁夫蔡伯喈，蔡郎上京赶考，一去十年杳无音信。蔡父、蔡母于灾荒之年双亡，五娘"剪发扒土"葬公婆，由此有了民间普遍传诵的"赵五娘故事"。据传，万念俱灰的赵五娘在八月初三那天于爵溪大丬山蹬"升天石"跳崖升天。后人为纪念这位孝顺、勤劳、忠贞的赵五娘，在爵溪白沙湾建造了赵五娘庙，并于每年八月初三举行庙会。

鄞州咸祥八月半渔棉会

咸祥八月半渔棉会是鄞州最盛大的庙会之一，至今有三千多年历史。咸祥百姓为庆祝鱼虾满仓、棉花丰收，感念唐代浙江观察使裴肃平乱佑民，杨懿县令围涂筑塘、改造田地之功，每年从八月十三起，连续四天，举行祭祀、演戏、迎神爵献、赛会等活动，其中纱船、抬阁赛会场面蔚为壮观。

天医菩萨庙会

在传统社会，由于医疗技术和条件的限制，民众一旦生病，求助于神灵，是最为普遍的选择，因此，在各地都有着非常广泛的医药之神信仰，以祈求身体健康，杭州的天医庙就是这样一座庙宇。"医庙位于彭埠老街东侧，供奉的是主管人间安康的"天医"。在当地百姓心目中，这位"天医"有求必应，非常灵验，所以不管穷家富户，都十分信仰。据传，农历六月十五是"天医"生日，为此天医庙每年都要举行庙会，为他庆贺生日。天医庙庙会十分讲究，也非常热闹，而"调白神"则是庙会的主要内容。"调白神"中有捉拿鬼魅、驱邪避祸、劝诫警示等诸多内容。根据内容需要，举办者会设置、装扮成各类相关人物，加入乐器、锣、钹、唢呐、大鼓等，按照规定的节奏和步法进行表演，他们边走边演，动作幽默、诙谐、夸张，使"调白神"极具观赏性。热闹的场面吸引了不少乡间民俗队伍的参与，像"跳八仙""擎高招""提炉会"等都加入进来，使"调白神"的表演内容更趋丰富和多元。而且"调白神"有个特点，即表演者个个脚穿草鞋，这使这一民俗活动显得乡土气息十分浓郁。"调白神"由于是杭城百姓祈求健康平安的庙会内容，所以广受民间欢迎，逐渐向城东的九堡、乔司、笕桥、半山及临平等地延伸扩展，成为城东地区较有特色和影响的民俗活动。

七夕庙会

七夕，因为董永和七仙女的美丽爱情故事，近年来被称为中国人的"情人节"。在传统社会，这是历史悠久的乞巧节，民间自古有七夕祭拜织女以祈福的习俗。在浙江，七夕节也有非常隆重的庙会存在，最为出名的当数东阳东白山的七夕庙会。

在东阳，相传农历七月初七，七仙女会下凡到东白山沐浴，并与牛郎相会。这一传说在东阳周边县市广为流传，从而形成著名的东白山"七月七"庙会。东阳、诸暨、嵊州、义乌、新昌、兰溪等县市的善男信女和游客在每年农历七月初六早上登山朝拜七仙女；晚上青年男女就扎营山顶，彻夜不眠，名曰"靠山"，而年长的香客则住在殿内，称为"靠殿"。东白山"七月七"主要以中老年妇女制作彩斗及祭拜与演唱为主。香客们主要祭拜七仙女、北斗大帝、南斗大帝等。在祭拜过程中还要唱经，如《敬天敬地经》《上香经》《八仙歌》《太阳经》《北斗经》《南斗经》《长寿经》等，称为"做佛戏"。当深夜演唱佛经结束后，众香客就改唱东阳民歌，如《七仙女织绸绫》《花名宝卷》《十劝歌》《十劝郎》《七仙女游东阳》等，并互相赛歌。初七早上，青年男女则在东白山巅观日出，人数多时达万人。

畲风之俗

风俗集

刀耕火种

畲族入迁浙江之初，仍沿用着原始的"刀耕火种"的耕作方式，以垦山种粮为生。畲族的刀耕火种，主要有"斫畲"、"烧畲"、种"火田"、"包罗杖"播种等生产习俗。历代文人墨客也对畲民的刀耕火种进行过生动的描述。如唐代刘禹锡的《竹枝词》云："山上层层桃李花，云间烟火是人家；银钏金钗来负水，长刀短笠去烧畲。"李商隐《赠田叟》一诗也有"烧畲晓映远山色，伐树暝传深谷声"之句。

"斫畲"，即劈倒草木。"烧畲"，即待树草干枯后点火烧。烧山时，从山顶点火往下烧，曰"落山火""坐火"。烧后等凉透再锄地播种，便能不耕而获。这就是种"火田"。火田多属缺水旱地，所种多为耐旱作物，如种苟、薯姜、竺、芋、茄、菜等。

"包罗杖"是刀耕火种时代一种用于播种的竹制农具，在坡度较陡之处使用。将一根手杖般长短的毛竹，打通竹筒内的竹节，底端残留一竹节，竹节上洞穿一个玉米种子大小的孔，竹筒下端削尖。使用时，把种子倒入竹筒内，用削尖的部位戳地，种子便入土中。使用包罗杖，无论陡峭岩缝或石堆，杖往上一戳，都可播种。

畲族的"刀耕火种"一直延续到 20 世纪中叶。20 世纪 50

年代初，畲族地区进行土地改革，畲民分得了土地、农具等生产资料。至此，畲族基本停止了刀耕火种的原始耕作方式。

开秧门

开秧门这天，畲民备办豆腐、三牲、米饭、酒等，点烛焚香、烧纸，拜五谷神、土地神，保佑禾苗生长旺盛，没有虫害。祭祀完毕，才可拔秧插秧。

播田老司

插秧日子决定后，就要约好体强力壮且手艺高超的"播田老司"。畲族男女下田，平日做活统称"做事人"；唯有插秧，无论男女均尊称"播田老司"，即插秧师傅。俗话说："插田工，过年肉。"一经约定就算数，不得违约，有特殊原因也得请人代替。

手镯防秧疯

插秧这天，播田老司天未亮就到主人家吃点心。由十几岁的孩子举着松明火把，带播田老司到秧田去拔秧，每人拔一担秧后才回去吃早饭；饭后，挑秧到田里插秧。插秧之前，由负责照明的孩子蹚平水田，使田平水深，有利于秧苗落泥发根。插秧之前，插秧的人先坐在田头休息一会。俗话说："到田头不坐一坐，土地公要打屁股。"遇到大丘的田，要由插得又直又快又均匀的播田老司先下田插"开头手"，余者跟着插第二、三手等。插"开头手"者若被其余的人赶过了头是很倒霉的，他就称不上"老司"了。插秧时，不论男女，右手均戴手镯。女性播田老司戴银手镯。男性播田老司平时不戴手镯，此时也戴上用旧棺材钉作材料打制成的铁手镯。戴上此镯，俗信以为可以防止"秧疯"。

播田饭习俗

插秧这天，主人备酒添菜，款待播田老司，晚餐特别丰盛，曰"播田饭"。主人还把一个熟鸡蛋和两方块猪肉用秧秆串起来，分给播田老司每人各一串带回家。插秧期间，不管是谁，都要等干活的人都回家后一起吃饭。吃饭的座位，尤其是播田老司的座位，一日三餐必须固定，不可移动或调位。否则，主人就不高兴，认为播田老司吃饭座位变动了，所插的秧株要漂浮。所以懂得畲族插秧习规者，此时吃饭，一定要让播田老司坐定后，方可入席。畲族好客，在插秧这天，要请长辈和老人及左邻右舍一起吃"播田饭"。来客越多，主人越高兴，认为"播田加一口，田头加一斗"。有些人家没养牛，租别人的牛犁田，插秧这天，也要请牧童吃饭，称"仰（看）牛饭"。

狩猎习俗

畲族长期居住山区，狩猎不仅可以消除侵害庄稼的野兽，还可弥补农业生产收入的不足。畲民代代狩猎，曾有过"家家皆猎户"的时代。直到明清时期，狩猎生产在畲族生产习俗中仍具有重要的地位。民国时期，由于农业生产的发展、野兽的减少，狩猎已不是主要的生产活动，但仍作为一种生产习俗保留下来，狩猎组织结构也逐渐变化，以个人狩猎为多。中华人民共和国成立以后，尤其是改革开放以后，畲族实现了跨越式发展，其农业生产习俗与当地汉族基本相同；随着封山育林和保护动物政策的实施，狩猎习俗日趋式微。

男子便服

畲族男子日常所穿便服，基本仿照当地汉族男子服饰，只有少数人仍保留着古老的服式：冬天穿大襟衣衫，开襟处镶有月白色或红色花边，下摆开叉处绣有花朵；夏天穿大襟短衫，衫长过膝，圆珠铜扣，衣领、袖口镶有花边。

女子便服

女服为大襟花边衣，俗称蓝观衫。清代以前，花边为刺绣，民国时期逐步改为贴花边。青年、中年、老年花边服式各异：青年花边衣大多青色布，胸前右衣襟、领圈镶四色不同花边，称"通盘领"蓝观衫，袖口镶花边，裤脚用针绣鼠牙式数色花纹；中、老年花边衣较简单，花边只单色或双色。劳动时打绑腿，穿草鞋，身着粗布麻衣，腰系围裙或白布巾，头巾裹头。在家脚穿木屐。中华人民共和国成立后，其衣着逐渐与汉族相同。

吉服

学师、祭祖时穿的吉服也称"法衣"，款式为大襟长衫，无纽扣，用带束。经宗教仪式"做阳"（亦称"做聚头""传师学师"）后，方可着此衣衫。男子的吉服有青和红两种颜色，衣长三尺，袖阔一尺。第一代学师或祭祖过一次者穿红色，名为"赤衫"；再祭一次或学师者已传下一代的穿青色，名为"乌蓝"。赤衫、乌蓝都镶有月白色布边，还配有同样颜色的无顶帽，帽有两条带往前胸挂，名为水枯帽。赤衫、乌蓝只有在举行传师学师仪式时担任祭师者和替做过学师的老人死后做功德的祭师才穿戴。

礼服

畲族婚礼服饰称为"新郎冠衫""新来主衫"。男性婚礼服饰简单，地区差异不大，基本相同。婚礼中，家境稍好者，男戴红顶黑缎官帽，身穿青布长衫，胸襟缀一方绣花龙纹，脚穿黑色布靴。黑缎官帽，俗称"红缨帽"或"红包帽"，是畲族男子专用礼帽，整体青黑，宽檐外敞，顶缀直径为两厘米的铜质球或红布球，球顶下垂以红线编成的缨穗。民国后用圆檐礼帽。

畲族妇女举行婚礼和逝世时穿的专用长裙叫大裙。黑色、素面、四褶，长至脚背，分筒式和围式两种，与上衣配套，束以宽大的绸布腰带或系配色大绸花。有的大裙用红色面料缝制，束以红绸结的大绸花。

寿服

寿服，是死者入殓时穿的衣服。寿服也有祭祖与否、传代与否、学师与否的区别。祭祖过的男子，死后身上穿红色的赤衫；传代过的穿青色布长衫乌蓝。祭祖过的女子，死后上身穿蓝色布衫；没有祭过祖的都穿蓝冠衫、龙冠衫。脚穿传统有鼻布鞋。赤衫、乌蓝等寿服是子女早准备好的，一般是由女儿在父母五十岁或以后的大寿时作为寿礼送给父母。穿戴寿服的数量必须逢单，

三、五、七、九层不等。

　　畲族寿服还有一个特点：男性死者要戴举行婚礼时戴过的官帽或礼帽；女性死者戴婚礼时戴过的凤冠、笄，穿婚礼时穿过的衣裙。

头饰

　　头饰是畲族妇女服饰最显著的标志，已婚的妇女才戴头饰，未婚少女则无特殊的头饰。畲族妇女所戴头饰，传说是始祖婆三公主所留下的"凤凰冠"，是高贵的象征。浙江畲族妇女头饰有"景宁式、丽水式、平阳式、泰顺式"。如处州，"畲妇戴布冠，缀石珠，赤足负戴"。遂昌县畲族"妇女椎髻跣足，以斑斓布包竹筒，缀以珠玑蒙其首"。景宁县畲族"厥妇女跣足椎结，断竹为冠，裹以布。布斑斑，饰以珠，珠累累（皆五色椒珠）"。

　　畲民和住在附近的汉人最明显的不同之处是妇女的头笄。畲民传统头饰是由一个三边为十厘米长的棱柱体木支架构成的，它的长轴放在正中面上。支架上罩着黑色棉布，其前面和两边镶上薄银片。银片的两个纵面都用浮雕细工饰着简陋的图案，有两根银制的棒状物以向上往后的方向安在木架上。后面那根饰有一个马蹄铁形状的末端。这个半圆形把手的上端用一条细长的红布同棱柱体支架的底连在一起。支架前端挂着一排十一串约二十厘米长的、用白色玻璃珠做成的链子，看上去如同面纱。此外，支架前端用四根约一米长的白色玻璃珠链子同银制半圆形把手的上端连在一起。这些链子以弧形盘绕着脑袋两边的头发。头饰上，有一根红黑色玻璃珠长链子，安着一个笨重的两个尖头的银质头抓，头抓旁边还系着一个银质牙签和一个银质耳挖以及些许银链子和小银片。

民国时期，政府曾禁止这种头饰，如景宁县的警察，甚至把畲族妇女的头饰扯下来，丢在地上，把它踩碎。民国十八年（1929），云和县县长周康昌决定取缔畲妇服饰，违者罚款。民国二十二年（1933）12月6日，云和县政府布告：畲妇不得穿着异饰与戴头冠，畲民不得说畲语，若依然固守旧习，政府就要强制执行处罚。

花边衫

花边衫，畲语称"蓝观衫"。女子花边衫都为大襟衫，长度过膝，襟处镶有多色布条或彩色花边，绣上凤凰图案；领口镶鼠牙式花边，领下四周镶繁多的花边；袖口、摆处镶有一至三种花边。布质以往都为自织的麻布、棉布或生丝绸，布色只有青、蓝两种。裤子与上衣相配，裤脚镶有三条花边。

拦腰

即围裙。浙江景宁、文成、泰顺等县的短式拦腰，都是自织麻布，多为青色或蓝色，长一尺，宽一尺五，镶红布拦腰头，两角钉上彩带。其他县的长拦腰多为蓝色土布，长二尺，宽一尺八。旧时，畲族不论男女，劳动时都围麻布拦腰。丽水松阳、青田等地畲族妇女的拦腰下端留有约五寸的长须，并结有精细花纹。新娘坐轿，轿门上要挂有花纹的拦腰。

凤凰装

戴头饰、穿花边衫、扎以拦腰、穿花鞋是畲族妇女凤凰装的整套打扮，体现了畲族的传统衣着文化和宗教信仰，也是识别畲族的一种标志。

凤凰装的来历，源自一传说：畲族的始祖盘瓠王因平乱有功，帝喾把自己的女儿三公主嫁给他。成婚时帝后给女儿戴上凤冠，穿上镶着珠宝的凤衣，希望她的生活充满祥瑞。三公主有了儿女后，也把女儿打扮得像凤凰一样。当女儿出嫁时，凤凰从凤凰山衔来凤凰装送给她作嫁衣。从此，畲家女便穿凤凰装，以示吉祥如意。畲族还流传另一个传说：凤凰山的青年猎人盘阿龙善待凤凰，得到凤凰帮助并得到了凤凰装，顺利娶亲并且夫妻恩爱。

戴银饰

旧时畲族妇女还有崇尚戴银饰品的习俗。订婚时，男方要送银饰品给女方，女子外出时要戴男方所赠饰品。银饰品有项圈、项链、耳环、手镯、戒指等。其式样，老、中、青年妇女有别。少数男子亦有戴银丝耳环和银手镯的。

木屐

旧时，畲民平日没有鞋穿，终年穿木屐，上山劳动穿草鞋，雨雪天外出则以毛棕裹脚。木屐造型简单，将木头劈成鞋底形，前端及后跟两边各打一小孔，用棕绳一股穿前端洞孔，分两股穿后跟两边洞孔。穿时把前端绳头夹在大脚趾与二脚趾之间就可走动，走时咔嗒作响，畲民趣称之为"骑马鞋"。现时木屐已少有人穿。

中华人民共和国成立后，畲族日常服饰与汉族无异，但在民族节日、婚丧仪式及人大和政协会议等场合，会穿保留民族服饰特色的当代畲族服饰。

畲族主食

民国十三年（1924），学者在浙江畲村调查时看到畲族"以番薯为正粮，玉米次之，常年食米者，寥若晨星，纯米之饭，仅宴贵客时一用而已"。民国十八年（1929），德国学者哈史图博和他的学生在景宁敕木山畲村调查，对畲民饮食的记叙是："吃得非常简单。只有富裕的人才吃得起大米饭，所以主食是甘薯。他们一年中绝大部分的日子要依靠甘薯丝来提供营养。"浙江平阳畲民有"种到老，难到老，番薯丝吃到老"的民谣。浙江景宁畲村有这样一种饮食习俗：一甑要煮三种饭，白米饭用以招待客人，半米半番薯丝饭供老人小孩吃，番薯丝饭给年轻人吃。

杂粮的吃法，除了高粱烤饼吃外，其他都是用石磨碾碎后，搅糊吃。如将玉米磨成细粉，加少量食盐，和米饮食，叫作"苞罗糊"。

畲族副食

畲族的副食，肉食少，素食多。山区的副食，以蔬菜、豆类、竹笋为主；肉食有猪肉和其他猎物的肉，沿海地区有海鲜。还有干菜、酱菜等佐餐。畲族山区盛产黄豆，畲家经常以豆做菜，常吃"豆腐儿"。几乎家家有小型石磨，自磨自制，"豆腐儿"略带甜味，配上辣椒调味，香辣可口。油类是茶油、菜油和猪油。

习惯于熟食、热食，这是畲族与其他少数民族的一大区别。不管天冷天热，他们吃的都是热气腾腾的饭菜。无论主食、副食，畲民都习惯热吃。家常蔬菜，畲民也喜欢热吃。畲民家家户户备有小泥炉，俗称"风炉"。风炉置于桌中间，生以炭火，架上小铁锅或小铜锅，水开后，青菜等现煮现吃。即使是大锅炒好的菜，也要再放到小锅上煮。请客、摆酒席等，一道道的菜上桌，一道道地再倒进小锅里煮。在山区，火锅的使用不但普遍，而且时间很长，全年有三分之二的时间使用火锅。有老人的家庭，一年四季使用火锅。

畲族酒俗

畲民嗜酒，每逢喜庆佳节、红白喜事、生孩子、盖房等都要请客喝酒。据 20 世纪 30 年代的调查，"酒之于畲民，似已成为仅亚于番薯之必需品，无论男女老幼，均嗜之如命，每家必藏酒若干，以备日用"。亲戚来往，如果没有酒，会觉得很过意不去。若有生过小孩的妇女，在月子里每天要煮一碗热酒给她吃。

酒有用糯米酿造的，叫"米酒"，醇香浓郁，味甜可口；有用小麦酿造的，叫"麦酒"。浙江畲民爱饮米酒。米酒，即黄酒，畲民又称"红酒"。这种红酒，是将自产糯米浸胀蒸熟，拌自制红曲加凉水发酵而成，酒色紫红，故称红酒。过年、过节，均酿红酒，家有订婚、嫁娶、寿辰等喜宴，亦酿红酒待客，各种祭祀，以红酒作祭酒；经济条件较好的农户，农忙季节，亦酿红

酒作营养饮料。景宁畲族自治县畲民有制作绿曲酒饮用的，其味胜于红酒。

德国学者哈史图博于民国十八年（1929）在景宁敕木山调查时喝过畲民自酿的酒，他这样描述："吃饭时则以黄酒款待我们。这黄酒是畲民自己酿制的，他们以极大的热忱享用它。就餐时按照汉人的方式向我们敬酒，这酒是一种相当浓的、暗灰色的、完全不透明的，还有曲子的悬浮物。它显然含有极少的酒精，因而酸得几乎像醋一样。"对于哈史图博喝的这种酒，有学者做如下分析：这种酒可能是畲民临时酿的，因为哈史图博他们在景宁调查时是夏日，畲民家中没有酒，又急于招待客人，而水温较高，或者是"开缸"晚了，酒就酸得像醋一样；酒有悬浮物，显然是还没有完全酿好，就用来待客了，畲民酿的酒原本不是这样的。

畲民的生活离不开酒，节庆之日、农忙之时都要喝酒；畲家男女嗜好酒，大事小事离不开酒，闲唠、劳动时也喝酒。老人爱喝自家酿造的糯米酒，后生仔爱吃"番薯烧"，妇女爱食酒炒鸡，细丁仔爱食连酒糟一起吃的酒酿糟。畲寨一进十月，家家砻米，户户造酒。

在畲族日常生活中，酒是改善单一食物结构的饮料，承担着赏心怡情的使命，是解除疲劳、强身御寒的补剂，烹调野味时还有消毒杀菌、调味去腥的妙用。从民俗角度看，酒更有待客、交往、礼仪等多方面的功用。因此，节日、喜庆之时，不能没有酒，礼俗离不开酒。于是畲民有了建房时的"树寮酒"，上梁时的"上梁酒"，还有"生日酒""定亲酒""嫁女酒""讨亲酒""祭祖酒""讨位酒"等。

畲族茶俗

畲家爱茶，家家种茶制茶，人人喝茶。畲民把茶叶作为主要饮料，养成了常年喝茶习惯，一泡就是一大碗，一般人饭后都要喝碗茶。留客就餐，先茶后饭，很少有不喝茶先上桌之理，故广泛流传"茶哥米弟"之说。畲族的年节和婚丧等，均与茶有关，如正月的"出行茶"，腊月的"送神茶"，祭祀神灵和祖先的"茶酒"，婚嫁敬奉舅公的"九节茶"，乃至老人逝世，要手捏一枝茶枝去，等等，真是"山客处处不离茶"。浙江畲族特色茶俗："三道茶""宝塔茶"。

"三道茶"也叫"三碗茶"，为畲族日常待客的习俗。畲民热情好客，"人客落寮便泡茶"。而泡来敬客的，便是"三道茶"。主人端茶敬茶后，客人不能搁着不喝，或只喝一碗。畲族有"喝一碗是无情茶"之说，一般要喝两碗，第三碗冲后，可以不喝；"三道茶"后，主家就不再冲茶，要是客人十分口渴，可事先讲明，则三碗后可倒了，重新放茶叶供冲茶水。畲族有"一碗苦，二碗补，三碗洗洗肚"的说法，客人若不喝，是不礼貌的，主家心里就不舒坦。日常生活中，"三道茶"习俗至今仍在畲乡盛行。

"宝塔茶"是畲族婚嫁仪式中的一项习俗。此俗类似杂耍，行此"绝招"的是功夫过硬的当门赤郎（亦称"亲家伯"）。在当门赤郎带着迎亲的红轿和礼担进了新娘的家门后，赤娘（或称"当家嫂"）就端出"宝塔茶"向当门赤郎敬茶。所谓"宝塔茶"，是一只红漆木盘中放着五碗茶，这五碗茶的摆法是：底下一碗，中层三碗，顶端一碗，状似上下小、中间大的"宝塔"。赤娘端出茶后，即唱道："迎亲红轿进娘（姑娘）寮，大男细女笑哈哈。树梢橄榄果未黄，先敬一盘宝塔茶。"唱罢，就双手举盘齐眉，向当门赤郎敬茶。这时，当门赤郎即回唱："端凳郎坐就算是，何必泡茶奈客气。清水泡茶甜如蜜。宝塔浓茶长情意。"山歌回罢，当门赤郎不能用手去接茶，而是俯身低头用牙咬住"宝塔"顶端那碗茶的碗沿，又用双臂挟出中层的三碗茶，连同底下的那碗茶共为四碗，分别递给相伴而来的行郎（抬红轿和挑礼担的人），然后仍不用手而一口气饮干咬在嘴上的那碗茶，不论是牙咬，双臂挟碗递茶，还是一口气喝尽咬着的那碗茶，都不能有点滴茶汤溅出，更不能造成翻碗，否则要受到奚落和嘲笑。如今，怀此"绝招"的当门赤郎已寥寥无几，在婚嫁仪式中，"宝塔茶"已被喝"卵茶"（用碗或杯冲泡的甜茶）所替代，情趣大减。

饮茶习俗因地而异。在浙南松阳、遂昌、云和等县的畲村，宾客上门须饮二道茶。

畲族草寮

畲民定居前，因为经常迁徙，大多"编荻架茅为居"，住以木架竹帘结构的草寮。住三五年，如果迁徙就弃寮而走，到新的一地又搭草寮。一般自己动手，全村帮忙，一两天就能盖好。草寮多数为"人"字形，仅在棚中央竖一排三到五根树杈，杈上架着横杠，两边斜靠若干木条，扎上小横条，覆盖茅草而成。也有的草寮为"介"字形。通常以数根竹木为支柱和主架，用小竹或竹片缚成框格屋架，其上覆盖茅草或稻草。

在丽水，草寮以木作架，以竹作椽，以茅草当瓦，以藤捆缚，有的以帘作门。草寮有两种结构，一种是一间的草寮，另一种有三四间。用竹篱笆或泥当外墙，屋内以兽皮作墙，中间一间称中堂（畲语称"厅"），设有供奉祖宗的神位。这个位置是圣洁而不可侵犯的禁区。东侧一间为厨房，西侧一间为卧房。厨房内设有火炉和炉灶的神位，供奉火神和灶神。草寮结构低矮，日照不足，泥土地面，十分潮湿。寮内陈设简陋，一座土灶，两张眠床，几条木凳或竹椅。

畲族土库

明清之际，畲族定居后，多数畲民在草寮中对卧室做了改进。卧室除周围是泥墙外，还用竹作筋，加上约十厘米厚的泥土筑成泥楼，这种卧室称"土库"，或叫"泥间""土寮""保险库"，冬暖夏凉，还具有防火作用，是明清时期畲民的主要居住形式。一家人都住在土库，粮食、衣物等物资也放在内。锅灶是泥土筑的泥灶，一灶两锅，没有烟囱，茶壶挂在灶门口，灶内烧火时，利用往灶门外冲的余火烧水。

畲族瓦房

清代，畲民的住宅逐渐向土木结构的瓦房发展，畲语叫"瓦寮"。瓦寮为土木结构。四方筑墙，屋架直接置在山墙上，屋顶呈"金"字形，盖以瓦片，俗称"人字栋"，有四扇、六扇、八扇之分。所谓一扇，就是由五至七根木柱以楼锁和檩子连接成的一个屋架。两扇对峙竖起，上与中用横梁串上，就形成特大的屋架。这种大厝，柱子、穿枋、过梁多达几百根，都出自畲族木匠的双手。他们不用图纸，不用一钉一铆，即能使柱柱相连、枋枋相结、梁梁相扣，四平八稳、坚固耐用，且省工省料。土木结构瓦房两层的较少，两层楼房用木板分隔成若干间。多为平房，一般为方形，有厅堂、边房。室内一般都是一厅加上左、右厢房，中间厅堂又分前后庭，中有木屏间隔，两旁留两个小门，左门顶上设神位，右门顶上设祖神位，后庭放置日用杂物。左、右两厢房各分隔两间为卧室。右厢房后段多为厨房，厨房一般不设烟囱。由于山区气候寒冷，因而每家灶前均设有一个火炕或火塘，冬天全家团坐火炕，烤火取暖。客人来时，亦请在灶前围坐取

暖，并请吃饭菜、唱歌，以示亲热。

温州的畲民称瓦房为"厝"。木结构，石墙或土墙，平房。间有阁楼，以藏柴草杂物，不住人。厝多建于山坡向阳避风近水处，中间为厅堂，两边为居室。厅中设祖宗神位。厨房多设于房后。

景宁的瓦寮偏间铺地板，是一种半干栏式的住宅，前一丈方间为暖间，畲语称"堂前"。堂前中间摆方桌，桌下设方形火炉，冬春季节，炉中炭火不息。桌两边是藏放番薯种的木柜，兼作凳子，供吃饭、会客、闲聊之用。后一丈间铺对面床，中间空地为通往厨房的过道，照壁后无天井，一直盖到底，以砌为墙，全作厨房。楼上设谷仓、客房，中堂楼上不隔房间。与其他县的样式不同，栋柱与二步柱间隔只有八尺，偏间隔到廊柱，走廊以马脚架下檐，不用廊柱；过间有一丈二尺宽，前后都较大，前间为年轻人卧室，后间为老年人卧室；很少铺地板，不设暖间，灶前设一火塘，烧火取暖；吃饭、会客在"八尺"后进行。"出手"一般每排柱子三根，有二植、三植不等。前天井较大，放中门，盖门楼。

畲族炊具

畲族的日常生活用具与汉族大致相同，但更为简朴。生活用具的特点是就地取材，因地制宜，多木、竹、石材制品。其较有特色的厨房用具有木粥桶、木面盆、竹水筒、木勺、瓠瓜制成的水瓢等。日常用具有竹壳陶火笼、竹灯盏架、木屐、细篾编成的火笼等。具有民族特点的生活用具还有八角轿、石制水缸、茶筒、背篓等。八角轿是畲族姑娘出嫁时使用的，高一点三米，四面宽零点七到二米。工艺精细，五彩装饰。石制水缸较有特色，八角形或长方形，深零点五米，长一点四米，宽零点七米左右，用以储备饮用水。茶筒，用毛竹节制成，是畲村家家户户必备之物，畲民上山下田劳动，用它盛放茶水。有些地方还利用茶筒盛酒，即为酒筒。背篓用竹篾编成，篓口为椭圆形，扁瓶状，篓口双侧系以小棕绳，用单肩挎背，常用于上山采茶、下园摘菜之时。

桥会、路会

浙江畲区历史上存在过与交通习俗有关的民间组织，如桥会、路会等。畲民最早在开发浙南山区时，走的是羊肠小道。为保持道路的畅通，畲民把每年立冬这一天定为修路日。约定对本村或几个畲村相通的山路修理一次，每户去一人，由畲村年事高的族长或房长分配具体修路任务。参加修路的人带锄头、畚箕、草刀，将路后壁上的杂柴、杂草割掉，对倒塌的路塴、坑坑洼洼的路面进行修砌和填平，把山路修好。后来，由于生产发展，山地改为水田，畲民对交通运输有了新的要求。于是，他们对羊肠小道进行改造，铺石为路；并在山涧等涉水处修筑桥梁。这时，民间组织"桥会""路会"应运而生。

族中有威望的老人发起修桥铺路的倡议，去各村集资。集足资金后，即成立桥会、路会。凡是出资人员都是桥会、路会会员。桥会、路会的办事机构由会长、副会长（也称总理、副总理）及记账、保管等人组成。上述人员，全部由会员民主推荐产生。桥会、路会负责人领导桥、路建设，每修建好一座桥、一条路，都在桥头、路边竖碑，石碑上刻着会员的姓名及其出资的数目。

桥会、路会的主要任务有三：一是发动民工投工；二是掌管资金使用；三是购置桥会田、路会田，以田租收入来维修桥和路。如松阳县程路后村有一条通往金山头村的路，是用筹集的钱修的。除修好这条路外，路会还购买了路会田，在路旁竖路碑，碑文写着："路会有路会田一亩二分五厘，以田租收入养路，同治癸亥岁仲月立。"

20 世纪 50 年代后，畲区陆续修了公路，交通出行也为之改观。

以货易币

以货易币，是旧时畲族贸易的另一种形式。清代浙江地方志常常记载畲民"负薪鬻市""三五女负薪，鬻市两脚赤"。此类情景遍及闽、浙山区。畲民在市场同汉族人交易，以货易币，再以币购买所需锄头、犁耙、柴刀以及首饰、针线、布匹、鞋袜等生产、生活用品。

畲民商店

资料记载，清末至民国时期，出现了畲民经营的商店。

1901（清光绪二十七年）—1957 年，云和县城内司前铺有一个"仁本堂"中药铺，店堂虽门面不显眼，可是生意兴隆，门庭若市，在云和县城商店行业中颇有盛誉。该店是一位双目失明的畲族孀妇蓝水奶经营的。

民国十六年（1927）秋，云和县城内司前铺（今解放街

263 号）出现了本县最早的一家糕饼店——聚芳斋。店主蓝文治是畲族著名人士蓝宝成先生的第六个儿子。蓝文治，字继光，乳名斗庚，民国六年（1917）毕业于处州十一中学，曾任教于中山小学。民国十八年，他目睹畲民只知日出而作，日落而息，终年埋首山林田垄挑柴度日，不得温饱，决计弃文经商。他变卖田产，筹集资金，从松阳请来糕饼师傅陈其庆和其侄陈关金、陈寿康等人开始营业。

民国十三年（1924），距县城西南十五里的畲族聚居地雾溪村，还有一家畲族蓝姓人开设的"蓝记恒泰号"杂货店。

中华人民共和国成立后。为繁荣农村经济，各地畲区都设立供销合作社和代销代购店，这些商业网点的设立，有力促进了畲族地区商品的流通。改革开放以后，畲族从事经商、贸易的逐渐增多。

畲族祠堂

祠堂是宗族的特殊建筑，是宗族历史资源与文化传统的浓缩。畲族的祠堂有着不同的形态和象征体。按祠堂的外部形态分，畲族祠堂可分为"祖担"和祠堂两种。

早年，迁徙不定的畲民没有建筑意义上的祠堂。畲民自广东迁往浙江的过程中，长期过游居生活，各支族是以"祖担"（亦称游祖）代祠堂。畲民迁入浙江后，由于居住分散，经济条件不好，许多支族仍以"祖担"代祠堂。旧时《龙泉县志》载畲民祠堂："仅以竹箱两只，一置香炉红布袋，一置画像，即呼为祠堂也。"所谓祖担，即竹编箱笼两只，内装先祖香炉、龙头祖杖、笏板、铃刀、龙角、铃钟、神鞭、宗谱和一套计二十余幅布质（亦有纸质）彩色祖图。祖担没有固定存处，谁家用后即由谁家保管，若支族内某户要举行"传师学师"或为去世老人"做功德"仪式须用祖担，则请本族一名祭师备办祭品前往存放祖担之家"采祖"。祭师跳唱"拆寨"舞后把祖担接回家，用后则由这一家保管。保管之家迁徙异地居住，须把祖担带走。有少数支族祖担由专人保管，支族成员用后送回。祖担只供本支族使用，其他支族不得相借。以祖担代祖祠的支族，老人去世后不设灵位牌，只设一只亡人香炉，通过"做功德"的"背老者"仪式，把亡人香炉并入本家供奉的历代祖先香炉，称送亡人"上祠堂"。云和县畲族在未建祠堂时，蓝姓把亡人香炉置于安溪青石岩，雷姓置于黄处鬼岩，这是少有的独特形式。畲民较多的丽水，大多以祖担代祠堂，现尚保留两副较完整的祖担。

香炉是家族的象征。当年，畲民分流迁徙时随身带着的各种香炉，其中主要是铜制香炉。在景宁，蓝、雷两姓祠堂各设六个香炉，各姓香炉均有特殊的命名。《景宁畲族自治县志》载，蓝姓六个香炉分别称为神仙、祖师、射猎、下座、仙童、战兵，雷姓六个香炉分别称为众炉、神仙、祖师、下座、仙童、战兵。

清代以后，浙江畲民逐渐定居，畲族的"祠堂"由迁徙时的两只箱子，变为一座座土木结构或砖木结构的、实实在在的祠堂。畲族祠堂不同形态的演变，见证了畲民某些家族由小到大、由弱渐强的发展。

浙江畲族祠堂，有的是以支族为单位共建的，有的是自然村的分支族独建的。一般为泥木结构瓦房，正中一间置放本族始祖牌位，偏间置放本支族祖先牌位。

《浙江景宁县敕木山畲民调查记》写道："在暮垟湖附近，我们看见一所雷姓氏族的祠堂。在敕木山村附近，我们看见一所蓝姓氏族的祠堂富有情调地坐落在村西一个布满森林的山坡上。后者完全是个简陋的、粗俗的、有一边是敞开着的大厅。除去供桌外，里面就只几口空棺材，那完全是朴素的中国式棺材。供桌上放着香炉和祖宗牌位。"

民国初期，少数地区建有规模较大的祠堂。如民国八年（1919），以云和县畲民贡生蓝宝成为首，由云和、丽水、景宁、宣平、松阳、青田、兰溪、龙游等八县蓝氏支族成员集资，呈浙江省财政厅报中央财政部给照，在云和大庆寺后旧磨风院兴建的"蓝氏总祠"，占地面积六亩三分三厘三毫。房屋有前后三进，前厅建有戏台，是全省最大的畲族祠堂。民国初年兴建的兰溪县西方坞、下罗家两村"蓝氏宗祠"，丁家坳、奎塘畈两村"雷氏宗祠"均为砖木结构，分前、后进，后进供存祖先牌位和香炉，前进建有戏台，供祭祀时演戏。

规模较大的支族祠堂，组织成员有派、房之分，以聚居一地为一派，派内再分若干房。如明弘历年间，从福建迁居平阳莒溪垟尾的蓝昆网支族"蓝氏宗祠"成员分为王神洞派、闹村东弯派、闹村凤岭脚派、晓垟余山派、莒溪郑家山派、石牛坑派，各派又分为若干房。规模小的分支族祠堂，依据本支族祖先儿子多少分若干房。

多数祠堂设有公田，祭祀所需费用由公田收入开支，无公产的祠堂，开支由族内成员分摊。

祠堂主要用于祭祀祖宗。畲族祖灵观念很强，崇拜祖先，以作宗族体系的精神支柱。不少宗族都有成套的祭祀仪礼，代代相沿，隆重异常。每年春节与农历七月十五（或清明与冬至），各大祭一次。平时宗人亦偶有进香、礼拜、下愿，祈求祖先庇佑的。如景宁县东弄村蓝氏宗祠，"每年祠堂举行祭祖两次，每年仲春仲秋月半举行祭祖一次"。又如平阳县王神洞村"每年一月十五要在祠堂祭祖，祭祖由各房轮流主持，每次祭祖摆两桌酒席，祭祖的钱一部分由祭田的收成中支出，一部分由各家平均摊派"。大祭期间，畲族还要举祭传说中的本族共同始祖"盘护忠勇王"。各地宗谱记载，"盘蓝雷钟四族""一脉相连"，"先祖在广东潮州凤凰山建有盘、蓝、雷、钟姓总祠……祭期定以上元、中秋二节"。

浙江省畲族曾建有宗祠三十处，其中雷氏宗祠二十一处，钟氏宗祠四处，李氏宗祠一处。上述祠堂，在 20 世纪 60 年代后，有的改建为村校，有的拆除。

畲族宗谱

浙江畲族现存的宗谱基本上是清代、民国时期编修的。受汉文化的影响，畲民也注重宗谱的编修，以作本族发展的文字记录。畲民把编修宗谱视为宗族中至为重要的事，认为族中可以没有祠堂，却不能没有宗谱。编修族谱与建祠、祭祖同列为畲民家族的三件大事，而编修族谱为其中第一件大事。不管是整个家族还是一个族员，畲民都十分看重编修族谱。畲民的传统观念认为，"五世不修谱，乃忘祖之罪也"。畲民称家族总谱为"大谱"，称房支谱为"谱仔"。不论是"大谱"还是"谱仔"，畲民均视为家珍。

浙江畲族，大多修有支族宗谱，称"传家至宝"。支族宗谱多数是依据入浙前旧谱续修，亦有分迁各地后修的分支宗谱。宗谱多数为手抄本，还有少数刊印本，载有本族族源、先祖图像、授官记、支族迁徙行程路线及历代源流、家规等。所修之谱，有的在"文化大革命"期间被当作"四旧"而被毁,有的因族务管理不当而散失,有的在历史变动中被毁,现在全省各类畲族宗谱尚存一百五十余卷。据查,现存宗谱中,修谱最早的是云和县岩下的蓝敬泉支族修于明嘉靖四十年(1561)的《蓝氏宗谱》,其余大多修于清代,民国时期亦有重修。现存宗谱比较完整的有:兰溪县水亭畲族乡下罗家村民国三年(1914)重修蓝氏宗谱(云和县岩下的蓝敬泉支族);兰溪县水亭畲族乡丁家岙村民国五年(1916)重修雷氏宗谱(景宁叶山头雷孔华支族)。这两部宗谱各有十二卷。蓝、雷二谱每次重修,均保留历次修谱序言。上述蓝、雷二谱,除载本族史源,还载有畲族部分先祖自帝尧陶唐氏起至隋唐时授官名录,蓝姓支族以帝喾高辛氏为一世,雷姓支族以龙麒为一世。至民国初年,均载有本支一百九十余世(代)直系先祖姓名、配偶、仕官、迁徙。蓝姓支族于隋开皇十二年(592)出生的帝喾高辛氏一百四十一世裔孙起,雷姓支族于北齐天保四年(553)出生的龙麒一百三十二世裔孙起,都有生卒年月记载。

宗谱修好后,要举行隆重的祭谱仪式,然后才能正式刊行。修谱和祭谱由支族族长或能力强、威望高的男子主持。

畲族辈分

畲民很重视人与人之间辈分礼节,不论年龄大小,都要以辈分大小称呼,在本姓本支祖系内部要求更严格,如不按辈分称呼,则被视为"没人教""毛竹不分上下节"。在举办嫁娶、寿辰、三朝等酒宴时,来客座位要根据酒宴性质,按辈分大小安排。举行婚礼、丧礼时,辈分礼节亦甚严格。房、族中以"排世"与"排行",序列族人的辈分长幼。

排世,即行第排列,以不重复的文字为行次,作为不同辈分的标示及其命名(世名)的根据。此与当地汉族相同。

排行,是畲族特殊的序列方法,各姓略有不同。蓝姓以"大、小、百、千、万、念"六字为行次,雷姓以"大、小、百、千、万"五字为行次,钟姓以"大、小、百、万"四字为行次,皆不断循环、周而复始。以此作辈分长幼的标示,并辨别民族、姓氏及血缘亲疏远近。男女都有排行,死后作为讳名,男称"××郎",女称"××娘",载入族谱。男性排行,可以包括赘婿,女性与同辈姐妹一起排行,不随夫家。每若干年由族长与几位长辈,按排行者出生年、月、日、时的前后顺序,进行排行。排定后,不向外宣布。因此,畲族男女在生前不知道自己的排行。男性死后,由其孝子向族长索取排行。女性死后,由其兄弟向族长索取排行,交给外甥。若女性在生前备好棺木,其兄弟便可向族长提前索取排行,通过一定的"讨位"仪式,郑重交给外甥放棺木内保存,待其死后才启封。

畲族诸姓的排行,至近、现代逐渐革除,现在已基本消失。大多房、族,只以"行第"排列作为辈分长幼的标示。

畲族密语

畲民祖先留传有许多密语。来者除讲畲语,还须对答密语,能对答者,即被认为是真正畲民。畲民准备外出,都要学会密语,便于畲民间交往。

较通俗的密语有:

问:一桁毛竹打几来(即一支毛竹破几爿)?

　　若来者姓蓝，即答"六来"；姓雷，则答"五来"；姓钟，则答"四来"。因蓝姓以"大、小、百、千、万、念"六个字排行，雷姓少"念"字，钟姓少"千""念"字，只以五个、四个字排行。

　　问：什么字头（指姓氏）？

来者姓蓝则答"钉角"，姓雷则答"盖耳"，姓钟则答"千字头"。

问：成未成人？

来者已经传师学师则答已成人，未学师则答未成人。

问：毛竹开桠没有？

来者有子女则答已开桠，没有子女则答未开桠。

问：门前有几个踏步？

按家中有几代人回答。

问：牛崽牵过栏没有？

已结婚的答已牵过栏，未结婚的答没有。

问：家中有几个碗？

按家中有几个人回答。

问：一个橘分几爿？

按家中有几个兄弟回答。

在畲族社会组织民俗中，有时候排行、辈分和密语是同时出现的。相关资料载，畲族蓝姓有"大、小、百、千、万、念"排行，生前就排好，死后上族谱。有无排行，是老人承认不承认你是"山哈"的标志。举例说，甲乙二人见面，是这样对话的：

甲：哪里人？

乙：丽水。

甲：姓什么？

乙：姓蓝。

甲：你是"山哈"？

乙：是"山哈"。

甲：你的"毛竹"哪里来？（按："毛竹"借指祖先）

乙：广东来。

甲：有几支"毛竹"？

乙：四支。（按：借指盘、蓝、雷、钟4姓）

甲：你的毛竹是几开？

乙：六开。（按：借指大、小、百、千、万、念六个字）

甲：你的"毛竹"从上剖还是从下剖？（按：指讳名排列，是头一轮"大、小、百、千、万、念"，还是下一轮）

乙：从上剖（或从下剖）。

这样，二人就知道对方的辈分高低了。如甲是头一轮的"念三郎"，乙是下一轮的"大二郎"，那甲为叔伯，乙为侄儿。至此，甲就认为乙与自己"都是从广东来的一家人"了，因而杀鸡摆酒款待他。

成丁礼

畲族的成丁礼，浙江畲民俗称"做阳""做聚头"。传师学师，是东道主边歌边舞向弟子"传法"，内容是进行畲族历史、传统教育，可称"传师学史""奏名传法"，即把"活着的人的名字告诉祖先，把祖先的法则传给后代"。

传统时代，凡年满十六岁的畲民都要进行"传师学师"，学过师的人称"红身"，没有学过师的人称"白身"。规定要代代相传，没有传给儿子的叫"断头师"。学师不仅是一种成年礼，而且与丧葬仪礼密切相关：学过师未传代者死后穿红色寿服，其儿子不能当孝子治丧，要请一位学过师的人替代；学过师已传代者死后穿青色寿服；未学过师的人只能穿蓝色寿服。因此，畲民以学师为荣，学过师以传代为荣。"传师学师"是一场对畲族人来说重要的人生仪礼。仪式中，法师手举龙角、龙刀和铃钟，用念唱和歌舞方式，叙述始祖学艺的艰难历程。每个畲民都希望通过祭祖仪式，继承先祖的意志和力量，成为一个受人尊敬的勇士。

畲族族谱记载，明清时期百分之九十以上的畲民进行过"传师学师"。传师学师一般在农闲之时，挑一黄道吉日进行，可以十六岁以上的数人集体进行，也可以单独进行。学师弟子们的出生年、月、日和时辰与择定日期互不"犯冲"，可同时学师；否则，就得单独举行"学师"仪式。

"传师学师"的内容甚多，大致是法师带领学师弟子重现畲族始祖当年去闾山求师学法的经历。"传师学师"的仪式，最简单的也要三天三夜。

举行"学师"仪式之前，学师者（或法师）首先要"采祖"，即携带鸡、猪肉等祭品到保存"游祖"的那户人家去，把"游祖"请到自己家里。"游祖"即两个扁桶或竹箱，内置祖图、祖杖、香炉、龙角、龙刀、铃钟等。

把"游祖"挑回家后，在学师者家中正堂设神坛，即设香案、供祖炉、挂祖图、摆供品。香炉旁插有木雕祖杖。凡是从这副"祖担"里学师出来的每一个弟子的法名和学师时间都必须写在一条红布条上，系在祖杖上。

"传师学师"仪式上，带领新弟子学师的法师共有十二个。他们的称号分别为：东道主（主持师公）、证坛师、引坛师、度法师、监坛师、净坛师、征战师、保举师、专职师、哈老师、西王母、东王公。除西王母一角是女性外，其余的十一个法师全是男性，必须是自身也学过师且会跳传师舞的人方可充任。

"传师学师"仪式时间长，场面大，整个过程载歌载舞，情节复杂。仪式的地点，有时在室内，有时在野外；歌舞的形式，有单人、双人和四人不等，还有全体法师齐唱共舞的场面。法师使用的道具有龙角、铃刀、交杯（线钱）、锣、手鼓、铃钟等。法师身着赤长衫，头戴莲花帽，手持龙角、执铃刀，在鼓角齐鸣中，边歌边舞。法师的歌舞内容，是按一定的书本内容进行的。这种书是用汉字注的畲语手抄本，畲民称之为"阳本"，有十多种。舞有十八套动作。

学师

学师主要有三个阶段，依次是安公祖、引朝、度山。

第一阶段。主要情节有：请师爷、桩座、造水洗法坛、造五营寨、接神、拜茶、砌老君殿、走身丢鬼、团兵、话安祖酒等。

第二阶段。主要情节有：本师接神、子弟拜天地、子弟拜师爷、子弟拜本师公、投入文牒、为子弟取法名、开牒、关王童、子弟落秧变身、做微尘、把盏入门、开桃源洞、唱灵罗歌、饮酒、六曹拜师爷、话下马酒、本师当茶、人客当茶、招兵入门、排衙泼花、造狱、入门、禁门、子弟接神、变锣鼓、保罡头、敕头冠衫衣、行灵道罡、告神占酒、告神宣鬼牒、请神捉鬼、锁狱门、告神分更、招兵排兵、置界坛、罗岳山、告神参牒、四哥兄做师、本师度符本交杯、本师交铃刀鼓角、本师交头冠衫衣、本师交鸣锣战鼓、东道请角、六曹度决教决、东道偿酒做令、话上马酒、团圆唱兵歌等。

第三阶段。除部分情节与引朝阶段相同外，还有：关兵出门斗五营、辕门等接、偿兵粮、偿酒水、置红楼、置龙坛、过九重山、踏街、拜街、造桥引桥、本师度香汽水及豆兵、米兵、坐龙坛、泼香花、引坛打杖、五岳山老虎抢猪头、送鬼送神、折寨送船等。

度神水

传师学师仪式中，最重要的情节是"度水"阶段所进行的"度神水"和"豆兵、米兵"。"度神水"仪式如下：学师者（子弟）坐在法师专设的学师龙坛上，由本师公把一碗经法师祝祷过的"神水"吸入衔在嘴里的一支约十厘米长、一厘米直径粗的竹竿，再吐到学师者口里，让学师者咽下。

又如"豆兵、米兵"，是把一碗炒熟的黄豆、大米，给学师者，让其坐在龙坛上慢慢吃下。吃下后，学师者即被认为已有大量神兵跟随，地位大大提高。这也是传师学师的最终目的。

过九重山

此仪式一般安排在村边草坪上进行。先在地面插上九支竹枝，象征九重山；由法师带领学师弟子肩背包袱、脚穿草鞋，在竹枝间穿插行走，边走边唱边舞，象征攀登九重山。又如"过五岳山"，一般在学师弟子家里进行。在中堂设立象征性的五岳山，用猪头祭谢五岳山神。同时用紧锣密鼓来表现猛虎下山、衔走猪头等情节。最后学师弟子身穿破衣，头戴破笠，以杖击地。

学师仪式完毕后，新学师弟子要拜保举师和西王母为义父、义母，并把法名和学师的时间写在红布条上，系在龙头祖杖上。

畲族古代婚礼

古代，畲族婚姻比较自由，婚礼也相当简朴。对此，明末清初的邝露和顾炎武都曾有过记载。邝露《赤雅》载："十月祭多贝大王，男女联袂而舞，谓之踏瑶，相悦则男腾跃跳踊负女而去。"顾炎武《天下郡国利病书》载："不冠不履，三姓自为婚。"

清末民初的地方志也有类似记载。建德畲族"则喜招女婿，可以婿为子。彼族共分盘、蓝、雷、钟四姓，四姓之人，皆可为婚。结婚无礼帖，不事肩舆，新妇出阁与新郎同持一伞，步行至乾宅，沿途唱歌取乐，以犁、耙、蓑衣、刀、锄为嫁妆"。景宁畲族嫁娶，"其聘资则定一十二金有五钱焉，其奁具则末焉耡焉，而镃基焉"。

民国十三年（1924），沈作乾在《括苍畲民调查记》中对畲族婚姻做过描绘：男女社交，极端自由，其婚嫁之权，虽操诸父母，然不过名义而已，不干涉也。婚礼极简，届期，新郎着新衣，诣岳亲迎，岳家款以饭，但就席时，席上不陈一物，必俟新郎一一指名而歌之。如要筷子，则唱"筷歌"，要酒，则唱"酒歌"。有一物，即有一物之歌，其歌甚简，仅三数句而已。新郎唱之，司厨者和之，其物即应声而出，谓之"调新郎"（又叫"答歌"）。吃完之后，新郎又须唱一首一首的歌，把席上的东西一件一件地唱回去，司厨者也唱着歌来收席。席毕，与新娘交拜成礼，然后祭祖，大家围坐唱拜祭毕，辞舅姑，偕新娘步行而归。新郎前行，新娘尾之，各手雨伞一，半张以蒙其首。途中，新郎唱之，新娘和之，夜半灯火煌煌，履声吉吉，亦奇观也。抵婿门，谒翁姑及庙，见毕，而婚礼完矣。招赘者，无亲迎礼，奁币悉农具，而服饰甚鲜。如犁、锄、耒、耜、蓑衣、水车等，皆为必需之品。富者益以牛，贫者缺焉。

畲族近代婚礼

畲族近代婚礼，一般要经过"相亲""定亲"和"娶亲"3个阶段。

相亲。这一阶段实际上包括相亲和说亲。先是相亲，男到女家相亲叫"睇婆娘"，女到男家相亲叫"睇人家"，相互了解对方的相貌和才能。一般情况下，如果双方满意，男方送女方一些礼物，称"相见礼"，女方如同意婚配就收下，反之则拒收。女方收礼后，要回敬男方一条彩带。对相亲结果的表示，各地方式不一。有的地区，相亲时女方烧点心招待男方则表示同意，不烧点心则表示不同意；而男方如同意就吃点心，不同意就不吃。有的地区在相亲之后，男方买一包麻饼由媒人送往女方，称"问嘴饼"，如女方三日内未退此饼，即表示女方已同意。相亲之后，如双方同意，接下来就由男方父母托媒人去女方家说亲。

定亲，即订婚。订婚日期由男方请人择吉而定，然后请媒人告知女方。定亲礼，亦称落定。定亲有大定、小定两种。小定是双方同意结合时，因经济、物资困难或其他原因尚不具备大定条件时所采取的临时定亲措施，亦称"记一下"，娶方只需备少量礼物送往嫁方，以后再择吉日大定；也有经双方同意，不再进行大定的。

定亲一般要选农历二、六、八、十逢双日，因"四"与畲语"死"字同音，故该日不定亲。定亲时送嫁方的礼物有四礼、六礼、八礼，由娶方自行选送。四礼是猪肉、面干、鱼鲞（或墨鱼干）、鸡蛋；六礼则加橘饼、白糖；八礼则再加海带、粉丝。有的还送衣料、礼金。嫁方，还须有银项圈、银手镯、银戒指等饰品。

礼物由媒人在吉日中午前送往嫁方。嫁方回赠礼品，有娶方所送鱼鲞、鸡蛋的半数，新郎的鞋、帽，女子织的彩带及肚兜，米粽，等等。还须回赠一个礼包给媒人，娶方也给媒人同等金额的礼金，这即是媒人所得的酬金。有的地区还送嫁方青年的外公、舅父、姨妈、姑母、叔伯等长辈橘饼、白糖、鱼鲞等，称大花；送给其表兄妹、堂兄妹白糖一斤，称小花。亲人收到大花或小花，即知某人（女或男）已许配，要准备礼物吃喜酒。

订婚后，接着是定佳期，"送日子"，即由男方把选定的嫁娶日期告知女方。择定娶亲日期后，要择吉举行"送糯米"，也称"米酒宴""担米酒""送日期酒""定场饭"。这天上午，新郎把议定给嫁方酿酒用的糯米和红曲送给嫁方，还送猪肉、面干等礼品，媒人陪同把择定结婚日期单交嫁方。这天新郎要亲自交给新娘见面礼包，新娘回赠新郎一条自织彩带。送米酒宴，嫁方在中午、娶方在晚间举行，双方均请婚礼时服务人员参加，还请新郎、新娘母舅、姨妈、姑母等嫡亲参加。吃过酒宴的嫡亲，要请即将出嫁的甥女或侄女往其家作客，称"请泼女崽"。甥女或侄女前往必由其生母或婶母陪同。

结婚前，娶方要送"彩礼"。娶方送嫁方的礼物分两部分，一部分是订婚时议定，一部分是婚俗规定必送。

娶亲。举行婚礼时，娶方要选"亲家""赤郎"和"行郎"。所谓"亲家"，是娶方迎亲时的代表，有的地区称"大客"，由娶方男（女）的叔父或伯父担任。"亲家"的任务，是代表娶方家长去给嫁方送礼物，接待嫁方来客，原议应送礼物，如果不足，"亲家"要负责补足，还负责放鞭炮催亲、作揖告别等礼仪。

婚礼时，娶方除了选亲家，还要选两位既是歌手又会做厨师的赤郎，一位称"当门赤郎"，一位称"赤郎子"。这二人到嫁方进入厨房时，要行"借镬"礼。

还要选能抬轿的男歌手两人去嫁方抬新娘，称"行郎"。行郎要负责打扮新娘轿，在娶亲前一天黄昏把新娘轿抬到嫁方，参加嫁方当晚嫁女酒宴，晚宴后通宵与嫁方女歌手对歌至新娘动身。后来有的新娘不用轿，行郎对歌后帮助抬嫁妆回娶方。

迎亲队伍到女方村子，会遭遇"三拦路"。娶亲人员不得绕路，须由赤郎与拦路女青年对歌，给拦路者红包。一般要拦三次，故称三拦路。迎亲队伍进门后，要行"脱鞋礼"，即所谓"脱草鞋"。相传旧时畲族人民生活很苦，一年到头都穿草鞋，就是大喜日子迎亲，也是穿着草鞋来的，所以进门后，主人家要请迎亲者脱去草鞋，洗净脚，穿上布鞋。然后由女方舅公、舅舅陪迎亲队伍吃点心，吃"落脚酒"。现时，山区、平原均保留此俗。不过，畲民早已无草鞋可脱，"脱草鞋"成为吃点心的代名词。

畲族婚礼因时代、地域等不同，习俗也有差异。

畲族丧葬仪礼

传统时代，畲族人治丧，视死者身份、年龄、死亡原因等的不同，在丧葬仪礼方面有所区别：第一个是一般死者和有过"学师"经历（女性做过"西王母"）死者的区别；第二个是寿终正寝者与非正常死亡者的区别。五十岁以上的病逝者，为寿终正寝，按一般仪礼治丧；学过师的，或做过"西王母"的死者，所穿寿衣和丧葬仪礼与一般死者不同。所谓非正常死亡，又有两种情况：一种是未成家而亡的"少年亡"，一种是因跌伤、刀枪伤、水淹、火烧、毒蛇猛兽咬、上吊、服毒等而亡的非正常死亡者。前者不能"做功德"；后者要举行"拔伤"仪式。

由于五十岁被世俗赋予特殊含义，因此，畲民自五十大寿起，就要为自己的后事做准备。五十大寿时，子女送父母的礼品，除食品外，就是寿衣、鞋、帽等，用于死后穿戴。学过师的男子，此时要为自己的后事准备"度身包"，包内有寿衣（赤衫或乌蓝）、头冠、度身二十四牒书（过山八牒、过水八牒、过乡八牒）、一枚刻有"日月紫微星太上老君"的木质方印、一块八尺长的红布（死后缚在头上，两头下垂到小腿）。做过"西王母"的妇女，五十大寿时也要为自己的后事准备更缘包，包内是做"西王母"时的衣服和二十四牒书。

畲族老人去世，忌称"死了"，要称"老掉"，或称"过山掉""转去"。其丧葬之礼与婚礼场面同样热闹，俗称"老喜丧"。畲族丧葬仪礼有立香炉、缚草绳、报丧、收阴兵、接娘家、买水洗浴、穿寿衣、入棺、上马祭、行棺、落土、送火种、转山、做功德、拾骨重葬等内容。

畲族人去世前，床上如有挂帐，家人要立即拆除，以免天罗地网罩住阴魂。还要用一只陶碗装上灰，插三支燃香，并点盏油灯，摆在小方桌上，放于死者床前代表死者灵位，香燃尽后油灯要日夜点着，地上要放一个陶罐用来给死者烧纸钱，这叫"立香炉"。亡人入棺后，要将香炉移放至棺材大头。孝男孝女等守孝、唱哀歌，都围坐在香炉旁进行。

老人死后，子女、媳妇、孙子、孙女等，要在腰中扎一条用左手反搓的稻草绳表示悲哀，称"缚草绳""缚金丝带"。在死者入棺后要将草绳解下放在棺内尸体上，表示子女等将"金丝带"送给老人使用。

做孝子者，如是死父，须立即向房族叔伯报丧；死母须立即向母亲娘家报丧。报丧人反穿上衣，见娘舅下跪，向娘舅讨母亲排行。如果死者没有亲生儿女，侄儿侄女代报丧，也要下跪。报丧时，孝子要在叔伯或娘舅面前下跪，表示悲哀，然后禀报死情，恳请叔伯来家商议治丧事项，或邀请母亲娘家亲人参加丧仪。孝子请他人帮忙料理丧事时，亦要向被请者下跪，还要叫声"我爷（娘）嗳海"。被请者若是报丧者晚辈，要还半跪礼后扶起报丧者；如是报丧者同辈或长辈，只要扶起报丧者即可。报丧者下跪后，被请者即便在百忙中亦会应邀相帮，如礼节不周，被请者就会推诿刁难。

亲友被报丧后，即要送奠礼，并去帮助料理丧事。畲族的吊丧奠礼可分三类。一是女儿及女婿送的，计为猪头一只、鸡一只、黄豆十斤（或豆腐一道）、白米三斤、黄酒三斤、红烛一对、纸马一刀、香一筒，共八样，称为"孝女载"或"载礼一副"，亦有送大被一床、鹅一只及黄豆、果品和香烛等的。二为其他亲戚送的，计为黄豆十斤、白米三斤、纸马一刀、香一筒、红烛一对，叫"祭礼一副"，亦称"七礼"或"担七"。三是远亲或村邻友人送的，计为白米三斤，红烛一对，纸马一刀，香一筒，称为"烧香礼一副"，也叫"吊香礼"，在"吊香礼"中，也有送上一担柴火的，以供亡人家中治丧时烧厨使用。畲族人历代相沿"一家有事，四方支援"的好传统，在操办丧事时，凡来相帮的亲友村邻，包括"做功德"行法事的祭师（师公），均不收酬金。

已传师学师的老人死了，要立即"收阴兵"。收阴兵仪式是在死者床前摆设祭礼，由族中学过师的老人口念收兵词，手执一小竹筒，表示把阴兵装在竹筒内，放在死者腋下归死者指挥。举行此仪式前，死者子女不得啼哭，家中不得鸣锣击鼓。畲民认为已传师学师的人，死后有很多阴兵跟随周围，阴兵被收过才能听从死者指挥。

死者入棺前，要行"买水"仪式。子女、儿媳、孙子、孙女等下辈都要身着孝衣，腰缚草绳，敲着大锣，妇女要手执半撑着的雨伞，边走边唱买水哀歌，到井边或溪水旁给死者买水洗浴。买水时，需要燃香三支，孝子往水中扔古铜钱三枚。在河边、溪畔舀水时，死者是男性，要舀顺流水，以示男在天；死者是女性，要舀逆流水，以示妇居地。

洗浴后由孝子给死者穿寿衣，寿衣数量要为单数，上身多，下身少，三、五、七、九层不等。一般是"上七下五"，即上衣七件，下裤五条。丝织品和化纤品不穿入棺。孝子要将备好的寿衣拿到门外露天处，站在凳上用没有秤砣的秤把寿衣称过，称时把秤尾往上一翘，并叫声"爷（娘）"，说声"已是满秤"，表示很足，然后给死者穿上。已传师学师的死者，除了穿一般寿衣，还须穿学师时备的"赤衫"或"乌蓝"，胸挂方印入棺。女性死者穿花边衣服，头部顶戴称为筓的饰品，脚穿花鞋，还须穿亲生女儿在其生前寿辰时送的"红裙"入棺。生前接过生的妇女，死后入棺时还须戴红布手套。

棺木称"寿材""老寿"。六十岁以上的不论男女均置棺备用，木料大多是杉木。尸体入棺时，棺木底部要先铺一层木炭，再放一块用"孝顺竹"编的帘，称"金丝床"，"床"上摊一张蒲草席，尸体由孝子抬至大厅放在木板上，由本族功德师念几段经再抬入棺。尸体入棺后，子女要把桃树枝（称桃鞭）一枝和米粽数个放在死者手边，说是给死者去阴间经恶狗村时喂狗和打狗用，还须把毛巾、头梳（女性用）、烟筒（吸烟者用）等生活用品放在死者手边，然后为死者盖上其生前子女备的寿被，由抬棺者盖棺。

行棺称"出山"，棺木抬出时，要在村边路口举行"上马祭"，亦称"拦路祭"。祭时，将棺木停放在通往墓地方向路口，摆设祭礼，凡死者子女等晚辈嫡亲都要两人一次双双跪于祭台前奠酒三轮，边奠酒边唱哀歌，表示最后告别，同时，由本族功德师二人击鼓，摇铃钟，念奠酒词表示敬意。

安葬又称"落土"，旧时有在野外搭棚停棺三年后，再捡骨入陶罐安葬习俗。现大多死后就葬。棺木落土时，孝子要在墓穴附近跪在地上拣选九颗圆形石子放在铜锣上，称"子孙石"，并放一个礼包，称"子孙包"，由抬棺者在墓穴中心挖一个深和直径皆约五厘米的小洞，把子孙石用纸包了藏入小洞盖上土，再把棺木放进墓穴。抬棺者拔捆棺索时，死者女儿要拿一个礼包给抬棺者，称"拔索包"。抬棺者安放好棺木，先由孝子手执锄头站在棺木背上叫道："爷（娘）啊，给你黄金归土啦，请爷（娘）闭上眼睛吧！"并亲手挖几锄土盖在棺木上，再由抬棺者埋土筑坟。

死者埋葬后，从埋葬之日起，孝子要连续三天傍晚时刻在死者墓前点燃香烛，将稻草或杂柴一束在墓前烧，称"送火种"。

葬后第七天，死者晚辈穿孝服，备祭礼，到墓前祭奠。祭时，孝子要用一头剖开的响竹绕死者坟茔边走边敲，顺走三趟，倒走三趟，表示告诉死者其墓境所辖范围，称为"转山"。转山后，转山者即在墓前脱下孝服，表示已尽孝敬义务。

以歌代哭

以歌代哭祭亡人，是畲族丧葬仪礼中的特色之一。畲族善歌，亲人逝世，行丧出殡，亦以歌代哭。哭歌大多为传统的，如《报丧歌》《接娘家歌》《讨位数》等，亦有哀伤所致，即兴编唱的。这些哭歌，感情特别真挚，令人听了潸然泪下。比如女儿所唱的《哭灵歌》："小小是娘带我大啊，娘哎，大来还没供娘亲，娘哎，头日回门叫娘应啊，今日娘前一炉香嗳，娘哎。"又如哭歌中的《五更叹》（又叫《五更祭灵》）："哭娘哭得五更天，孝男祭灵是无闲；斟酒跪落分人食，孝顺爷娘福无边。孝顺爷娘是有福，孝顺田地多收谷。不信去看檐头水，点点落地不差移。"

畲族的哭歌主要有《报丧歌》《接娘家歌》《思亲歌》《孝顺歌》《洗浴歌》《哭灵歌》《五更叹》《守孝歌》《二十四孝歌》《保佑歌》《炊孝饭歌》等。而在祭丧"做功德"仪式中，还有《迎接歌》《丙歌》（功德歌）及《压毕七歌》《奠酒歌》《引鹤歌》《闹灶房》《背老伽》《抬亡歌》等。唱哭歌以妇女为多。在有些畲乡，有专门唱哭歌的赤娘（歌手），有些亡人之家爱请她们去相帮唱哭歌，以增哀悼的气氛。畲族唱山歌大多采用子音（假嗓），歌声婉转高亢；唱哭歌亦用子音，音调低沉，声腔拖长，以此表达哀伤。

讨位数

讨位数也称"讨行位"，是畲族特有的丧俗。古时，畲族每个人都有一个讳名行位。如女性死者的行次是"大、小、百、千、万、念"行次中的"小"，平辈行第是第十，她的大位名就是"蓝小十一娘"（留一位给夭折而未载入族谱的亡灵），这就是"位数"，也就是死者在祠堂和族谱中的排行位次，做功德时称死者都用此名。如是男丧，则称"某某郎"。男人死后，孝男要向族长或本家族叔伯讨行位。女人死后，孝男向母舅讨行位。为母亲讨位时，孝男手端托盘，内点蜡烛一盒，放米酒两杯和缠有红纸的鸡腿一对，走向母舅桌前，双膝跪地，静听母舅报位数。

炊孝饭

炊孝饭是畲族古老的丧俗。《建德县志》载，炊孝饭时，亡人子女执竹鞭甑，且鞭且说"阿娘气平平上"，或曰"阿爷气平平上"，名曰"孝子饭"。其程序是：亡人的两位子女抬着盛有白米的饭甑到灵堂前向亡人作三个揖，然后抬回厨房，放到灶台锅镬上去蒸。在炊蒸孝饭时，亡人的子女孙玄等都围到饭甑前，孙辈手捏明香，子女们手执竹枝（称"金丝竹"），亦有拿菜刀或锅铲的，并用竹枝或菜刀、锅铲不停地拍击着饭甑，同时反复唱着《炊孝饭歌》："长命白饭镬里蒸，大是子女细是孙；今朝炊香富贵饭，望你阿爹（或阿娘）平平分。"

炊孝饭，实际上是一种"讨彩"风俗。畲民认为：饭甑中的热气先在哪一方向冒起，则站在该方向的子女就家道吉利兴旺发达。不过，为配合炊孝饭，烧火的厨师都把灶火烧得又旺又匀，让饭甑中的热气同时在四周腾腾冒出，充分体现"平平分"的意思，使亡人的各房子女都能得到心理上的安慰与满足。

畲族除夕

除夕，俗称三十夜。畲家要备熟肉、豆腐等祭品，先祭谢天地，后祭谢土地神、祖宗、牛栏神、猪栏神，称谢年。晚餐时合家团聚吃"分岁"，这是一年中最丰盛的一餐，有的畲村称吃"年饭"或"隔年饭"。吃饱时要在碗里留下一口饭，表示吃不了，年年有余。吃罢年饭，除在祖宗香龛前点香烧纸钱，还在牛栏、猪栏、柴间及家内用具上扦插燃香，表示房舍、农具、家具与人同样过了年要长大一岁。分香后，合家围坐火炉膛烤年火，把备的木柴根在火炉膛里燃烧，至深夜入睡时，用炉灰遮住剩余柴根。至次日大年初一清晨余火不灭，称"煨年猪"。

"煨年猪"又称"焐年猪"，是浙江畲族沿袭已久的过年习俗。除夕夜，把一个很大的树根脑燃起，搁在灶头火炉膛里，用灶灰盖上，让树根脑慢慢焖焐到大年初一，此树根最好是用柏树根，焐燃起来满屋长夜生香。焐年猪的象征意义是今年兴旺，来年吉祥，家暖似火，必能养出大肥猪。

畲族中盛行焐年猪，有说源于汉人。在闽浙的汉人中，亦有焐年猪习俗。也有说焐年猪之俗出于存火种之目的，因为畲民居住在山区，古时既无火柴，有铁刀火石击火者也不多，除夕夜以大树根脑焐年猪留火种，是传告儿孙下辈学会存火法子和珍惜火种，因而焐年猪亦称为"隔年火种"。民间还有与此习俗相关联的故事：相传早年畲家年年养猪年年老勿大，猪崽每每养到三四十斤，不死也发病，从年头做到年尾，连块猪肉也吃不着。有一年，有对老夫妻除夕夜在灶边烤火，见有一支树根脑烧不尽，就用灶灰覆盖起来，次日拨开灶灰，树根脑依然燃得很旺。这一年，老夫妻家中竟养出了大肥猪。人们知悉此事，就争相仿效，结果亦获成功，畲乡的人们自此都能养出大肥猪了。于是人们传言，除夕夜用大树根脑焐，能长夜驱秽，旺发来年，人丁吉庆。随着时代的发展，住在山乡的畲家，不需焐年猪，亦能年年养出大肥猪了，但为了图口彩讨吉利，许多畲民仍然保留焐年猪的习俗。

畲族新年

新年也称春节、年节，是畲民一年一度最盛大的节日。浙江畲族新年有"摇毛竹"的习俗。

正月初一清早，父母就叫醒孩子，让孩子到住宅旁的竹林去摇竹。孩子走进竹林中，选择一根大毛竹，双脚叉立，双手高举紧捏竹竿，把毛竹用力摇晃。边摇边念儿歌《摇竹娘》：

摇竹娘，摇竹娘，你长我也长，旧年是你长，新年让我长，明年你我一样长！

这习俗叫"摇毛竹"，也称"摇竹娘"。据传，摇过毛竹的孩子，能避邪趋吉，快长快高。

畲族新年，从初一到初五均为节期。

正月初一，户长要祭谢祖宗，称祭年。正月初二，有"拜新年"习俗。凡前一年死过老人的"孝服之家"，上午要备熟猪头一个、熟鸡一只及海味、素菜等祭品，用大方桌摆在祖宗香炉前，向前一年去世的亡灵"拜新年"。死者家中亲属祝拜后，再由同村族内族亲祝拜。出嫁外地的子女及曾参加过丧礼的亲戚亦要于这天上午赶来祝拜。本族房族来祝拜的，只带香烛、纸钱等祭品；外地来的亲戚除带祭品，还要送点礼品。这天中午，主家要备午宴招待祝拜者，表示对祝拜者感谢。

正月初二至初五为访亲期，出嫁女子、男子都备礼回家探望父母。一般亲戚，春节期间也互访。

正月初五，有"送年"习俗。所谓"送年"，是指正月初五的一种扫地驱邪仪式。畲族习俗，大年初一至初四，任你家中地下堆多少垃圾，都是不准用扫帚扫地的，要待年初五清晨"送年"后才能清扫。年初四晚，家长就要备一把扫帚和一个畚斗，供次日清晨"送年"时用。年初五清晨天将黎明之时，家长就得起床，烧点热水洗罢脸，先在祖宗香炉里点上三炷香、一对红蜡烛，向祖宗祈告说，今年年已过完，要送混在我们家过年的伤风咳嗽、伤亡野鬼到别处繁华地方过年。接着家长立即一手拿扫帚、一手拿畚斗，在家内厅堂、卧室、厨房每个角落都要象征性边走边扫一下垃圾，口中吆喝着："一切伤风咳嗽、伤亡野鬼，××府××县年已过完，令你们速速前往远处大州城府闹热之处过更好的年。"扫遍家中每个角落后，即打开家门，将所扫垃圾边走边吆喝地送往村外顺水的路口倒在路边，点三炷香，放三响火炮，烧点纸钱，并将新用扫帚、畚斗放在路边；空手回家后，再扫净过年时积下来的垃圾。送年时家中其他人不得起床干扰，待送好年才得起床。

中华人民共和国成立以后，畲民生活不断改善。随着生活水平的提高、观念的转变，越来越多的畲民已与汉人一样：除夕过年，春节欢庆，辞旧迎新，欢欢喜喜、满怀信心地迎接新的一年的到来。20 世纪 80 年代以后，除夕之夜阖家团圆观看中央电视台春节联欢晚会节目，成为畲民的新习俗。

二月二

农历二月初二，为丽水畲民的"土地爷福"，这天要祭土地诸神，俗语有云"二月初二，杀鸡请土地"，以保佑全乡平安。

二月二也是浙、闽畲族的"会亲节"。畲族由于族支繁衍，散于浙南、闽东的子孙，省亲路远，探亲无期，便约定在每年春耕前的农历二月初二为"会亲节"，迄今已有二百多年历史。其间，人们云集而来，访亲友、致问候。

在福鼎，前岐镇双华村的畲民，每年农历二月初都忙着接待来自浙江的畲族同胞。据说，双华村的畲民是清朝初期从浙江蒲门甘溪一带迁来的。不知从何时起，每逢农历二月初，两地畲族人民会亲于双华，以歌抒情，渐渐相沿成习，形成歌会，流传至今。每逢歌会，从二月初一到初三，闽浙两省前来参加赛歌的畲家歌手和听歌看热闹的汉族兄弟姐妹，成群结队从四面八方涌来。除了走亲访友赛歌之外，双华村的畲民还在农历二月初一这天迎神，从浙江泰顺县请来蓝姓的木偶戏班用以娱神。

三月三

农历三月初三，是畲民的传统节日。"三月三，吃乌饭。"这一天，畲族男女成群结队出门"踏青"，采集乌稔叶子（杜鹃科，乌饭树），泡制乌米饭，缅怀先祖，并以乌饭赠亲友，预祝丰年。

三月三，也是畲族的传统赛歌节日。有些畲乡在举办"三月三歌会"的同时，行吃乌饭之俗，更具新意。畲民还用乌饭馈赠亲友，俗信认为这天吃了乌饭不仅能开胃，而且上山下田劳动不会被虫蚁咬伤。

在非物质文化遗产保护的背景下，三月三成为各级政府主导的畲族民俗节日。从 2001 年起，景宁畲族自治县举办"三月三节"，温州市在泰顺、文成、苍南和平阳 4 个县轮流举办"温州瓯越三月三文化节"。

端午

畲族有端午节包"菅粽"的习俗。过节插艾草、悬菖蒲，辟邪祈福之类习俗一般和当地汉族相同。

浙江畲民认为，他们插艾叶、菖蒲的目的，不同于汉族的"辟邪禳灾"，而是纪念祖先颠沛流离、骨肉分散的苦难历程，寄托着和平、团结的愿望。晋江《钟氏族谱》记载，晋元熙二年（420）五月初五日，族人被迫迁散，携谱发誓："汨江菖蒲节节茁，蕲州绿艾根根生，艾幽吐芳溢四海，蒲剑出鞘斩千妖。"相约日后相识，以五月初五日门上插艾叶菖蒲为记。另一种说法是：唐代黄巢起义，义军失利，避祸于畲乡。后得畲民相助，重振军威，黄巢感激不尽，恐转战之中部属有误扰恩人之虞，叫畲民取坑边菖蒲、艾叶插门为号。义军凡见有插艾叶、菖蒲之家不得惊扰。旁人得信，也仿效插艾叶、菖蒲以护家。在端午节前后听说义军将至，于是户户都插上了艾叶、菖蒲。后来，畲民在端午节还用菖蒲根泡雄黄酒喝，杂艾叶做饼，用菖蒲、大蒜之类做香袋给孩童佩戴等，则是受汉族民俗文化影响互渗而嬗变的民俗事象。

端午节，浙江畲民俗称五月节，有"人歇五月节，牛歇四月八"之说。除备肉、豆腐、酒等过节，已出嫁的女子、男子、童养媳、童养子等都要回家探望父母，所送礼物与春节相同。还用一种红色的"茜草"（畲民称"染蛋草"）汁水染一些熟鸡蛋给小孩过端午，大人要用麻线结成小网袋给小孩装红蛋。已出嫁的女子回娘家过端午，父母亦须回赠若干红蛋，此俗现尚保留。一年所有节日，唯独端午节不祭谢神灵祖宗。

中秋

农历八月十五日中秋节，又称"丰收节"。家家蒸糕，制糍粑。有的还举行"尝新米"，欢庆丰收。现在有的地区也送月饼为礼。这一天也是祭祖日，过去畲族人祭祖有春、秋二大祭的习惯，秋祭大都是安排在这一天，全村族人集中在祠堂内祭祖。

分龙节

"分龙节"也称"封龙节"。每年在农历夏至后的"辰"日举行。盛行于闽东和浙南部分地域。相传，夏至后逢辰日，是天帝派风、雨、雷、电四位龙王到畲山就位的日子，因为"龙过山"可能会引发雷雨冰雹，损害庄稼、祸及人畜，畲族便在此日"分龙"，好让龙王平和肃静就位，以祈风调雨顺、五谷丰登。在分龙节，畲乡有歇锄免耕的规矩：男不挑粪，女不洗衣，禁止在屋外晾晒衣物；同时，还禁止动用犁、耙、锄头、柴刀等铁器。原因大概与汉族"龙惊铁，虎惊叉"之习相类似，怕惊动了龙王，造成"惊龙"而暴发山洪，或"走龙"而常年干旱。有些畲乡，禁忌时间较长，待"分龙"后第十天才"定龙"，定了龙后才取消禁忌。

旧时，每逢分龙节这天清早，畲村的族长或长者，就会走遍乡村，鸣锣告示大家不要锄地耕作、挑粪洗衣，互告勿违。是日，若遇狂风暴雨，畲民也有以铁锄或粪勺置屋顶以作"压龙"的。在这一天，畲族男女也有相会对歌，还有结伴去远处砍"六月柴"的。他们将青柴整片劈倒，却不挑回家，待烈日晒一二十天，干后再捆缚挑回家，以备农忙烧厨。亦有人在此日去深山老林砍取"黄桑""千斤"等野藤，背回家供修补箩筐、篾篓等用。在分龙节田头园圃是不见有人劳动的。

做福

做福又称"合福""吃福"，是中国东南一带的民间习俗。畲族的做福，具有鲜明的民族特色。一年四季，春夏秋冬，都有做福。

开正福。农历正月初一至初四日，主要是祈求一年四季平安。农历二月初一（或初二），为春福，祈求春耕顺利，五谷丰登。

夏福。立夏日为夏福，也称立夏福，庆祝麦子收成。这一天，有吃面条和夏饼的习俗。端午节（或农历五月三十日）前后，晚稻番薯都已栽插，为保苗福，祈求保护庄稼免遭灾害，禾苗茁壮成长。

白露福。白露日为白露福，答谢神明保佑秋粮进仓。

冬福。冬至日做冬福，庆贺丰收，谷物上仓，全年安泰。

完满福。也称年满福、余满福。除夕做完满福，以答谢神明庇佑并庆祝一年的农事活动顺利。

有些畲村，"福日"的名称、日期稍有不同：

二月初二（有的地方定为二月初一）为"土地爷福"，祭土地诸神，俗语有云"二月初二，杀鸡请土地"，以保佑全乡平安。

五月初四为"保苗福",亦称"五谷神生日福",寄托着畲民五谷丰登、田园大熟的希望。做福时,祭礼丰厚,气氛热烈,不容粗心大意。

冬至为"冬福",腊月二十日(有的地方为十二月二十四)为"完满福",大年三十则为"年满福"。

畲族的"福日"多有含义,但主旨是祈平安、盼丰年,而且基本上围绕农事生产。

做福有"福祉",福祉为专门性的宗房中单一性"会社",本族宗房轮流做东,凡轮到做东的人家,就负责该年"福日"的经费筹集、开支,祭祀事项,聚会安排,等等。

在 21 世纪的畲村,人们的现代意识与日俱增,节日中的信仰因素和迷信成分已越来越淡薄。

祖先香炉

畲民家家户户都有一个代表历代祖先的香炉,在流离迁徙过程中,其他用品能丢,唯香炉不能丢。定居时,要在住房中堂照壁设香龛安放祖先香炉,称香火桌;中贴壁联,称香火榜,榜词常见的是"本家畲奉堂上高辛皇氏敕封忠勇王 ×× 郡(蓝姓写汝南郡,雷姓写冯翔郡,钟姓写颍川郡)长生香火祖师历代合炉祖宗之位"。不仅过年过节要备祭礼祭祀祖宗,凡家有嫁娶、出生、寿辰等喜事亦备祭礼祭祀,每逢农历初一、十五要在香炉敬香,表示不忘祖先。人死后做功德,要请历代祖先接受祭祀,做功德仪式后,就把死者香炉并入祖先香炉,表示同样接受下辈祭祀。

春、秋二祭

畲民祭祀祖先，除农历初一、十五外，还有春、秋二祭。此外，在一年中的各个农事节日、人生礼仪上一般也要敬奉祖先。不同姓氏的畲民在祭祖时，不但祭祀同姓本族祖先，还虔诚地祭祀本民族始祖。如景宁、武义等地畲民，将正月初八定为祭祀祖图的日子。这一天，俗称"上八日"，同祖同姓的男女老幼身着盛装，怀着极其虔诚的心情，翻山越岭，来到本姓氏的宗祠，瞻仰本民族的祖先。

师爷崇拜

在祖先崇拜中，"师爷"是位崇高的祖先人物。浙江畲民认为，"师爷"带有千百万神兵，具有无限法力。在举行传师学师仪式时要专设师爷法坛，一切活动在法坛进行；老人死后举行做功德仪式，要在灵堂近处设"师爷间"安放师爷香案。传师学师和做功德的每个环节都要念诵请师爷经文，向师爷祷告，并向师爷敬酒。平时卜"板凳卦"，亦请师爷占卦。

插花娘

松阳、云和、青田等地的畲民信奉插花娘。插花娘乃畲族女神，松阳县板桥畲族乡的横岚坳，丽水市城关镇的灯盏山，云和县龙门的樟坪、雾溪畲族乡的大仓等地曾建有插花娘庙。相传插花娘原是松阳县茅弄村畲族女子蓝春花，因家庭贫穷，给地主老财家做用人。春花人长得漂亮，老财逼其为妾，春花不从，在横岚山冈跳崖自尽，死后成神，称插花娘。畲民为她建庙奉祀，畲民到庙里祭拜时，都会折一枝山花插在香炉中，以示对女神的敬仰和祈求她的赐福，也会以歌礼祭谢。祭谢歌礼在祭者家中以对歌形式进行，由一男歌手代表插花娘，另一男歌手与插花娘对唱畲歌。祭礼除了一般的鸡、鱼、酒等食物，还须有花边衣、头冠（弇）、银项圈、银戒指、银手镯等饰品。

临水夫人

临水夫人又称"临水奶"或"夫人奶"（浙江畲民称"陈夫人"），唐代福州下渡人，姓陈名靖姑。曾嫁给古田县临水乡刘杞为妻，死后成神，北宋年间受到供奉，庙宇设在古田县临水乡，名"顺懿庙"。临水夫人被民间认为是专司生育之神。闽东、浙南各地都建有临水夫人庙，俗称"奶娘庙"，畲民为祈求添子增孙和庇佑小孩平安，往往都要到临水夫人庙许愿酬神。

道教信仰民俗

畲族的信仰民俗，有着浓厚的道教色彩。道教是典型的多神教，信仰内容十分庞杂，天神、地祇、人鬼都受到奉祀。畲族虽然接纳了道教众神明，但是对它们的崇信程度和崇拜方式与汉族不尽相同。

畲民奉祀的道教神有"三清"、三宫大帝、真武大帝、福德正神、将爷公（黑白无常）、三仙大师等。

畲族对道教尊神的接纳首先表现在畲族对始祖盘瓠与"三清"（玉清元始天尊、上清灵宝天尊、太清道德天尊即太上老君），尤其是太清关系的理解上。畲族认为"三清"与始祖同样尊贵，在重要的祭祀场合要挂"三清"画像和祖图。畲族对太上老君怀有特殊的情感，并冠之以"日月紫微星"的尊号，将其奉为本民族的保护神。畲族认为始祖当年只身入番取番王首级，归途中在前有江海阻隔、后有重兵追赶的危难关头，幸亏"神仙老君来相帮，腾云驾雾游过海"才得以胜利回朝；他们还相信正是由于太上老君的保佑，始祖闾山学法以后才能顺利地斩妖除魔，护佑万千子孙。被畲民视为人生最隆重、最重要的"学师"仪式就是为取得日月紫微星太上老君的庇佑。学过师的男子四十岁后要刻制一方"日月紫微星太上老君"木印，死后做功德时首先要"请师爷"，迎接太上老君下凡，保佑超度仪式的顺利进行。无论是畲族法师作法，还是普通畲民唱歌，都明显带有道教的痕迹。

观音信仰民俗

畲民奉祀的佛教神最常见的是观音菩萨。《丽水风俗》载："旧时，畲族人民在生产劳动中，为求得风调雨顺，五谷丰登，信奉神佛者多，崇拜观音佛。"广大畲族人民在历史上所受的苦难特别深重，他们梦寐以求，能遇上一个拯救众生的神灵，来使他们从苦难中解脱。因此，观音传入我国后，不仅给广大汉族劳苦大众带来福祉，而且为广大畲族人民所接受。一般畲族地区都建有观音庙，有的畲民还在自家厅堂神龛旁摆上观音菩萨神像，把它作为"救世救难""除灾祛病"的万能神加以祀奉。

自然神信仰

自然神崇拜产生于人类早期社会。在畲族民俗信仰中，山有山神，树有树神，石有石神，土有土神，谷有谷神，猎有猎神，可谓万物有神。

在各种自然神灵中，畲族人民特别笃信与耕猎经济生活关系密切的农耕神和猎神。如畲民在农业生产活动中，从浸谷种、开秧门，直到谷物登场，都要备办供品，焚香叩拜，祭祀"五谷神""土地神"。所谓"五谷神"，就是神农大帝，俗称"五谷先帝"，畲族农民同汉族农民一样也奉"五谷神"为农业的守护神。所谓土地神，就是福德正神，俗称"土地公"，畲族乡间到处可见小型的土地公庙，每年农历二月初二日，为土地公生日，都要进行祭祀。民间传说土地公会造福乡里，保护农业。有的畲村建有五谷神庙，农历五月二十五日为五谷神生日，家家备礼祭谢。畲民祭祀这两尊神明，是为了祈求风调雨顺，五谷丰登，仓廪充盈，人畜平安。

畲民重视狩猎，信奉猎神，各地供奉猎神。多在出猎前祈福，狩猎回来后，将猎获物在猎神坛前宰杀，供奉神灵，并给参与者分配所猎获的兽肉。除狩猎时祭谢，凡年节均备祭礼祭谢。

畲民崇拜古树，认为古树有生命力，子女少而多病之家，要子女拜古树作干爹，年节时须备祭礼到树边祭谢。有的畲村在树脚盖庙供奉香火，不许砍树，不许在树脚周围大小便。少数畲村畲民有崇拜当地奇形怪石的习俗，视怪石为神灵化身。

畲村相传五通鬼是天上佛子兄弟五人，因违犯天条被赶下凡间为鬼，畲民认为此鬼最凶。唐时，广东畲乡建有五通庙，入迁浙江的畲民仍信奉五通。不少畲村建有五通庙，将五通作为本村的土地神进行供奉。亦有独户居住的畲民，无财力建庙，以三块岩石搭成三块坛代表五通庙进行奉祀。

天吊鬼俗称"寮檐鬼"。畲民普遍认为，天吊是专伤儿童的恶魔，被害者眼皮上翻，昏迷不醒。如卦卜病者为天吊所伤，须立即在病者房檐支撑一竹，上挂米筛、镜等避鬼物，并备祭品请巫师"放天吊"。

凡非正常死亡而无下辈祭祀的，称"五伤鬼"。对"五伤鬼"，只要备点祭品、烧点纸钱送谢即可。